AF275058

Disfrute gratuitamente **DURANTE UN AÑO** del eBook y audiolibro de esta obra

⊘ Acceda a la página web de la editorial **www.colex.es**

⊘ Identifíquese con su usuario y contraseña. En caso de no disponer de una cuenta regístrese.

⊘ Acceda en el menú de usuario a la pestaña «Mis códigos» e introduzca el que aparece a continuación:

RASCAR PARA VISUALIZAR EL CÓDIGO

⊘ Una vez se valide el código, aparecerá una ventana de confirmación y su eBook y audiolibro estará disponible **durante 1 año desde su activación** en la pestaña «Mis libros» en el menú de usuario.

No se admitirá la devolución si el código promocional ha sido manipulado y/o utilizado.

¡Gracias por confiar en Colex!

La obra que acaba de adquirir incluye de forma gratuita la versión electrónica.

Acceda a nuestra página web para aprovechar todas las funcionalidades de las que dispone en nuestro lector.

Funcionalidades eBook

Acceso desde cualquier dispositivo

Idéntica visualización a la edición de papel

Navegación intuitiva

Tamaño del texto adaptable

Síguenos en:

CIUDADANÍA Y JUSTICIA SOCIAL: RETOS VERTEBRALES DE LA SOCIEDAD ACTUAL

CIUDADANÍA Y JUSTICIA SOCIAL: RETOS VERTEBRALES DE LA SOCIEDAD ACTUAL

Director
TENAS ALÓS, Miguel Ángel

Coordinadora
COLÁS LAGUARDIA, María Elena

Esta publicación está financiada gracias a la convocatoria de proyectos internos 2025 de la Universidad San Jorge.

COLEX 2025

© Miguel Ángel Tenas Alós
© María Elena Colás Laguardia
© Rafael Bernad Mainar
© María Laguna Marín-Yaseli
© Luis Gan Estaún
© Sandra Burillo Bertol
© Martina Roldán Castillón

© Editorial Colex, S.L.
Calle Costa Rica, número 5, 3.º B (local comercial)
A Coruña, C.P. 15004
info@colex.es
www.colex.es

I.S.B.N.: 979-13-7011-282-0
Depósito legal: C 1193-2025
DOI: https://doi.org/10.69592/979-13-7011-282-0

SUMARIO

CAPÍTULO 3
CONTRIBUCIÓN AL DESARROLLO SOSTENIBLE MUNICIPAL ARAGONÉS: ENERGÍAS RENOVABLES Y JUSTICIA SOCIAL EN EL MEDIO RURAL
LAGUNA MARÍN-YASELI, María

CAPÍTULO 4
LA JUSTICIA SOCIAL Y EL DERECHO SOCIETARIO: LA BÚSQUEDA DE LA JUSTICIA SOCIAL EN LA DISTRIBUCIÓN DE LA RIQUEZA EMPRESARIAL
GAN ESTAÚN, Luis

CAPÍTULO 5

LA JUSTICIA SOCIAL EN LA CONTRATACIÓN FINANCIERA: RESPUESTA JURÍDICA ANTE EL ABUSO EN EL CRÉDITO REVOLVING

Burillo Bertol, Sandra

CAPÍTULO 6

LA PRUEBA NEUROCIENTÍFICA EN EL PROCESO PENAL ESPAÑOL: TENSIONES ENTRE VERDAD PROCESAL Y JUSTICIA SOCIAL

ROLDÁN CASTILLÓN, Martina

CAPÍTULO 1

LA JUSTICIA SOCIAL Y LOS JÓVENES INVESTIGADORES. INTRODUCCIÓN Y APROXIMACIÓN A LA PROBLEMÁTICA

TENAS ALÓS, Miguel Ángel

Co-Investigador Principal Economius-J

La justicia social tiene tantas aristas y problemáticas como temas existen en la actualidad. En las ocasiones idílicas, dicha justicia social opera con plenitud y no se produce ningún tipo de injusticia —algo ciertamente utópico, pero que no puede descartarse que ocurra en algunas situaciones—. En la mayoría de las circunstancias, en cambio, siempre existen factores que implican algún tipo de desigualdad, sea importante o anecdótico. Se ha debatido mucho respecto a la justicia social derivada de la educación de las personas, pero resulta menos controvertido, por la escasez de los estudios realizados, la justicia social aplicada a aquellos jóvenes investigadores que, una vez finalizada su preparación académica, deben enfrentarse a las primeras oportunidades laborales.

Sirva este pequeño trabajo aproximativo para indagar un poco en esta cuestión y, además, como presentación de la obra que nos ocupa, en la que se ha intentado precisamente paliar esta problemática. Más allá de teóricos programas de innovación docente o ayudas a la investigación —que tanto gustan en algunos círculos académicos pero que tan pocos réditos ofrecen en muchas ocasiones en la práctica a quienes acaban de terminar su formación—, con la publicación de algunos de los trabajos de investigación recopilados en esta obra se ha intentado dar voz a jóvenes investigadores que, teniendo una valía y capacidad notables, deben enfrentar ahora el complejo, enrevesado y burocrático camino académico cuyos entresijos, en la mayoría de los casos, desconocen.

La justicia social, como ya sabemos, es un concepto que se refiere a la igualdad en la distribución de los recursos y oportunidades en una sociedad. Implica, por tanto y de manera genérica, la protección de los derechos humanos y la dignidad de todas las personas. Todo ello, de manera por completo independiente a las características personales de los seres humanos, ya sean estas de tipo racial, de género, edad, religión, orientación sexual, discapacidad o cualquier otra categoría.

Por tanto, puede concluirse que la justicia social busca abordar las desigualdades estructurales y sistémicas que afectan a numerosos grupos de población, tales como la pobreza, la discriminación y la exclusión. Cuanto menos, la justicia social permitirá que quienes se vean afectados por estos problemas dispongan de una oportunidad para poder revertir dicha situación. Esto, como resulta lógico, requiere de políticas y acciones que promuevan la igualdad de oportunidades y la redistribución de los recursos, en aras de garantizar que todos tengan acceso a los mismos derechos y beneficios. Evidentemente, dicha igualdad resulta sumamente compleja, de modo que el objetivo debe ser reducir la brecha existente lo máximo posible.

Algunos de los principios insertos en la justicia social, por tanto, incluyen cuestiones como la equidad, la igualdad, la participación y la responsabilidad. En el primero de los parámetros reseñados, la equidad, se alude a la necesidad de que los distintos recursos y oportunidades se distribuyan de manera justa —con la tremenda complejidad inherente a este término, y en la que no podemos centrarnos en esta aproximación— y equitativa, considerando las necesidades y circunstancias de cada individuo.

En lo concerniente a la igualdad, la justicia social alude a la necesidad de que todas las personas sean tratadas con dignidad y respeto, sin discriminación ni prejuicios. Resulta algo lógico, que ni siquiera tendría que venir definido por un concepto concreto, sino producirse de manera automática para cada uno de los seres humanos, pero ha sido necesario desarrollar un concepto que lo recoja como tal.

Si nos centramos en la participación, se considera que todas las personas deben tener la oportunidad de participar en la toma de decisiones que afectan sus vidas y comunidades. Precisamente, en estados democráticos esto debería sobreentenderse, pero la práctica está constantemente demostrando que no puede darse por sentado que esto vaya a producirse habitualmente, pues la participación del ciudadano en asuntos importantes y que afectan a la política global —o la legislación— del país resulta cada vez más problemático —ello, incluso a pesar de la existencia de mecanismos como la iniciativa legislativa popular, que resultan más efectistas que efectivos—.

Como último punto de los recogidos anteriormente, debe aludirse también a la responsabilidad. Se entiende que tanto los individuos, de manera personal, como las instituciones resultan responsables de sus acciones y decisiones, así como todos ellos deben trabajar para la promoción de la justicia social. Si bien no se incide en exceso en esto cuando se analiza muchas veces la cuestión, debemos retrotraernos a los puntos anteriores —equidad, igualdad, participación— para poder establecer en qué nivel cada individuo puede trabajar en beneficio de la justicia social.

Lo que sí está claro es que la justicia social resulta fundamental para crear una sociedad más justa y equitativa, donde todos puedan vivir con dignidad y respeto. Sin embargo, como resulta bien sabido, la consecución de esta justicia social es un desafío complejo de titánica magnitud, que requiere la colaboración y el compromiso constante de individuos, comunidades y gobiernos. Pero, y destaquémoslo también, especialmente de gobiernos y comunidades, pues si no permiten la aplicación de las medidas necesarias, en la práctica los individuos únicamente pueden ayudar en un pequeño porcentaje de lo que resultaría necesario.

Si bien son numerosos los desafíos que enfrenta la justicia social, puede destacarse alguno de ellos, como la desigualdad económica, la discriminación o el acceso a servicios básicos. El primer punto resulta claro, pues la desigual distribución de la riqueza y los recursos puede perpetuar tanto la pobreza como la exclusión. En el mismo sentido, resulta pantagruélico la existencia de enormes fortunas privadas, ya de individuos o de empresas, que en ocasiones son tan excesivas que superan el Producto Interior Bruto de algún pequeño país.

En lo relativo a la discriminación, tanto esta como los prejuicios pueden con gran facilidad limitar las oportunidades y los derechos de ciertos grupos. No debemos circunscribir esta característica a cuestiones especialmente raciales o religiosas, sino que podemos encontrarlas en otras aristas menos visibles. Retornando al tema de origen de esta aproximación, la propia falta de experiencia en muchas ocasiones sirve como prejuicio e imposibilidad de acceso a la posibilidad de investigación u obtención de un empleo. No se espera, dentro de la justicia social, que quien carece de experiencia, por haberse dedicado a otros menesteres, por falta de oportunidades o por simples cuestiones de bisoñez obtenga directamente un puesto de directivo —no tendría lógica alguna— pero sí se trabaja en que, al menos, disponga de la posibilidad de demostrar su valía o falta de ella.

También reseñábamos el acceso a servicios básicos, por el hecho de cuestiones como la falta de acceso a educación, salud o vivienda, ya que pueden perpetuar la pobreza y la exclusión. Baste recordar la situación actual en nuestro país, en el que la vivienda se ha convertido en un problema de enorme magnitud, no ya por la posibilidad o no de compra de la misma, sino incluso por la dificultad existente para la consecución de un alquiler. Problemas graves en este sentido, como la aparición de fondos buitre, ya sean nacionales o extranjeros, que aglutinan gran cantidad de viviendas con la única intención de obtener el mayor rendimiento económico posible, deberían ser abordados a la mayor celeridad posible. Como idea para el legislador, podría fijarse del método que han aplicado en Suiza, donde han conseguido paliar parte de este problema estableciendo un límite a la rentabilidad que cada inmueble puede proporcionar, así como precios máximos para la transacción de los mismos.

Pero no solo la vivienda constituye problema en lo relativo a servicios básicos de carácter público. Encontramos, en la actualidad, cómo la salud deriva en una cuestión a la que en muchas ocasiones la Seguridad Social española, tan loada —y con razón— en otros tiempos, encuentra actualmente importantes problemas. Dicha problemática no proviene de sus profesionales —de gran capacidad y dedicación—, sino de una falta de apoyos y recursos difícil de justificar, más allá del lucro de algunos empresarios o instituciones.

Por todo ello, y sin que exista una solución universal que pueda solventar de manera simple y sencilla todos los problemas y desafíos existentes, resultan fundamentales cuestiones como la educación y la conciencia; la política y las leyes; la participación ciudadana y la colaboración y solidaridad.

Como foco general, baste para la contextualización de lo que viene entendiéndose bajo el término de justicia social. Centrándonos algo más específicamente en los jóvenes, encontramos problemas específicos que les afectan, dado que justicia social y juventud devienen estrechamente relacionados, pues los jóvenes resultan, precisamente, uno de los grupos más vulnerables a la desigualdad y exclusión. En este sentido, pueden encontrarse diversos desafíos que afectan especialmente a este colectivo, siendo los mismos la desigualdad educativa; la discriminación y la violencia o el desempleo y precariedad laboral.

Si desarrollamos la cuestión de la desigualdad educativa, encontramos que los jóvenes de bajos ingresos o minorías étnicas pueden encontrarse con menores oportunidades en el acceso a entidades educativas de calidad, limitando en el futuro sus posibilidades de mejoría. En la actualidad, con muchos centros educativos primando la tecnología en el desarrollo de la educación, estas diferencias pueden resultar todavía más palpables, máxime en instituciones en las que resulta preciso un gasto mensual importante por la pertenencia a las mismas. En muchas de ellas, la integración termina siendo un concepto teórico, de difícil puesta en práctica en sus aulas.

En lo concerniente a la discriminación y la violencia, los jóvenes resultan un colectivo especialmente vulnerable —sobre todo, en la adolescencia— respecto a ataques violentos por cuestiones de raza, género, identidad u orientación sexual. La violencia relativa a cuestiones religiosas o políticas suele producirse en edades más adultas, superada la adolescencia.

Encontramos también la cuestión del desempleo y la precariedad laboral, que afecta de pleno al tema de nuestro título. Como resulta bien sabido, los jóvenes, especialmente, pueden enfrentarse a serias dificultades para la consecución de un empleo estable y con una remuneración adecuada —no debe olvidarse que el empleo implica el derecho a la percepción de un salario, pero no resulta necesario que dicho salario sea suficiente para cubrir las necesidades básicas del empleado—. Estas dificultades, que también afectan a otros colectivos con gran fuerza —por ejemplo, a desempleados mayores de 45 años o personas con discapacidad— puede afectar a su estabilidad económica y bienestar —por supuesto, también a la búsqueda de vivienda, a lo que hay que sumar la problemática de los precios actuales de los inmuebles—. Además, estas dificultades tienen otra cuestión derivada en la sociedad; la baja natalidad, pues difícilmente alguien que carece de empleo estable y suficiente para mantenerse por sí mismo tomará la decisión de tener descendencia —esto solo implicaría mayores desigualdades sociales, a la postre—.

Solventar estos problemas resulta dificultoso, pero pueden tratar de paliarse, en la medida de lo posible, implementando cuestiones como el apoyo a la juventud, la educación y la conciencia o la participación juvenil. Aludiendo a la primera cuestión, una medida podría resultar en la proporción de apoyo y recursos a los jóvenes para que tengan la posibilidad de acceso a oportunidades y servicios de calidad —lo primero, no obstante, sería que existieran estos servicios de calidad, pues en muchas ocasiones, como apoyo a la juventud, se entiende suficiente por parte de los servicios públicos con el ofrecimiento de algunas actividades lúdicas para desbancar al alcohol como principal elemento de ocio, resultando esto muy cuestionable y no aportando soluciones reales—.

Respecto a la educación y conciencia ya hemos aludido algo en líneas anteriores, pero resultaría también importante informar a los jóvenes sobre el concepto de la propia justicia social y sus principios, pero, especialmente, resultaría vital informar a los jóvenes respecto a las posibilidades existentes, algo que podría realizarse directamente desde los centros de educación. De este modo, tendrían la capacidad de elegir aquello que realmente les motive, pues de nada sirve tener programas de fomento de habilidades que estén perfectamente pensados y elaborados, pero cuya información respecto a su existencia y programa no llegue a los posibles beneficiarios de los mismos.

Finalmente, hemos también señalado la participación juvenil. Ello puede hacerse fomentando la participación de los jóvenes en la toma de decisiones y en la creación de políticas que incidan en los problemas que les afectan. Aquí encontramos dos problemas fundamentales, el objetivo y el subjetivo. El objetivo radica en la tremenda dificultad existente en ello, tanto para jóvenes como para personas de mayor edad, pues las políticas públicas no ayudan a esta participación a prácticamente ningún colectivo. Se complica con el componente subjetivo, ya que en la adolescencia y años posteriores la paciencia no brilla por ser excesiva, lo que implica que, si se dificulta este proceso de participación, el ánimo para intentarlo decae rápidamente, lo que lleva a la convicción de invertirse un esfuerzo que no tendrá recompensa alguna, e incluso puede implicar la desconexión completa del individuo en la actualidad política futura.

Precisamente, por esta necesidad de participación juvenil, y sin olvidar que hemos reseñado que cada individuo e institución debe, en la medida de sus posibilidades, contribuir lo máximo posible a la proyección de la justicia social, tiene sentido esta obra, por la posibilidad que han tenido algunos jóvenes investigadores en poder publicar y dar a conocer su trabajo. Porque los problemas de desigualdad en la juventud no se centran solo en la época preuniversitaria —una cuestión de justicia social que afecta a los jóvenes es, en efecto, la desigualdad en el acceso a la educación superior— y, si bien debe reconocerse que quienes cursan sus estudios universitarios probablemente habrán encontrado menos problemas y dificultades afectas a la justicia social que otros colectivos —pero tampoco puede generalizarse, pues hay grandes historias de esfuerzo y superación— todo ello no implica que el camino resulte sencillo. De hecho, las dificultades de un estudiante universitario, desconociendo si han existido de manera previa a la finalización de sus estudios, van a llegar seguro una vez concluida la etapa en la universidad.

Por todo ello, puede establecerse que los estudiantes universitarios, acabados sus estudios, también requieren de la justicia social, especialmente en lo referente a cuestiones como la igualdad de oportunidades, el acceso a recursos y el desarrollo de habilidades y competencias. Respecto al primero de los parámetros, poco puede añadirse, pues la justicia social debe tener como uno de sus principales objetivos el establecimiento de garantías para que los jóvenes dispongan de las mismas oportunidades para el acceso a los estudios superiores y el empleo, indistintamente de su origen socioeconómico, étnico o de cualquier otra característica del mismo.

Durante, o finalizados los estudios, resulta también necesario preservar esta justicia social en otros ámbitos.

En este sentido cobra importancia el acceso a recursos, que deberán producirse en modo de becas o programas de apoyo durante sus estudios, y con servicios de orientación laboral al término de los mismos o en las fases finales. Precisamente por ello, otra de las cuestiones que intentamos dentro del marco de este proyecto es dotarles de las herramientas necesarias, si bien tenemos que limitarlos a darles la mayor información posible. Así, dentro de la elaboración de sus trabajos de final de grado, que desarrollan en cuarto curso —dos de los capítulos recogidos en esta obra y realizados por estudiantes son derivados de dichos trabajos de investigación—, parte de las charlas que reciben se encuadran en información sobre salidas profesionales tras la finalización de sus estudios.

La disponibilidad de recursos, por supuesto, será algo necesario no solo después de terminar los estudios, sino durante toda su vida laboral, y esto es una problemática que afecta a múltiples profesionales. Por ejemplo, hace escasos meses se me recomendó realizar mis trabajos de investigación en una biblioteca, ya que mi centro de trabajo no me ofrece el espacio adecuado para llevar a cabo trabajos de investigación, si bien se destaca todos los años —y es obligación inherente a mi categoría profesional esta investigación y publicación de los resultados— la apuesta por una investigación de calidad. Suena parejo a pedir a un transportista que mueva una tonelada de mercancía en una jornada, dotándolo de un vehículo capaz de cargar cincuenta kilos de material.

Fundamental resulta también el desarrollo de habilidades y competencias. Precisamente, la justicia social debe garantizar que los jóvenes universitarios dispongan de oportunidades para el desarrollo de sus habilidades y competencias, lo que les permitirá tener éxito en su carrera profesional y realizar sus contribuciones a la sociedad. Es por ello que no hemos querido limitarnos al desarrollo de un posible proyecto de innovación docente para que los estudiantes deban adscribirse a él y plantear unos objetivos más o menos realistas desde el plano académico, sino que hemos preferido darles una oportunidad real y práctica. Así, fruto de su esfuerzo y fantásticos trabajos académicos de investigación, algunos de los capítulos de esta obra han sido desarrollados por alumnos de nuestro centro universitario. Debe destacarse que estos alumnos no han estado adscritos a ningún programa específico, pues en aras a mantenernos dentro de los estándares de la justicia social, se entendió como más justo permitir que todos los alumnos de nuestra institución —Grado y Máster en Derecho— dispusieran de la oportunidad de una postrera publicación. Los requisitos para ello eran tres; que el trabajo fuera sobresaliente desde el punto de vista académico —requiriendo de modificaciones específicas para esta obra, por cuestión de forma y estilo—, que el tema investigado resultase relevante para la justicia social y tuviera interconexión con ella, y que, sumados los puntos anteriores, el estudiante quisiera participar en esta publicación.

En cuanto a los capítulos que el lector podrá encontrarse a continuación en esta obra, algunos han sido elaborados por investigadores de gran recorrido e integrantes del grupo de investigación Economius-J, y el resto por estudiantes que han mostrado gran capacidad de investigación. De esta manera, pueden encontrarse cinco capítulos en la obra, que desgranamos brevemente a continuación.

En el capítulo titulado «*Justicia social y desarrollo sostenible: trabajo decente y crecimiento económico (ODS 8)*», el profesor Rafael Bernad Mainar, Investigador Principal del grupo Economius-J, realiza una profunda reflexión entre los dos concecptos enmarcardos en el nombre de su estudio.

En el mismo, se enfatiza que el crecimiento económico no debe ser solo materialista sino también social, promoviendo la mejora continua de la calidad de vida y el bienestar de las personas, especialmente de los más vulnerables. La justicia social es esencial en este proceso, entendida como la búsqueda de igualdad, equidad y protección de derechos, con especial atención a sectores como el trabajo infantil, la pobreza, la precariedad laboral y el trabajo forzoso, que afectan principalmente a los más vulnerables en regiones como Asia, África y Latinoamérica.

El concepto de trabajo decente se define como aquel que es productivo, no discriminatorio, saludable, remunerado digna y socialmente protegido, formando parte de un trabajo pluridimensional que también implica aspectos como la igualdad, la libertad, la protección social y el reconocimiento cultural y personal. La búsqueda del pleno empleo se presenta como una condición fundamental para la justicia social y el bienestar colectivo.

Asimismo, se destaca que el desarrollo sostenible y la justicia social están estrechamente vinculados. La sostenibilidad requiere un equilibrio entre dimensiones económica, social y medioambiental, garantizando recursos limitados y promoviendo una distribución equitativa que reduce desigualdades y fomenta la participación social.

Finalmente, se tiene en cuenta que la justicia social en el contexto actual debe adaptarse a los cambios globales, promoviendo modelos de crecimiento que sean sostenibles, inclusivos y responsables en el manejo de recursos, logrando una sociedad más justa y equitativa en línea con los objetivos internacionales planteados en los ODS.

La profesora María Laguna Martín-Yaseli presenta su trabajo titulado «*Contribución al desarrollo sostenible municipal aragonés: energías renovables y justicia social en el medio rural*». En dicho capítulo se estudian las energías renovables y cómo influyen en el desarrollo rural de manera compleja y multifacética. Dichas influencias pueden ser tanto positivas —generación de empleo, beneficios económicos, desarrollo rural equitativo— como negativas —afección a la calidad del paisaje y biodiversidad, beneficios económicos no sostenibles en el tiempo—.

Para ello, la autora ofrece algunas consideraciones claves, como la accesibilidad a información pública, la participación comunitaria y la transparencia en la planificación son esenciales para que las energías renovables beneficien realmente a los territorios rurales. En el mismo sentido, señala que resulta fundamental la adaptación de las instalaciones a las características del territorio, priorizando modelos que favorezcan el autoconsumo, pequeñas instalaciones, y la integración en el tejido social, para potenciar el desarrollo rural sostenible y reducir impactos ambientales y culturales negativos.

La principal aportación de este trabajo radica en su enfoque integral para analizar la sostenibilidad de la expansión de las energías renovables, específicamente la energía eólica, en el territorio. Se destaca por combinar una evaluación multidimensional que considera aspectos medioambientales, sociales, económicos y de planificación territorial, evidenciando que la implementación de proyectos eólicos no solo requiere una adecuada planificación técnica, sino también un respeto por los valores del paisaje y la participación de la comunidad local.

Además, el trabajo subraya la importancia de incorporar herramientas de análisis territorial como los Sistemas de Información Geográfica y la necesidad de contar con datos confiables y específicos a nivel local para una evaluación realista de la sostenibilidad. Al resaltar que no todo ahorro energético o inversión es necesariamente compatible con la conservación del paisaje y la cohesión social, aporta una visión crítica que busca promover modelos de desarrollo más justo y equilibrado, priorizando el autoconsumo y la gestión local de los recursos energéticos.

Por tanto, el trabajo deja claro que la integración de las energías renovables en el territorio no puede ser afrontada únicamente desde la perspectiva tecnológica o económica, sino que requiere un enfoque multidisciplinar y participativo que garantice el respeto por los valores propios del espacio y el bienestar de las comunidades.

En el caso del capítulo de Luis Gan Estaún encontramos por título «*La justicia social y el derecho societario: la búsqueda de la justicia social en la distribución de la riqueza empresarial*». El autor ha sido alumno del Máster de Acceso a la Abogacía en la USJ. En este trabajo se abordan los principales conflictos entre socios, en relacioón con la distribución de beneficios en las sociedades de capital. En este sentido, dichos conflictos acostumbran a girar en torno a las diferentes expectativas y prioridades respecto al destino de los beneficios obtenidos por la empresa. Por un lado, algunos socios buscan obtener un rendimiento inmediato y periódico de su inversión a través de dividendos, confiando en la retribución inmediata como un derecho fundamental derivado de su participación social. Por otro lado, muchos gestores o socios mayoritarios prefieren destinar los beneficios a reservas y reinversiones para fortalecer la salud financiera, el crecimiento y la valorización a largo plazo de la empresa.

Como resulta lógico, este conflicto genera tensiones que ponen en juego la justicia social dentro de la estructura societaria, al tratar de equilibrar los intereses contrapuestos: la expectativa de rentabilidad inmediata del socio minoritario frente a los objetivos de sostenibilidad y expansión de la empresa promovidos por la mayoría. Además, la ley, mediante instrumentos como el artículo 348 bis, intenta regular estas tensiones, aunque en la práctica su uso puede ser estratégico y generar inestabilidad, poniendo en duda la efectividad de las normas para garantizar una distribución equitativa y justa de los beneficios.

La principal aportación de este trabajo radica en su análisis crítico del funcionamiento y las limitaciones del derecho de separación, en especial del artículo 348 bis de la Ley de Sociedades de Capital, como mecanismo de protección a los socios minoritarios frente a la «tiranía de la mayoría». El estudio no solo explica la fundamentación y los objetivos originales de dicho precepto, sino que también evidencia cómo en la práctica su aplicación ha sido problemática, siendo utilizado en ocasiones con fines estratégicos que generan inestabilidad societaria y conflictos internos.

Igualmente, el trabajo contribuye a la reflexión sobre la dificultad de lograr una verdadera justicia social en las relaciones empresariales, cuestionando si las herramientas jurídicas existentes son suficientes o si sería necesario explorar mecanismos más garantistas que aseguren la protección efectiva de los intereses de todas las partes. En definitiva, su aportación consiste en ofrecer un análisis profundo y crítico que va más allá del marco técnico, proponiendo una visión filosófico-jurídica acerca de la eficacia y la justicia en el ámbito de las relaciones societarias, lo que puede incentivar futuras propuestas normativas y académicas.

Por su parte, la egresada Sandra Burillo Bertol nos presenta el capítulo titulado «*La justicia social en la contratación financiera: respuesta jurídica ante el abuso en el crédito revolving*», derivado de su investigación de trabajo de fin de grado. En esta investigación, la autora aborda un tema de gran importancia; la justicia social en la contratación financiera, especialmente en relación con el abuso existente en las tarjetas de crédito revolving. En dicho capítulo, se examinan los aspectos jurídicos de las tarjetas de crédito y las cláusulas abusivas, se analiza cómo ha evolucionado la protección al consumidor, tanto en España como en Europa, y se revisan las principales sentencias respecto a la transparencia y los contratos usurarios.

Como en el propio texto se indica, en el análisis relativo a quién debe entenderse como consumidor vulnerable, en el contexto del estudio se define como aquella persona que, por sus propias características, necesidades o circunstancias personales, económicas, educativas o sociales, se encuentra en una situación de subordinación, indefensión o desprotección, lo que le impide ejercer sus derechos en condiciones de igualdad. La Ley 4/2022 y leyes posteriores reconocen esta categoría como una subcategoría del consumidor, ampliando la protección que se le brinda frente a prácticas abusivas y desequilibrios contractuales.

La protección del consumidor vulnerable implica la aplicación de mecanismos específicos que garantizan el ejercicio efectivo de sus derechos en igualdad de condiciones con otros consumidores, especialmente en aspectos relacionados con la transparencia, la información y la revisión de cláusulas abusivas. La figura del consumidor vulnerable refuerza el marco de justicia social, permitiendo que aquellos en situación de desventaja puedan acceder a la tutela jurídica necesaria para evitar prácticas abusivas en la contratación financiera, como en los productos de crédito revolving.

Este enfoque, precisamente, se sustenta en la idea de que la regulación debe ir más allá de la mera formalidad contractual, orientándose a garantizar relaciones justas, sostenibles y comprensibles, en línea con los principios de justicia social y protección del grupo más débil en el mercado.

En lo que respecta al capítulo de la egresa Martina Roldán Castillón, este tiene por título «*La prueba neurocientífica en el proceso penal español: tensiones entre verdad procesal y justicia social*», en lo que se estudia si puede convertirse en un nuevo tipo de desigualdad social, conforme resulte habitual la práctica de una prueba esta tipología. En esencia, se analiza cómo estas nuevas técnicas, tales como las resonancias magnéticas y los EEG se utilizan para entender el comportamiento humano durante los juicios, y el complejo reto para lograr que sean justas y equitativas para todos. Para ello, se examinan los límites y garantías necesarias para el uso de estas pruebas, se evalúan los impactos éticos y sociales en la justicia y se incide en cómo podría lograrse el equilibrio entre la precisión técnica y la protección de los derechos.

El propio trabajo, para situar en contexto al lector, analiza la definición de prueba neurocientífica, considerando que se trata de aquella que utiliza técnicas y conocimientos de la neurociencia para aportar información sobre el funcionamiento cerebral y su relación con el comportamiento humano. Además, se destaca la necesidad de que el Estado procure el equilibrio entre la población, favoreciendo a las personas desfavorecidas.

Además, en el estudio se incide en los principios riesgos que podrían surgir al introducirse las pruebas neurocientíficas en el proceso penal, considerados desde la perspectiva de la justicia social. Así, podríamos encontrarnos problemas como el incremento de desigualdades económicas y sociales; riesgo de estigmatización y etiquetado de carácter reduccionista; —la interpretación de resultados neurocientíficos puede simplificar y reducir el comportamiento humano a meros procesos cerebrales—; el riesgo de arbitrariedad o falta de seguridad jurídica; y la reducción de la justicia a un privilegio de quienes dispongan de los recursos económicos suficientes para la financiación de las pruebas científicas.

Todas ellas, problemáticas cuyo estudio se encuentra en desarrollo en la actualidad, y que para permitir que el impacto de estas pruebas resulte positivo, requiere que la implementación de estas herramientas sea rigurosa, ética y accesible, para evitar que se conviertan en instrumentos de discriminación o que deriven en violaciones de derechos fundamentales.

CAPÍTULO 2

JUSTICIA SOCIAL Y DESARROLLO SOSTENIBLE: TRABAJO DECENTE Y CRECIMIENTO ECONÓMICO (ODS 8)

BERNAD MAINAR, Rafael.
Investigador Principal Grupo Economius-J.

I. Estado de la cuestión: conexión de la justicia social con los objetivos de desarrollo sostenible (ODS)

La conceptualización de la justicia social no resulta sencilla si consideramos que la justicia legal, cuyo objeto es el bien común del Estado, radica en el conjunto de relaciones del hombre con la sociedad, tanto desde la perspectiva de la justicia distributiva, como de la conmutativa.

Muy probablemente, la propia concepción y esencia de la justicia social surge como consecuencia del vacío generado por ambas perspectivas señaladas, más acordes con los parámetros de la sociedad clásica y, por ende, superadas desde una óptica más en sintonía con el mundo moderno.

De ahí su denominación, justicia social, en la medida que debe adaptarse a las nuevas necesidades de la propia sociedad, en correspondencia con la idea de grupo o colectividad en la que el individuo se desarrolla y articula con la finalidad de hacer factible una vida civil ordenada (COTTA, S. 1993: 117), al mismo tiempo que el Estado asume un nuevo protagonismo, consistente en diseñar políticas de apoyo, promoción, amparo y protección, tendentes a alcanzar unos logros materiales cuantificables bajo los parámetros de un pretendido bienestar irradiado en pro de la ciudadanía (COTTA, S. 1993: 113).

Dado que el contenido y el ejercicio de la justicia social han sido vinculados con la necesidad de conciliar la riqueza generada por la sociedad industrial y las legítimas aspiraciones de los trabajadores en mejorar sus condiciones de vida, la noción de justicia social ha sido relacionada directamente con la ordenación social de la economía (MESSNER, J. 1969: 339). Por ende, el factor económico ha determinado y viene determinando tanto el contenido como el ejercicio de la justicia social, hasta el punto de que la justicia económica constituye una premisa imprescindible de la justicia social, la cual, teñida por los principios de solidaridad, distribución, igualdad, integración, protección, proporcionalidad y colaboración, trata de colmar los desajustes y desequilibrios que el propio desarrollo genera y va dejando a su paso.

Así pues, cuando consideramos en nuestros días la justicia social, hemos de tener en cuenta la serie de cambios abruptos y vertiginosos acaecidos en los últimos tiempos a nivel mundial, de tal manera que el loable e indiscutible bienestar alcanzado se enfrenta al reto nada desdeñable de su sostenibilidad en el tiempo, más aún si podemos de relieve que nos encontramos con una población mundial en continuo crecimiento, una circunstancia que se conjuga simultáneamente con la existencia de unos recursos limitados que habrán de ser sabiamente administrados.

De ahí que la apuesta por compatibilizar dicho bienestar con una sociedad sostenible que desarrolle la justicia constituye, más bien, una suerte de ideal, traducido, precisamente, en la necesidad misma de la justicia social.

En este sentido, la justicia social se presenta en la actualidad con un resultado más que incierto y ante varios frentes que considerar, entre los que podemos destacar los que siguen: las relaciones intergeneracionales; el afán por la mejora de las condiciones de vida y su relación con los movimientos migratorios; la concientización del rechazo a lo que nos desagrada y no resulta atractivo (los pobres, los discapacitados, los enfermos); la desigualdad por razón de género; la brecha digital y su incidencia en la discriminación educativa; e, incluso, la globalización, con todo lo que lleva aparejado consigo, tal como podremos constatar cuando abordemos el crecimiento económico y los riesgos que su existencia lleva aparejados.

En el año 2007, la Asamblea General de la ONU declaró el 20 de febrero Día Mundial de la Justicia Social. Dicha iniciativa pretendía abonar en la consecución de un reto de consuno para la comunidad internacional, con unos objetivos finales claros, como eran eliminar la pobreza, favorecer el empleo pleno y la igualdad, así como propiciar el bienestar social.

Uno de los argumentos invocados por la Asamblea fue el reconocimiento del desarrollo social y la justicia como ejes vertebrales del establecimiento de la paz en el mundo y la desaparición de conflictos entre los países, toda vez que, en ausencia de paz y seguridad, no es posible garantizar los derechos humanos ni las libertades fundamentales. Al respecto, no podemos olvidar que más de 2.000 millones de personas viven actualmente en situación de fragilidad por verse afectadas por conflictos (NEWSWEEK: 2023, 27 de enero).

Bien es sabido que compete a los gobiernos y a las instituciones internacionales la misión de velar por el bien común y avanzar en el proceso en el que los ciudadanos cuenten con igualdad de oportunidades. Sin embargo, las iniciativas en tal sentido no han resultado exitosas, puesto que se ha ido produciendo un deterioro progresivo en aspectos tan sensibles para el ser humano en particular y la sociedad en general como son el acceso a un empleo digno, el aumento alarmante del abandono escolar y el incremento significativo de la pobreza en el mundo.

Emerge aquí la justicia social como pieza clave en la consolidación de sociedades pacíficas. En efecto, la justicia social tiene como fin último el establecimiento de la equidad y de la igualdad de derechos para todas las personas, con una atención especial a aquellas que se encuentran en unas condiciones de mayor vulnerabilidad. Por ello, su evidente relación con la sostenibilidad, en la medida que determina la gestión de unos recursos limitados, así como la garantía de acceso equitativo a los mismos.

Puesto que los Objetivos de Desarrollo Sostenible (ODS) constituyen una nueva herramienta insoslayable para abordar los retos actuales de la humanidad, su aparición sugiere y presenta la justicia social como factor irrenunciable del crecimiento económico.

En efecto, los ODS no se limitan a construir un marco jurídico que contemple el crecimiento económico como un mero instrumento de mejora de la calidad de vida y del bienestar de los ciudadanos en el mundo, sino que además aspiran a configurar un nuevo modelo de desarrollo sostenible, menos teórico, menos abstracto y más efectivo (NACIONES UNIDAS: 2015), que rebase los linderos estrictamente economicistas del crecimiento y que tome conciencia de la limitación de los recursos para poder evitar, así, su agotamiento, de manera tal que no sea sostenible en el tiempo.

Constatemos, pues, la relación existente entre desarrollo económico y sostenibilidad, porque sin esta, aquel no es sostenible en el tiempo. La influencia de los ODS en el desarrollo económico entronca netamente con el espíritu inspirador de la noción de justicia social, esto es, que el crecimiento no puede radicar en exclusiva en una perspectiva pragmática y materialista, sino que habrá de incorporar también el componente social capaz de redundar en la mejora constante de la calidad de vida y el bienestar de las personas. Sin el ingrediente social, el desarrollo se traduce en unas frías cifras que blanquean los balances y resultados, pero que, al mismo tiempo, dejan en el camino necesidades insatisfechas de los más vulnerables.

Por eso, procede abordar el desarrollo sostenible de forma poliédrica y codependiente, lo que permite tener en cuenta la dimensión cualitativa del desarrollo a través de sus diversos ingredientes (COLOM, A.J.: 1998): desarrollo biológico, económico, político, cultural y humano.

Esta visión pluridimensional del desarrollo sostenible incorpora una ruta conectada con la justicia social que supera la mera visión prescriptiva de vetos en el desarrollo socioeconómico y abre nuevos impulsos generadores de acciones concretas en los procesos de crecimiento (MURILLO. F.J.; HERNÁNDEZ, R.: 2011). Ello propicia una reformulación del concepto de justicia social con base en las denominadas tres «R», con el protagonismo de aristas tales como la redistribución de la riqueza, el reconocimiento cultural, social y personal, y la representación y participación política (MURILLO. F.J.; HERNÁNDEZ, R.: 2014), en aras no solo de un cambio productivo, sino también social, para sortear los efectos perversos de aquel —wicked challenges— (MAZZUCATO, M.: 2023, 32)

De ahí su especial engranaje y conexión con los Objetivos de Desarrollo Sostenible, dado que el afianzamiento de la justicia social mediante la erradicación de toda modalidad de discriminación entre las personas y la reducción de la precariedad a nivel global constituye una premisa ineludible en el fortalecimiento de la sociedad, en el afán de avanzar considerablemente hacia el progreso de la humanidad.

A tal efecto, el protagonismo de la economía se reajusta y redimensiona, pues ante el objetivo del bienestar social y su posible deriva hacia un crecimiento material exacerbado, afloran en calidad de factores correctores la sostenibilidad y la justicia social.

A partir de lo anteriormente señalado, podemos afirmar que la justicia social y el desarrollo sostenible se entrecruzan y resultan imbricados, sobre todo si reconducimos ambos términos hacia un crecimiento sostenido, inclusivo y equitativo, elevado a la categoría de derecho humano multidimensional de realización progresiva (GARCÍA-AMA-

DOR, F.V.: 1987), como verdadera síntesis de los principales valores de la modernidad (igualdad, libertad, pluralismo, dignidad humana, paz y solidaridad).

Ante el desafío en que consiste poner en práctica de manera efectiva dosis apreciables de justicia social en nuestros días, invocamos una de las ramas que la configura y estructura, cual es el desarrollo sostenible, terreno abonado y caldo de cultivo propicio para adentrarnos en los linderos correspondientes a los Objetivos de Desarrollo Sostenible (ODS).

En esta búsqueda de un futuro sostenible, no podemos omitir el componente humano, de tal manera que solamente el justo equilibrio entre la vertiente económica y social, sumando a las dos anteriores la medioambiental, permitirá asegurar una sociedad verdaderamente sostenible.

Precisamente en atención a lo anteriormente afirmado y, puesto que el trabajo constituye un derecho humano con un marcado cariz social, en modo alguno puede quedar este ámbito al margen de los Objetivos de Desarrollo Sostenible. Por ello esgrimimos en este sentido el ODS 8, que aboga por la consecución de un crecimiento económico inclusivo y sostenible; el logro del pleno empleo y productivo; y la consolidación del trabajo decente para todos (BLANCO-VARELA, B.; AMOEDO, J.M.; SÁNCHEZ-CARREIRA, M.C.: 2021, 106-107).

Así pues, se trata de un ODS vinculado con el ámbito del trabajo y de la economía, que insta a reducir el desempleo, mejorar las condiciones laborales e incrementar la productividad laboral.

Puesto que los Objetivos de Desarrollo Sostenible se interrelacionan y están directamente concatenados, en aras de un goce efectivo de los derechos humanos y de un verdadero desarrollo sostenible, el ODS 8 propone el ejercicio efectivo del derecho al trabajo bajo la premisa de un trabajo libre, equitativo, seguro y digno, con la finalidad de poder albergar sus variadas y distintas dimensiones —social, económica y medioambiental—, de tal manera que puedan concurrir armónica y equilibradamente.

Aun así, todos los vaticinios presentan el logro del mencionado ODS en 2030 como una utopía a nivel global, sobre todo por la gran diferencia que existe entre los países en función de su situación geográfica y del grado de desarrollo alcanzado (NACIONES UNIDAS: 2020; OIT: 2019, 2020).

Y es que los datos objetivos, por paradójicos que sean, resultan más que reveladores: a pesar del crecimiento económico logrado en los países menos avanzados y la evolución positiva detectada en el mercado laboral en términos absolutos, tanto por lo que se refiere al descenso del desempleo, como al incremento del nivel de productividad, lo cierto es que esta apariencia se torna un espejismo distorsionado ante la precariedad y las desigualdades patentes que se evidencian en el ámbito laboral.

II. El trabajo decente como premisa de una sociedad justa e inclusiva

Considerado el trabajo como un derecho fundamental de los denominados de segunda generación, su carencia —desempleo— constituye un factor de primer orden en el desencadenamiento de la pobreza, entre otras razones como consecuencia del cambio producido en la dinámica de las relaciones laborales, que se traduce en una pérdida paulatina de puestos de trabajo en el sector industrial, a raíz del proceso general de tecnificación. Una situación que, sin duda, alimenta la pobreza y agudiza la desigualdad entre los países. Por ende, el trabajo representa un elemento clave en la erradicación de la pobreza (PÉREZ VILLA, P.E. et al.: 2019) y coadyuva en el proceso encaminado a la integración social (RIVAS, A.M.: 2016).

Sin embargo, el hecho de contar con trabajo no significa necesariamente poder evadir la pobreza, al no reunir este trabajo la cualidad de decente, puesto que puede tratarse de un empleo precario, inestable y escasamente remunerado. Y es que la relación entre la percepción de un salario y la llevanza de una vida digna se han ido distanciando paulatinamente, incluso en las economías desarrolladas:

ello configura una evidencia más en torno a la idea de que el crecimiento económico por sí solo no basta para erradicar la pobreza, sobre todo si los ingresos derivados del trabajo no cubren las necesidades básicas del trabajador y de su familia, una situación que propicia, entre otra serie de consecuencias, la proliferación del pluriempleo.

Por ello, si tratamos de encontrar un concepto sobre trabajo decente incluimos un ideal de trabajo no discriminatorio (en condiciones de igualdad), saludable (en condiciones salubres), dignamente remunerado (con salario suficiente) y protegido socialmente (con la cobertura de un régimen de seguridad social que cubra a los trabajadores frente a posibles riesgos y contingencias). Esto es, un trabajo con dosis suficiente de cantidad y calidad, pero que también se proyecta (ESPINOZA, M.: 2003) hacia el tipo de sociedad y de desarrollo al que se aspira. En otras palabras, un trabajo pluridimensional que comprenda las siguientes características (SOMAVÍA, J.: 2020): productivo, libre, equitativo, seguro y digno; con respeto a los derechos, una remuneración adecuada y la debida protección social.

Por lo que se refiere al pleno empleo, entendemos que hay pleno empleo cuando media un equilibrio entre oferta y demanda laboral, hasta el punto de que las empresas pueden absorber toda la fuerza laboral disponible en un lugar y tiempo determinados. Amén del ingrediente económico que el pleno empleo conlleva, su inherente componente social magnifica, sin lugar a duda, su incidencia poliédrica y caleidoscópica (ALFIERI CASALEGNO, A.: 2023, 137): en efecto, desde esta perspectiva, podríamos pensar que muchos de los problemas de la sociedad actual radican en cuestiones de índole laboral, tanto en lo que atañe a las lacras del desempleo y del subempleo, como a las condiciones laborales injustas e indignas. Como reacción a tales desequilibrios del mercado y, por consiguiente, también de la sociedad, los mejores antídotos son el acceso al trabajo para todas las personas y, además, el hecho de que tales trabajos permitan colmar sus necesidades económicas y humanas básicas, su dignidad, su sentido de pertenencia y de contribución a causas socialmente relevantes.

En cuanto a la productividad de los empleos, lo cierto es que no todos los empleos son productivos, ya porque no se logran alcanzar las metas empresariales previstas, o porque, habiéndolas logrado, lo es a un costo mayor del considerado necesario. Así las cosas, el ODS 8 asume como reto la consecución de las condiciones reputadas como indispensables para que el empleo cumpla con los requerimientos económicos exigidos por la eficiencia.

Con base en lo anteriormente expuesto, la consecución de un trabajo decente en el marco de este ODS debería girar en torno a los siguientes ejes vertebrales (MILLÁN, S.: 2019, 225 y ss.):

– Seguridad y salud en el trabajo, fruto de la protección de los derechos laborales mediante la promoción de un ambiente seguro y tuitivo para todos los trabajadores sin distingos. Con tal fin, la capacitación de los trabajadores se erige en pieza clave como factor reductor de la producción de accidentes y enfermedades profesionales.

– Salud y bienestar. Sin duda alguna, un trabajo que reúna condiciones mínimas de higiene y seguridad industrial redundará no solo en que sus trabajadores estén sanos y disfruten de condiciones laborales seguras y saludables, sino también en un incremento considerable de su capacidad productiva.

– Fin de la pobreza. El trabajo se erige en un instrumento primordial para abandonar la situación de pobreza, siempre que se trate de un trabajo productivo con su correspondiente protección social —trabajo decente—. De ahí la gran importancia del emprendimiento y los microcréditos como mecanismos creadores de riqueza.

– Educación de calidad. Constituye una pieza clave en la consecución de un trabajo decente, que coadyuva a minorar la disparidad por razón de género y a garantizar el acceso al empleo en condiciones de igualdad e idoneidad. En este sentido, tanto las ayudas al estudio como los planes de formación profesional para adultos resultan medidas de choque ante el analfabetismo y la falta de cualificación para el empleo.

– Igualdad de género. Datos más que significativos corroboran en España la brecha de género existente en el ámbito laboral en disfavor de la población femenina (LÓPEZ ANIORTE, M.C.: 2023, 78-79): menor porcentaje de afiliación a la Seguridad Social; menor pensión media anual; menor base de cotización media a la Seguridad Social; mayor intermitencia e interrupción en el trabajo; mayor tasa de desempleo; mayor % de trabajo a tiempo parcial; menor salario anual; feminización de las labores de atención y cuidado de personas, con la consiguiente dificultad de conciliación del servicio doméstico con la vida familiar y profesional, realidades inseparables de un mismo binomio (SELMA PENALVA, A.: 2023, 179-181).

Una de las cuestiones recurrentes por su interés en torno al trabajo decente es el concerniente a su posible medición con indicadores estadísticos, lo que, sin duda, engarza con la propia noción del trabajo decente. No olvidemos al respecto los cuatro elementos sobre los que se apuntala esta noción (ORGANIZACIÓN NACIONAL DEL TRABAJO, OIT: 1999): a) empleo, b) protección social, c) derechos de los trabajadores y d) diálogo social.

En cuanto al empleo, comprende todas las modalidades de trabajo e incluye aristas cuantitativas y cualitativas, es decir, la inclusión de los trabajadores de la economía regular e informal, los autónomos y los que trabajan a domicilio. Un componente este del empleo que condensa aspectos tales como el número de empleos suficientes, el salario digno, la seguridad en el trabajo y unas condiciones laborales salubres.

La protección social depende, en gran medida, del nivel de desarrollo de cada sociedad, en tanto que los otros dos ingredientes (c y d) propenden a consolidar las relaciones sociales de los trabajadores, gracias a la observancia y aplicación de los derechos fundamentales laborales (libertad sindical; lucha contra la discriminación laboral; el trabajo forzoso y el trabajo infantil) y al fomento del diálogo social, por el cual los trabajadores pueden emitir opinión, defender sus intereses y negociar con los empresarios y el poder público los asuntos concernientes a la actividad laboral.

Sin embargo, el problema al respecto estriba en encontrar los instrumentos de medición que permitan incluir todos estos aspectos y, a la vez, expresar los vínculos que entre ellos se entretejen. Más aún si consideramos la dificultad de mensurar a través de un solo indicador, una circunstancia que aconsejaría acudir al auxilio de varios indicadores combinados, cuantitativos y cualitativos, en aras de una medición más aproximada a la exactitud, reflejada mediante un indicador o índice general.

De ahí que factores como la exactitud y la comparabilidad deban tenerse en cuenta a la hora de seleccionar y aplicar los indicadores, dado que, como sabemos, las estadísticas sociales son de muy diversa exactitud (MURRAY, C.: 1993), una limitación que se intensifica más si cabe en los datos laborales, en la medida que las nociones referenciales sobre las que se confeccionan los datos recopilados no solo difieren en función del país analizado, sino también en el mismo país a lo largo del tiempo. Una premisa, pues, que nos conduce más a la aproximación razonable que a la exactitud.

Analicemos a continuación cada uno de los indicadores del trabajo decente de manera individualizada, con sus respectivos subindicadores[1], poniendo sobre la mesa de antemano algunas de sus limitaciones inherentes: muchas veces, los indicadores varían según el grupo de países y sus características institucionales y estructurales propias; necesitamos más información para medir las demás face-

---

1   Se han utilizado datos de «*100 estadísticas sobre la OIT y el mercado laboral para celebrar el centenario de la OIT*», en https://ilostat.ilo.org/es/blog/100-statistics-on-the-ilo-and-the-labour-market/ (consultado con fecha 30/03/2025).

tas del trabajo decente, sobre todo en la economía informal, y para ello resulta indispensable que estas informaciones sean, primordialmente, de carácter cualitativo, al permitir valorar la eficacia normativa, institucional y procedimental en los distintos ámbitos del trabajo decente.

1. Indicador del empleo

1.1. Posibilidades de empleo

Para su medición se ha recurrido tradicionalmente a algunos índices bien definidos

1.1.1. La tasa de actividad

Esto es, la cantidad y el porcentaje de personas que se halla en edad laboral para producir bienes y servicios.

1.1.2. La tasa de empleo —tasa de ocupación—

Vale decir, la cantidad y el porcentaje de personas en edad laboral que, por trabajar, producen bienes y servicios. Un subindicador que entraña la dificultad de no poder conocer por su través las horas reales trabajadas, con las distorsiones que tal circunstancia genera, amén de las derivadas de su variabilidad en función del ámbito nacional o internacional considerado.

1.1.3. La tasa de desempleo

Considerada por los organismos internacionales (ORGANIZACIÓN INTERNACIONAL DEL TRABAJO, OIT: 2001a) como la correspondiente a las personas que estando disponibles para trabajar carecen de empleo y lo buscan de manera continuada, una de cuyas consecuencias es, de no mediar otro tipo de factores, que cuanto mayor tasa de desempleo exista, menos trabajo vacante habrá.

Al respecto, las diferentes fuentes y denominaciones, amén de los errores en la medición contribuyen sobremanera a que las tasas de desempleo de los distintos países no resulten comparables de un modo confiable, pues las cifras arrojadas pueden crear una imagen más alejada de la realidad de lo que en apariencia reflejan: hay disparidad entre los países industrializados, una disparidad agudizada si son considerados sus extremos, tanto entre los mismos países denominados en transición, como entre los mismos países en desarrollo, a lo que habría que añadir la variable correspondiente a la tasa de desempleo femenina, por lo general, más alta que la masculina.

1.2. Empleo remunerador

Se trata de un ingrediente de calidad del trabajo, si bien difícilmente homologable ante la gran variedad de valores predominantes en la sociedad y la prosperidad de cada país considerado. Así, en los países industrializados se toman como referentes para determinar la suficiencia o insuficiencia del salario, por un lado, el porcentaje de trabajadores con una remuneración inferior a la mitad del salario medio nacional; y, por otro, el porcentaje de la población en situación de pobreza absoluta, basado en un ingreso mínimo suficiente que permitiría al individuo o su familia tener una vida digna y acceder a los servicios más básicos, de tal manera que toda persona que se encuentre por debajo del ingreso mínimo, estaría en situación de pobreza.

Sin embargo, estas cifras deben tomarse con gran cautela, pues arrojan gran diversidad en cuanto a la proporción de trabajadores pobres respecto de la población ocupada. En cualquier caso, sí que se puede constatar que los países con rentas bajas padecen muchas y grandes carencias, que se traducen en altos niveles de pobreza y corroboran indirectamente la exigüidad de empleo que pueda ser reputado remunerador.

1.3. Las condiciones de trabajo

Entre las que se incluyen, por ejemplo, la nocturnidad laboral, horas y horario de trabajo, descanso semanal, vacaciones remuneradas, amén de las relativas a la seguridad y salud de los trabajadores. Con relación a estas últimas, se toma en cuenta como indicador el porcentaje de siniestralidad laboral con y sin resultado de muerte sobre el total de la población ocupada, incluyendo también, claro está, la que se origina por el paso del tiempo y los trastornos laborales fruto del estrés y de la tensión laboral. Evidentemente, por lo general, los datos con los que se cuenta emanan de la economía regular, si bien en muchos países la economía informal representa un porcentaje de la actividad económica muy considerable y, por ende, la medición de las condiciones laborales en este ámbito brilla por su ausencia.

2. Indicador de la protección social

El trabajo decente está ineludiblemente asociado a la protección social de los trabajadores, con extensión en algunos casos a su familia (desempleo, enfermedad, salud, accidentes laborales, maternidad, incapacidad, jubilación, familiares a su cargo, atención a familiares directos sobrevivientes tras el fallecimiento del trabajador), a los que en los países más desarrollados se sumarían los programas de asistencia social destinados a proteger a los sectores sociales más vulnerables.

Sin embargo, ya nos encontramos con un primer escollo si tenemos en cuenta que la mayor parte de estos regímenes protectores de seguridad social han sido creados para los trabajadores asalariados: el sistema será efectivo cuando el colectivo de los trabajadores asalariados sea mayoritario en el marco de la economía regular, lo que sucede en los países desarrollados; ahora bien, el sistema flaquea en los países en desarrollo donde el contingente de los trabajadores asalariados de la economía regular constituye un porcentaje reducido de todos los trabajadores, supuesto en el cual el sistema de seguridad social es insuficiente y corresponderá a los poderes públicos atender tales necesidades focalizadas en las personas vulnerables y los trabajadores que no pueden satisfacer sus necesidades básicas con el fruto de su trabajo.

Uno de los indicadores utilizados para establecer cuándo el sistema de protección social resulta suficiente o insuficiente es, en primer lugar, el gasto público asignado en el presupuesto al apartado de seguridad social traducido en el porcentaje correspondiente del PIB de un país, un índice variable en función del segmento de países del que se trata: industrializados (20-35 %), en transición (15-20 %), en desarrollo (5-15 %). A este indicador se añade también el grado de cobertura con el que cuentan las distintas categorías de trabajadores para poder afrontar diferentes riesgos e imprevistos, que se complementa, en aras de una mayor exactitud, con otros indicadores como el nivel de las prestaciones y la eficacia del régimen de seguridad social: la mayoría de los países industrializados y en transición protegen esos riesgos a gran parte de sus trabajadores, si bien en la mayoría de los países en desarrollo la protección se reduce a los trabajadores de la economía regular, con la salvedad de los servicios sanitarios. De ahí las grandes diferencias (ORGANIZACIÓN INTERNACIONAL DEL TRABAJO, OIT: 2001b): sólo el 20 % de los trabajadores del mundo y de las personas que dependen de estos gozan de una protección social realmente suficiente; en el África subsahariana y en el Asia meridional, solamente el 5-10 % (OIT, 2001b).

Al hilo de lo anterior, podemos traer a colación la clasificación de los sistemas de seguridad social de los países en desarrollo en tres categorías (GHAI, D.: 2003): la primera, que comprende las necesidades elementales (nutrición suficiente, atención sanitaria básica, enseñanza primaria, agua no contaminada, servicios de saneamiento y vivienda); la segunda, que comprende los riesgos e imprevistos (enfermedades, accidentes, fallecimiento del sostén de la familia, incapacidad, vejez y necesidades de colectivos vulnerables); y, por fin, la tercera que comprende las catástrofes naturales (inundaciones, sequías y terremotos causantes de destrucción masiva de bienes, recursos y medios de sustento).

Algún indicador ya mencionado con antelación, como es el general de pobreza, nos aporta información en torno a la suficiencia o insuficiencia de los regímenes de seguridad social, puesto que, por su través, obtenemos el porcentaje de trabajadores pobres dentro de la población ocupada, o, incluso, el porcentaje de la población que carece de determinados servicios básicos.

3. Indicador de los derechos fundamentales

Relacionado primordialmente con su observancia y respeto, para lo cual debemos atender situaciones como el trabajo forzoso, el trabajo infantil abusivo, la discriminación en el trabajo y la libertad de sindicación.

3.1. El trabajo forzoso

En la actualidad adopta múltiples formas, que van desde situaciones de esclavitud, servidumbre y servidumbre por deudas hasta el trabajo de los reclusos. Ya en el marco de la OIT, el Convenio n.º 29 sobre trabajo forzoso de 1930 definió el trabajo forzoso, en tanto que el Convenio n.º 105 sobre la abolición del trabajo forzoso de 1957 prohibió todas las clases de trabajo forzoso impuesto para alcanzar determinadas finalidades (coerción política, desarrollo económico y discriminación racial, social o religiosa). Ambos Convenios otorgan una protección universal, extensible a todos los trabajadores, cualquiera que sea la categoría a la que adscriban.

3.2. El trabajo infantil

Ya en 1919, año de creación de la OIT, se aprobó el Convenio n.º 5 sobre la edad mínima, en el que se estableció la edad mínima para trabajar en 14 años y se prohibió emplear mano de obra infantil en todas las empresas industriales. El Convenio n.º 138 sobre la edad mínima de 1973 mantuvo conectada la edad mínima de ingreso en el mundo laboral con la edad mínima de conclusión de la enseñanza obligatoria. El Convenio n.º 182 de 1999 sobre las peores formas de trabajo infantil insta a prohibir y eliminar urgentemente los casos de niños sometidos a la esclavitud, prostitución, pornografía, tráfico ilícito de drogas y a trabajos que pongan en peligro su salud, su seguridad y su moralidad.

Como sabemos, el trabajo infantil es una práctica muy habitual en los países en desarrollo, llegando en los países más pobres a arrojar unas cifras alarmantes (35-50 % de los niños trabajan). A tal efecto, se ha utilizado como instrumento de medida de la tasa de actividad infantil el porcentaje de niños sin escolarizar en la enseñanza secundaria (KUCERA, D.: 2001).

3.3. La discriminación en el trabajo

Consistente en no dispensar igualdad de trato y de oportunidades a las personas, bien por ellas mismas consideradas, bien por pertenecer a un colectivo social determinado, principalmente, discriminación por razón de sexo, sin descartar otros motivos (raza, religión, convicciones políticas, orientación sexual).

Ya tratamos anteriormente la incidencia del sexo al abordar las tasas de actividad y de empleo en cuanto a las oportunidades de encontrar trabajo, así como cuando tratamos las tasas de desempleo.

Incluso en los países más desarrollados e industrializados, con algunas excepciones en los países nórdicos, los porcentajes de ocupación de puestos directivos muestran una gran disparidad en favor del sexo masculino (73 %-27 %). Del mismo modo, el indicador de ingresos del trabajo sitúa el sexo masculino por encima (en general, 70 %-30 %), si bien con gran disparidad entre los países al respecto (así, por ejemplo, en los países nórdicos, el ingreso femenino supera el 40 % del ingreso nacional por trabajo, mientras, en otros países, como los latinoamericanos, ronda el 20-25 %). La brecha salarial por sexo también resulta considerable (19 %).

3.4. La libertad de sindicación

Tres son los instrumentos tradicionales de medición relacionados con la libertad sindical:

3.4.1. El número de países que han suscrito los Convenios n.º 87 y 98 sobre la materia

Hasta el momento, más de 150 países los han suscrito. Ahora bien, el haber ratificado estos convenios no significa necesariamente que existan las condiciones imprescindibles para la efectividad de la libertad sindical.

3.4.2. Los criterios de evaluación referentes a la libertad sindical obtenidos a través de varias fuentes (Kucera, D.: 2001)

El Informe anual sobre las violaciones de los derechos sindicales, los informes del Comité de Libertad Sindical de la OIT, así como los informes de países sobre prácticas en materia de derechos humanos del Departamento de Estado de los Estados Unidos.

3.4.3. Índice de derechos civiles

Por ejemplo, el confeccionado por Human Rigths Watch, basado en evaluaciones subjetivas de elementos de juicio recogidos en los distintos países, entre cuyos elementos podemos incluir: justicia económica y derechos, libertad de expresión, justicia internacional y libertad en internet (INFORME MUNDIAL HRW: 2024). Comprobamos, pues, que el índice de libertades civiles excede con creces el derecho a la libertad sindical.

Una segunda categoría de indicadores relacionados con la libertad sindical radica en el número o porcentaje de trabajadores afiliados a sindicatos u organizaciones similares: en los países industrializados, el indicador más usado es el porcentaje de la población activa o de los asalariados pertenecientes a algún sindicato, lo que se conoce como densidad sindical, de tal suerte que, en general, a mayor afiliación sindical, mayor defensa de los intereses de los trabajadores y mayor participación de los trabajadores en los asuntos laborales. No obstante, hay que tomar en consideración que la densidad sindical no guarda relación directa con la libertad sindical, puesto que la relevancia de los sindicatos también depende de otras cuestiones que no se deben pasar por alto, como la tradición histórica de cada país, su sistema político y su configuración laboral (JOSE, A.V.: 2002).

4. Indicador del diálogo social

Diálogo social y libertad sindical van de la mano. Efectivamente, el diálogo social tripartito entre empleadores, trabajadores y poderes públicos es un síntoma de buena salud del sistema democrático, amén del mecanismo más adecuado para conciliar intereses y resolver los conflictos en lo atinente al diseño y ejecución de las políticas públicas económicas y sociales. Un diálogo social sólido constituye una premisa imprescindible en la búsqueda del equilibrio entre los principios de eficiencia y equidad, binomio sobre el que gravita el Análisis Económico del Derecho (AED) y se apuntala el progreso económico. Veamos cómo se expresa este indicador.

4.1. La negociación colectiva

En un primer nivel el diálogo social se concreta en las negociaciones colectivas entabladas entre los sindicatos y las organizaciones de empleadores, sea en la empresa, en el ámbito del sector del que se trate o en todo el país, tanto cuando la empresa es privada como cuando es pública.

Sin embargo, estas negociaciones irradian su influencia y permean en otros ámbitos más allá del laboral propios de la economía formal (por ejemplo, todos los contratos relacionados con el rubro de la agricultura, desde los propiamente agrarios hasta los que tienen por finalidad la financiación de la actividad agrícola).

Son índices utilizados para medir este subindicador del diálogo social, por un lado, la normativa existente sobre la materia, tomando como referencia al respecto los principios y procedimientos previstos en los Convenios n.° 87, 98 y 154 de la OIT, de manera tal que la mayor o menor ratificación de los convenios de la OIT puede representar un indicador confiable de la negociación colectiva; y, por otro, los resultados obtenidos en el terreno de los acuerdos colectivos, esto es, la difusión real de las negociaciones colectivas, medida generalmente a través del porcentaje de trabajadores amparados bajo el paraguas de los acuerdos y convenios colectivos, un dato que, sin embargo, debe tomarse con mucha cautela ante la situación imperante en cada país, más aún cuando las cifras con las que se suele contar son las recabadas de los convenios colectivos propios de la economía regular, siendo recomendable extender la información a cuantas más negociaciones celebradas sea posible de cuantas más categorías de trabajadores se trate.

4.2. La democracia económica

Otra arista más del diálogo social es la participación de los trabajadores en el funcionamiento de sus empresas, ya desde la representación en órganos rectores, comisiones y comités, ya mediante su protagonismo en los programas de capacitación y perfeccionamiento de recursos humanos.

Sin embargo, no contamos con mediciones sencillas de la democracia económica[2], de ahí que el método más

---

2　La Recomendación n.° 94 sobre la colaboración en el ámbito de la empresa de 1952 y la Recomendación n.° 113 sobre la consulta en propicio para elaborar indicadores en este ámbito consiste en examinar pormenorizadamente, país por país, el marco legal, institucional y procedimental relativo a las diversas modalidades de participación de los trabajadores en el funcionamiento de las empresas. Sin embargo, avanzando ya con ello su dificultad de inicio, sería preciso contar con un método similar para poder medir la participación de los trabajadores en el funcionamiento económico de los países en desarrollo, tanto en el marco de la economía regular como en los demás ámbitos y regímenes de empleo.

4.3. La participación en el ámbito nacional

Vertiente esta del diálogo social a cargo de los sindicatos, las organizaciones empresariales, amén de otras asociaciones de agentes económicos y entidades de la sociedad civil, cuya tarea consiste en incidir en la formulación y ejecución de las políticas sociales y económicas con repercusión en el ámbito laboral, en temas tan diversos e importante en la vida cotidiana de la ciudadanía como el gasto público y la política impositiva, los tipos de interés del dinero, el salario mínimo, la concesión del crédito, las políticas de empleo y formación, o incluso, el subsidio de desempleo.

Al respecto, no existen indicadores sencillos susceptibles de reflejar la amplitud o la eficacia del diálogo social en el ámbito nacional, razón por la cual el análisis caso por caso del marco legal, institucional y procedimental, amén de las atribuciones, composición y funcionamiento de los órganos consultivos nacionales, se presenta como el método más razonable para obtener una estimación aproximada de la eficacia del diálogo nacional sobre las políticas sociales y económicas.

---

ramas de actividad económica y ámbito nacional de 1960 constituyen un marco general con este fin.

A pesar de todos los brotes verdes que se puedan aportar y que, sin duda alguna, se van realizando avances y progresos en el campo laboral, la realidad es poco alentadora al respecto, puesto que más de 2.000 millones de personas a nivel mundial, esto es, más de dos tercios de los trabajadores que hay en el mundo, se hallan al margen, en algún aspecto, de lo que se reputa como trabajo decente (ANKER, R.; CHERNYSHEV, I.; MEHRAN, F.; RITTER, J.: 2003), ya por carecer de un contrato laboral y de los derechos que este aporta, bien por amparar situaciones laborales discriminatorias, bien por pagar salarios inferiores a los que se corresponden con las capacidades del trabajador, ora por carecer de protección social, ora por sobreexponer al trabajador a sufrir accidentes o a padecer enfermedades laborales.

En 2020[3], 4.100 millones de personas estaban totalmente desprotegidas de protección social (aproximadamente un 53 % de la población mundial); los 4.635 millones restantes (47 % de la población mundial) contaban con algún tipo de protección social; y solamente un privilegiado 20 % de la población mundial (aproximadamente 1.750 millones de personas) disfruta de una protección social que podemos considerar suficiente y adecuada.

La desigualdad social, tanto en el seno de los Estados, como entre ellos mismos, constituye una de las principales amenazas para la consecución de un desarrollo sostenible. A su vez, la discriminación laboral cercena la igualdad en el trato y la obtención de oportunidades para las personas, ya consideradas en sí mismas, ya por su pertenencia o adscripción a un colectivo determinado (por ejemplo, el de los jóvenes, los mayores de cierta edad, los negros, blancos o asiáticos, las mujeres, los homosexuales, los

---

3 Datos obtenidos en:https://r.search.yahoo.com/_ylt=AwrkPB43r_IIR-JAbxo2_.wt.;_ylu=Y29sbwMEcG9zAzIEdnRpZAMEc2VjA3Ny/RV=2/RE=1710890936/RO=10/RU=https%3a%2f%2fwww.ilo.org%2fwc-msp5%2fgroups%2fpublic%2f%40ed_protect%2f%40soc_sec%2fdo-cuments%2fpublication%2fwcms_817576.pdf/RK=2/RS=9.CzYQ8ZUp_o18Y9MoKrjJT2YKI- (consultado con fecha 19 de marzo de 2024).

extranjeros), por una serie de motivos[4]: cualquier distinción, exclusión o preferencia basada en motivos de raza, color, sexo, religión, opinión política, ascendencia nacional u origen social que tenga por efecto anular o alterar la igualdad de oportunidades o de trato en el empleo y la ocupación.

Y es que la ausencia de trabajo o de un trabajo decente —trabajo precario— crea un campo abonado para la delincuencia nacional e internacional, sobre todo entre la población más joven (África, Centro y Sur de América). En este sentido, los empleos, socialmente, deben ser abiertos, en condiciones de igualdad y proporcionar unos beneficios equitativos y suficientes; económicamente, deben ser productivos y competitivos; en el plano medioambiental, han de ser sostenibles, de manera que preserven el planeta para las generaciones venideras.

Sin trabajo decente difícilmente se puede aspirar a lograr la justicia social: no basta, pues, con crear trabajo y crecer económicamente; debe tratarse de un trabajo que garantice a los trabajadores sus derechos laborales; que lleve aparejada una protección social suficiente y de calidad. Para ello el diálogo social tripartito —sindicatos empresarios, administración pública— se presenta como un camino recomendable por expedito, seguro y duradero.

Por ello, tanto la precarización del trabajo, como la opacidad, por no decir el ocultamiento, tal como sucede con el trabajo doméstico y de los cuidados (economía doméstica y de los cuidados como basamento de la economía social) abonan en aras de un engrosamiento del trabajo no decente. Una precarización que, por lo general, trata de justificarse a través de la excusa de la precarización

---

4   Convenio de la OIT sobre discriminación (empleo y ocupación, 1958 (núm. 111), en https://r.search.yahoo.com/_ylt=Awr.jnupKOt-le.cWBeS_.wt.;_ylu=Y29sbwMEcG9zAzEEdnRpZAMEc2VjA3Ny/RV=2/RE=1709938986/RO=10/RU=https%3a%2f%2fwww.ilo.org%2fdyn%2fnormlex%2fes%2ff%3fp%3dNORMLEXPU-B%3a12100%3a0%3a%3aNO%3a%3aP12100_ILO_CODE%3aC111/RK=2/RS=43PQ3DMoDGPU3_ltVyNr7jvi0lE- (consultado con fecha 8 de marzo de 2024).

económica (RIVAS, A.M.: 2016); que resulta dinámica; que puede ser duradera o temporal; y que se torna universal, en la medida que todas las personas pueden verse afectadas por este flagelo (BLANCO-VARELA, B.; AMOEDO, J.M.; SÁNCHEZ-CARREIRA, M.C.: 2021, 112).

Precisamente y, en contraposición a lo que consideramos trabajo decente, debemos hacer una referencia especial al trabajo forzoso y al trabajo infantil, situaciones ambas que se ceban y ensañan especialmente con las personas más vulnerables y desprotegidas.

En lo que respecta al trabajo forzoso, lo reputamos tal cuando el trabajador no ofrece su trabajo voluntariamente. Destacamos algunas iniciativas tendentes a atajar estos abusos, como por ejemplo la Declaración relativa a los principios y derechos fundamentales en el trabajo[5], que declara derechos humanos los principios y derechos fundamentales reconocidos en la misma, entre los que destaca la eliminación del trabajo forzoso u obligatorio, un reto cuya protección incumbe a los Estados, del mismo modo que se insta a las empresas empleadoras a observar su respeto.

En lo atinente al trabajo infantil, se manifiesta una voluntad decidida por parte de la comunidad internacional[6] para eliminar esta lacra con carácter de urgencia, mediante la adopción de medidas inmediatas por parte de los Estados, incluyendo bajo su paraguas las situaciones de esclavitud, prostitución, pornografía, tráfico ilícito de drogas y trabajos insalubres, inseguros e inmorales en el ámbito infantil. La realidad demuestra que regiones de Asia y el Pacífico, el África Subsahariana y Latinoamérica aglutinan la mayor parte del problema, siendo el sector

---

5   Sobre el particular, https://www.ilo.org/wcmsp5/groups/public/---ed_
    norm/---declaration/documents/normativeinstrument/wcms_716596.
    pdf (consultado con fecha 11 de marzo de 2025).

6   Tener en cuenta en este sentido el Convenio de la OIT sobre las peores
    formas de trabajo infantil (n.º 182), en https://www.humanium.org/es/
    convenio-182-texto-completo/ (consultado con fecha 11 de marzo de
    2025).

agrícola el que reúne a más niños y adolescentes trabajando.

Una manera de reaccionar ante la amenaza del trabajo infantil, siempre insuficiente mas no irrelevante, pasa por fortalecer la igualdad de sexo en el plano laboral, así como erradicar la pobreza y promover el empleo, pues como consecuencia del efecto acción/reacción con tales medidas se favorece a los sectores más vulnerables, entre ellos el de la infancia.

Al trabajo infantil podemos añadir la precarización laboral juvenil, fruto de la disociación que se ha venido incrementando entre la escolarización y el mercado laboral, a partir de una progresiva depreciación de los títulos formativos que, prisioneros de las competencias atribuidas al estudiante, no logra satisfacer convenientemente las necesidades del mercado laboral (AVENT, R.: 2016; MORENO, L.: 2019). Aun así y, sin perjuicio de lo afirmado, los jóvenes con titulación universitaria o formación profesional cuentan con mejores expectativas a la hora de encontrar un trabajo digno y adecuado.

En suma, pues y, al margen de cuál sea su modalidad, el trabajo decente se asocia (BLANCO-VARELA, B.; AMOEDO, J.M.; SÁNCHEZ-CARREIRA, M.C.: 2021, 111) con el trabajo elegido por el trabajador; el que genera un salario digno; el que resulta seguro; el que confiere protección social; y el que no apareja en modo alguno discriminación en función de cuestiones como la raza, el género o la diversidad funcional del trabajador.

Todo ello en una línea claramente orientada a la consecución de la paz, toda vez que el trabajo decente representa un ingrediente cualificado ante el desafío que supone el estadio de paz social y convivencia pacífica, entendido en el sentido de *conditio sine qua non* para la viabilidad social (SOMAVÍA, J.: 2014), puesto que la experiencia sangrante demuestra en determinados escenarios que, entre otras razones, pero de una manera muy significativa, la ausencia de un trabajo decente entre los jóvenes guarda relación estrecha y directa con un mayor riesgo de incorporación en bandas delictivas, armadas o terroristas: en efecto, en muchos de estos casos, la violencia se presenta como posible respuesta y uno de los escasos destinos frente a la carencia de oportunidades en lo que a un futuro promisorio respecta. Bajo esta concepción y escenario, el trabajo decente emerge como una potencial tabla de salvación a la hora de sortear y superar las amenazas expuestas.

III. El crecimiento económico sostenido, inclusivo y sostenible como premisa de una sociedad más justa

Cuando hablamos de la noción de crecimiento económico la identificamos con una evolución positiva del valor de los bienes y servicios de un territorio concreto durante un período de tiempo determinado. Por lo general, el indicador económico al que se recurre para cuantificar el crecimiento económico es el producto interior bruto (PIB), sustitutivo de otros indicadores tradicionales al efecto como eran el consumo energético o el aumento o disminución de la población. En efecto, sin poder prescindir de lo que a lo largo de la historia se ha venido entendiendo por crecimiento económico (GUTIÉRREZ GOIRIA, J.; HERRERA HERRERA, A.F.: 2021, 55-56), lo cierto es que la noción de crecimiento económico se conecta en términos absolutos con el incremento del Producto Interior Bruto (PIB), en tanto que en términos relativos se corresponde con el incremento del PIB per cápita o por habitante (KRUGMAN, P.R. & WELLS, R.: 2007).

Concretamente, el PIB mide el valor de los bienes y servicios producidos por un país en un período de tiempo considerado, habitualmente, un año. En su virtud, se puede conocer la variación anual que experimenta el valor de los bienes y servicios a lo largo del período de tiempo estimado y, por ende, si la economía ha crecido o se ha contraído. La importancia e incidencia de la materia en la vida diaria de los ciudadanos constituye un caldo de cultivo abonado para el estudio del análisis del crecimiento de las economías a lo largo del tiempo (BANGUERO LOZANO, H.E.: 2020, 25 y ss.), con sus épocas de pujanza y de contracción, a través de lo que se conoce como la teoría del crecimiento económico y sus distintos modelos (ZULETA, H.: 2020), ya sea de un país, región o continente determinados, ya lo sea a escala mundial.

Una situación de crecimiento económico suele venir asociada con el aumento del bienestar y la calidad de vida de los ciudadanos; más empleo y mejores condiciones laborales; mayor renta e incremento del poder adquisitivo de la población; incremento de la población; y, en general, mayor desarrollo.

En la medida que hay divergencias en cuanto a lo que se entiende por crecimiento económico y su medición, surge el planteamiento de diferenciar el crecimiento económico del desarrollo, no obstante considerar su ligamento tradicional con carácter inseparable, toda vez que su medición sobre la base en exclusiva del PIB deja por fuera otras variables de gran relieve en el cálculo (calidad de vida y del empleo, principalmente, amén de lo atinente a la desigualdad, la pobreza, o el descontento social).

Comprobamos, pues, que el vocablo desarrollo absorbe al de crecimiento económico, en una relación de género y especie, puesto que aquel no solo se identifica fundamentalmente con el indicador arrojado por el PIB, sino que también integra el nivel y la calidad de vida de la mayor parte de la población, en cuyo caso, de concurrir todos estos ingredientes, hablaremos de un verdadero desarrollo, dado que el crecimiento económico llevará aparejado la mejora del bienestar social.

Efectivamente, el crecimiento económico abarca otros muchos aspectos y dimensiones (FERNÁNDEZ MORA, V.D.J.; PANTOJA VALENCIANO, J.: 2023, 137), como, por ejemplo, el aumento de la tasa de personas que abandonan la pobreza extrema; el incremento de la tasa de las que acceden a la clase media; el aumento de las inversiones y de la producción de bienes y servicios; o, incluso, el aumento de empleos disponibles para dar cobertura al número de personas que lo requieren, en estrecha correspondencia con el apartado anterior de las inversiones y la producción de bienes y servicios.

Sin embargo, la consideración del crecimiento económico como premisa ineludible para el aumento del nivel de vida y del bienestar de las personas no se traduce inexorablemente en un desarrollo inclusivo, entendiendo por este el que es reductor de la pobreza y mejor distribuidor de la riqueza, sino que, más bien al contrario, logra impulsar más si cabe la desigualdad, el desempleo y la pobreza (MILANOVIC, B.: 2017)

Por ello, cuando hablamos de un crecimiento económico sostenido, inclusivo y sostenible, estamos aludiendo (FERNÁNDEZ MORA, V.D.J.; PANTOJA VALENCIANO, J.: 2023, 137) a un crecimiento consolidado, duradero en el tiempo y no efímero ni coyuntural, sino presidido por la estabilidad; un crecimiento universal, al alcance de todas las personas y de todos los estratos socioeconómicos; y, además, un crecimiento sostenible, hasta el punto de no poner en riesgo la continuidad de tales condiciones para las generaciones futuras. Esto es, un crecimiento capaz de preservar e incrementar el nivel de bienestar y la calidad de vida de los ciudadanos a corto, medio y largo plazo.

Y es que, aunque el proceso de globalización al que asistimos pudiera parecer en una primera aproximación un factor de desarrollo que proporciona o aumenta el bienestar para muchas personas, lo cierto es que también ha generado e incrementado los niveles de marginación y crisis social. Así pues, el proceso de globalización no ha alcanzado un grado suficiente para convertirlo en humanamente justo y viable (SOMAVÍA, J.: 2014), en la medida que no ha permitido globalizar el desarrollo social, la protección medioambiental y el trabajo digno.

En todo caso, más que cuestionar de raíz el proceso de globalización al que hemos asistido y en el que seguimos inmersos, con pocos visos de ser erradicado, el reto ante el que nos enfrentamos consiste en que resulte lo más provechoso posible para el mayor número de personas.

Y es que todavía existe un amplio segmento de la población mundial que carece de los recursos necesarios para subsistir[7]: en efecto, a pesar de que progresivamente se ha reducido el número de personas que vive en pobreza extrema (de 1.200 millones a 700 millones de personas desde 2010-2019), la lucha contra la pobreza se ha estancado, lo que se traduce en que casi la mitad de la población mundial tiene grandes dificultades para satisfacer sus necesidades básicas, de tal manera que una parte muy considerable de la población mundial no recibe de la economía global la parte suficiente de riqueza para poder atender con dignidad su propia sobrevivencia.

Prueba de que el proceso globalizador no ha contribuido, en general, a disminuir la desigualdad (GUTIÉRREZ GOIRIA, J.; HERRERA HERRERA, A.F.: 2021, 57), se constata, por un lado, con el incremento del número de personas multimillonarias en el mundo; y, por otro, a su vez, con el incremento del número de personas excluidas o que se encuentran en situación de subempleo. Por lo tanto, podemos concluir que el crecimiento económico, por sí mismo, no basta para resolver los problemas de desigualdad (PIKETTI, T.: 2020), en la medida que no ha sido capaz de evitar ni aliviar, ni siquiera en los países con mayor renta[8], la tendencia al aumento que dista entre dos variables íntimamente relacionadas, cuales son la desigualdad de la renta —lo que se percibe anualmente— y la desigualdad de la riqueza —lo que se posee—.

Sin embargo, para que podamos hablar de crecimiento inclusivo debe existir ineludiblemente como base un crecimiento económico dirigido a la creación de empleo y

---

7   Al respecto, https://www.bancomundial.org/es/news/feature/2023/12/18/2023-in-nine-charts-a-growing-inequality (consultado con fecha 15 de marzo de 2023).

8   Aun cuando la desigualdad es inferior en los países de renta alta respecto de los países de renta media o baja, se detecta una gran variabilidad entre los diversos grupos de países —así, por ejemplo, EE. UU. y los países nórdicos—, lo que denota que no solo inciden sobre el particular los aspectos meramente económicos, sino que también concurren de manera determinante aspectos legales, estructurales, o culturales, entre otros.

reducción de la pobreza, requisitos ambos indispensables de un crecimiento inclusivo y sostenible, un desiderátum que se asocia más con la perspectiva del crecimiento económico absoluto que con la del crecimiento económico relativo, entendido este último conectado con la redistribución (BLANCO-VARELA, B.; AMOEDO, J.M.; SÁNCHEZ-CARREIRA, M.C.:2021, 110-111) y que, en modo alguno, resulta incompatible, desde un plano medioambiental, con modelos económicos no sostenibles.

La interrelación del crecimiento económico con el trabajo decente resulta más que evidente, por el papel integrador que representa para la sociedad, si bien no debe limitarse a su componente meramente productivo, puesto que, de ser así, su pretendido valor social quedaría diluido por los embates del mercado y las necesidades derivadas de la oferta y la demanda. Por ello, ante el planteamiento del binomio crecimiento económico/empleo, el primero constituye no tanto un fin en sí mismo, sino más bien un instrumento para la consecución del segundo, con visos este de calidad (GUTIÉRREZ GOIRIA, J.; HERRERA HERRERA, A.F.: 2021, 57).

Así y todo, emerge el vínculo del crecimiento económico con la Agenda 2030 y los ODS, junto a los problemas que su implantación acarrea: así es, el recorrido de las metas propuestas en cada uno de ellos y los medios de implementación previstos, del mismo modo que su traslación a los diversos ámbitos de ejecución, está generando en más de lo deseado unos exiguos logros, lo que se evidencia más si cabe en lo atinente al protagonismo del crecimiento económico, cuya consecución arrastra una serie de problemas (HAMILTON, C.: 2006) que, por paradójico que parezca, constituyen buena parte de los problemas que se pretenden resolver.

Concretamente y, por lo que al ODS 8 se refiere, se llega a plantear si los objetivos de desarrollo que se pretenden alcanzar por su través pueden constituir a su vez un verdadero obstáculo para el logro de otros ODS y metas de la Agenda 2030, muy especialmente todos los relacionados con la sostenibilidad (ODS 6, 7, 12, 13, 14, 15), sin perjuicio de otros posibles efectos colaterales nocivos inmersos en el mismo ODS, como sucede, a título de ejemplo, con el incremento del desempleo, sobre todo el juvenil; la precarización laboral; e, incluso, la pobreza laboral.

Más en detalle y, por lo que al crecimiento económico concierne, comienza a entenderse por superado el sueño del crecimiento perpetuo (GUDYNAS, E.: 2010) y emerge el paradigma necesario del desarrollo sostenible, caracterizado por satisfacer las necesidades de la generación presente sin llegar a comprometer la capacidad de las generaciones futuras en la satisfacción de sus propias necesidades.

A la hora de delimitar qué debemos entender por desarrollo sostenible, se ha ido superando progresivamente su versión más suave —soft— (GUTIÉRREZ GOIRIA, J.; HERRERA HERRERA, A.F.: 2021, 58-59), reducida a la satisfacción de las necesidades vinculadas con el consumo de bienes y servicios de los hogares y, por ende, cimentada en el mantenimiento de la capacidad de producción y de consumo, presente y futura, y del sostenimiento de los medios necesarios para tal fin. Todo ello bajo el paradigma de la sustituibilidad, asociada con una perspectiva del crecimiento económico sin ningún tipo de limitaciones ni restricciones.

En contrapartida, emerge con fuerza otra perspectiva de desarrollo sostenible multifactorial, más amplia y, a la vez, más consistente, fuerte —hard—, que concibe el ámbito económico ineludiblemente vinculado con el social, el institucional y el ecológico, reflejado en lo que se denomina metabolismo económico (MARTÍNEZ-ALIER, J.: 2003), por su retroalimentación de otros sistemas necesarios para llevar a cabo los procesos productivos y de consumo de los bienes y servicios.

En su virtud, el sistema económico se subordina a la naturaleza y, por ende, ya no prima la noción de sustituibilidad sino la de complementariedad (CARPINTERO, O.: 2020), de tal manera que en los procesos productivos de bienes y servicios el componente físico, material y energético prevalece sobre el estrictamente monetario, lo que se traduce inexorablemente en un crecimiento económico sometido a las restricciones del equilibrio marcado por la naturaleza y los requerimientos exigibles para asegurar a las generaciones futuras los recursos indispensables que les permitan satisfacer sus necesidades.

En tiempo real, el crecimiento económico concebido bajo esta perspectiva más rígida solo resultaría posible lograrlo en los países en los que todavía no se han rebasado los límites impuestos por la naturaleza, de tal suerte que, por argumento en contrario, en aquellos países en los que ya se ha atravesado la peligrosa línea amarilla apuntada, todo crecimiento económico que se produzca lo será a costa del componente natural (GONZÁLEZ, L.: 2020), una coyuntura que conduce a la necesidad de plantear un nuevo paradigma de crecimiento económico, más eficiente y con menor consumo de recursos naturales.

Se trataría, en suma, de un crecimiento económico sostenible conectado estrechamente con los objetivos socioeconómicos y los ODS y que, por ende, se aproximaría a un crecimiento económico inclusivo, redistributivo y ecológico, que podría llegar, no obstante, a desaconsejar un mayor incremento del mismo en países del planeta con renta alta, por resultar insostenible, hasta el punto de hacer recomendable la conveniencia de desplazar su radio de acción a otros países en situación de pobreza extrema en los que el reto de seguir creciendo genere no pocos efectos benéficos y escasos riesgos de insostenibilidad. Por su través, aflora un nuevo planteamiento que aboga por abanderar otro tipo posible de crecimiento económico (GUTIÉRREZ GOIRIA, J.; HERRERA HERRERA, A.F.: 2021, 62), gobernado por criterios no solamente economicistas.

En este sentido, la tendencia se revierte y se orienta hacia el reto de un crecimiento económico sostenible, es decir, un nuevo enfoque enmarcado en un contexto económico y ambientalmente sostenible, cuyos índices permitan comparar el grado de sostenibilidad de sus distintos ingredientes en los distintos países y los períodos de tiempo objeto de medición. A tal fin y, puesto que el índice pretendido trata de ser objeto de comparación entre distintos países, habrá que estandarizar no solo la metodología aplicada para la medición de los indicadores, sino también las ponderaciones que se utilicen en su cálculo, para poder garantizar así una fidedigna y confiable comparabilidad (BANGUERO LOZANO, H.E.: 2017).

En línea con lo que hemos señalado, finalmente, incluimos una relación de indicadores que podrían ser recomendables para el cálculo del crecimiento económico sostenible a partir de unos índices tentativos, que pudieran servirnos satisfactoriamente para su medición (BANGUERO LOZANO, H.E.: 2020, 275-278):

1. Tamaño del mercado, con la toma en consideración de los siguientes datos: ingreso por habitante, como indicador de la capacidad de compra promedio de la población (un valor alto refleja mayor capacidad de compra promedio de la población, aunque no necesariamente de la totalidad de ella); índice de Gini de la distribución del ingreso, como indicador del grado de acceso de la población al mercado de bienes y servicios (un valor alto indica la limitada capacidad de acceso al mercado de grandes grupos de la población); exportaciones como porcentaje del PIB, a manera de indicador del grado de participación del mercado externo en la demanda agregada del país (un valor alto refleja mayor dependencia del crecimiento del país en el mercado mundial).

2. Capital natural, a partir de los siguientes índices: tasa de forestación, definida como el porcentaje del territorio en bosques con respecto al total del territorio del país (se espera que valores altos reflejen mejor calidad y sostenibilidad ambiental en comparación con aquellos que poseen poco o nada de área boscosa); tasa de utilización de energías limpias, como la hidráulica, solar, eólica, entre otras, esto es, el porcentaje de uso de estas energías con respecto al total de productos y servicios energéticos consumidos en el país (a mayor valor

del indicador, mayor sostenibilidad ambiental de los procesos de producción, comercialización y consumo de bienes y servicios).

3. Capital humano, teniendo en cuenta los índices que siguen: esperanza de vida al nacer, como indicador de las condiciones de saneamiento ambiental; acceso a servicios de salud; condiciones de la vivienda; acceso a servicios de recreación y deporte, entre otras dimensiones de la calidad de vida de la población; número de años promedio de educación formal alcanzado por la población, como indicador del grado de desarrollo de las competencias personales y profesionales requeridas para el desempeño eficiente en el mercado laboral; tasa de empleo de la población, es decir, el porcentaje de la población económicamente activa que se encuentra ocupada, como indicador de la probabilidad que tiene una persona de obtener un retorno a la inversión realizada en capital humano; tasa de afiliación al sistema de seguridad social, o sea, el porcentaje de la población ocupada afiliada a algún sistema de protección social, a manera de indicador del grado de protección del capital humano, una vez finalice su edad laboral.

4. Capital institucional, según los índices presentados a continuación: grado de estabilidad política y jurídica, como indiciador del grado de seguridad para las inversiones y del clima adecuado para los negocios; grado de eficiencia en los procesos administrativos, tanto en el sector público como en el privado, como indicador del costo de transacción en los contratos; grado de transparencia, como indicador del grado de comportamiento ético vigente en el país, tanto en el sector público como en el privado (constituye el indicador inverso al del índice de corrupción).

5. Capital físico, según estos parámetros dignos de consideración: inversión en capital físico como porcentaje del PIB, en la medida en que no solo refleja el nivel de ahorro sino la capacidad del país

para materializar proyectos de inversión, tanto en el sector público como en el privado; infraestructura sostenible, vale decir el porcentaje de proyectos de infraestructura ambientalmente sostenible en relación con el total de proyectos de infraestructura, como indicador del grado de sostenibilidad ambiental del capital físico existente en un país.

6. Capital tecnológico, en función de los siguientes índices: inversión en ciencia, innovación y desarrollo tecnológico como porcentaje del PIB, como indicador del esfuerzo público y privado para crear o transferir tecnología para mejorar la productividad y competitividad de los bienes y servicios producidos; inversión en innovación y desarrollo tecnológico ambientalmente sostenible como porcentaje del total de la inversión realizada en innovación y desarrollo tecnológico, de carácter propio o transferido en el sector público o privado.

La variedad de indicadores relacionados y la amplitud de los componentes que los integran permiten aproximarnos a una medición confiable del crecimiento económico sostenible, sin dejar de reconocer sus limitaciones, en los términos y con las objeciones que hemos puesto en evidencia en la explicación de cada uno de ellos en particular.

IV. Conclusiones

Sin soslayar los obstáculos que concurren para conseguir el cumplimiento de todos los ODS, uno de los que presentan mayor dificultad por el ingente reto que representa es el ODS 8, dada la dificultad añadida que supone en este ODS concreto conciliar la triple dimensión sobre el que gravita: la perspectiva económica, el componente social y la vertiente medioambiental.

El trabajo decente aglutina las aspiraciones del trabajador a lo largo de su vida laboral, pues incluye el acceso a un trabajo productivo; con un salario justo como contraprestación económica; cuyo desarrollo y ejecución sean seguros; con adecuada y suficiente protección social individual y familiar; que permita proyectar el desarrollo personal y la integración social; ejercer la libertad de opinión y expresión; facilitar el derecho a organizarse y participar en la toma de decisiones en los aspectos que afecten a sus vidas; así como propiciar la igualdad de trato y de oportunidades para todos como antídoto frente a las diversas modalidades en que se presenta la discriminación (por razón de género, religión, raza o etnia, edad, orientación sexual, discapacidad, estilo de vida o cultura).

Precisamente por ello el trabajo decente, protagonista de este ODS 8 se entrecruza con otros ODS, que abordan el reto de la reducción de la pobreza, la impartición de una educación de calidad, la igualdad de género, la reducción de la desigualdad, la producción y el consumo responsable, o el fomento de la paz, la justicia e instituciones sólidas.

La economía ortodoxa liga el crecimiento económico con el incremento de algunos indicadores (producción de bienes y servicios, consumo de energía, ahorro, inversión, balanza comercial favorable, consumo de calorías por habitante), motivo por el cual la mejora de tales indicadores debería conducir inexorablemente al alza del bienestar general de la población, al entenderse que este proceso estaría aparejado indisolublemente con el progreso generalizado en las condiciones de vida de la población (ROCA, J.: 2001).

Sin embargo, esta ecuación no presenta siempre los resultados hipotéticamente previstos y anhelados. De ahí que, desde hace tiempo[9], se ha planteado la necesidad de establecer límites al crecimiento, a los fines de poder asegurar su sostenibilidad, ante los riesgos que amenazan la continuidad y perdurabilidad de la especie humana, todo ello en aras de permitir enriquecer y progresar a la gran mayoría de la población.

Esta nueva perspectiva apunta la recomendación de medir el progreso a través de otros mecanismos distintos al Producto Interior Bruto, como el índice de Bienestar Económico Sostenible (IBES, 1989) o el Índice Genuino

---

9   MASSACHUSETTS INSTITUTE OF TECHNOLOGY (MIT). (1972). Informe *Los límites del crecimiento*, a instancias del Club de Roma.

de Progreso (**GPI**, 1995), que, a diferencia del modelo instaurado en exclusiva por el PIB, incorporan entre los indicadores que evalúan el desarrollo de la sociedad un dato tan relevante, a nuestro juicio, como los costos sociales.

Cuando se entrecruza el crecimiento económico y su sostenibilidad entra en juego inexorablemente la noción de justicia social, cuyo fin último radica en el establecimiento de la equidad y de la igualdad de derechos para todas las personas, sobre todo para las más vulnerables. En la medida que los Objetivos de Desarrollo Sostenible (ODS) constituyen una nueva herramienta para abordar los retos actuales de la humanidad y representan un nuevo modelo de desarrollo sostenible, su aparición sugiere y presenta la justicia social como factor irrenunciable del crecimiento económico.

La influencia de los ODS en el desarrollo económico conecta con el espíritu inspirador de la noción de justicia social: el crecimiento no puede estar basado exclusivamente en un eje materialista, debe incorporar también un componente social capaz de alentar la mejora constante de la calidad de vida y el bienestar de las personas.

Bibliografía

ALFIERI CASALEGNO, A. (2023). «Trabajo, profesión y ética en el ODS 8», en FERNÁNDEZ MORA, V.; PANTOJA VALENCIANO, J. *Los objetivos de desarrollo sostenible desde el modelo de las Naciones Unidas: pensamiento crítico e interdisciplinariedad*. Dykinson. Madrid, pp. 131 y ss.

ANKER, R.; CHERNYSHEV, I.; MEHRAN, F.; RITTER, J. (2003). «La medición del trabajo decente con indicadores estadísticos». *Revista internacional del Trabajo* n.º 122/2, pp. 161-195.

AVENT, R. (2016). *La riqueza de los humanos*. Ariel, Barcelona.

BANGUERO LOZANO, H.E. (2020). *Crecimiento económico sostenible: el desafío del siglo XXI*. Sello Editorial Unicatólica, Cali.

— (2017). *Haciendo sostenible el desarrollo. Invirtiendo la causalidad: hacia el desarrollo económico por el desarrollo social*. Editorial Académica Española, London.

BLANCO-VARELA, B.; AMOEDO, J.M.; SÁNCHEZ-CARREIRA, M.C. (2021). «El Objetivo de Desarrollo Sostenible 8. La fetichización del empleo y el oxímoron del crecimiento sostenible e inclusivo». *Revista Internacional de Comunicación y Desarrollo* Vol. 3 n.º 14, pp. 104 y ss.

CARPINTERO, O. (2020). «Economía para la sostenibilidad», en ENRÍQUEZ, J.M.; DUCE, C.; MIGUEL, L.J. (coords.). *Repensar la sostenibilidad*. UNED. Madrid, pp. 295 y ss.

COLOM, A.J. (1998). «El desarrollo sostenible y la educación para el desarrollo». *Pedagogía Social: Revista Interuniversitaria* n.º 2, pp. 31-50.

COTTA, S. (1993). *¿Qué es el Derecho?* (trad. J.J. Blanco). Rialp, Madrid.

ESPINOZA, M. (2003). *Trabajo decente y protección social*. Organización Internacional del Trabajo (OIT), Santiago de Chile.

GARCÍA-AMADOR, F.V. (1987). *El Derecho internacional del desarrollo. Una nueva dimensión del Derecho internacional económico*. Civitas, Madrid.

GHAI, D. (2003). Trabajo decente. Concepto e indicadores. *Revista Internacional del Trabajo* Vol. 122, n.º 2, pp. 125 y ss.

GONZÁLEZ, L. (2020). «La crisis ambiental: economía y sociedad», en ENRÍQUEZ, J.M.; DUCE, C.; MIGUEL, L.J.; HERNÁNDEZ-UMAÑA, B.; LEIVA, A.; SAÉNZ, H. (eds.). *Progreso y bienestar. De las ideas sobre el progreso social a las políticas públicas de bienestar (y su declive)*. Universidad de Valladolid, pp. 39 y ss.

GUDYNAS, E. (2010). «Desarrollo sostenible: una guía básica de conceptos y tendencia hacia otra economía». *Otra Economía* IV, 6, pp. 43 y ss.

GUTIÉRREZ GOIRIA, J.; HERRERA HERRERA, A.F. (2021). «ODS 8: El crecimiento económico y su difícil encaje en la Agenda 2030». *Revista Internacional de Comunicación y Desarrollo* Vol. 3 n.º 14, pp. 52 y ss.

HAMILTON, C. (2006). *El fetiche del crecimiento*. Laetoli S.L., Pamplona.

HUMAN RIGTHS WATCH, HRW (2024). *Informe Mundial*, en https://www.hrw.org/es/world-report/2024 (consultado con fecha 30/03/2025).

JOSE, A.V. (dir). (2002). *Organized labour in the 21st century*. Instituto Internacional de Estudios Laborales, Ginebra.

KRUGMAN, P.R. & WELLS, R. (2007): *Introducción a la Economía. Macroeconomía*. Reverté, Barcelona.

KUCERA, D. (2001). *The effects of core workers' rights on labour costs and foreign direct investment: Evaluating the «conventional wisdom»*. Documento de trabajo n.º 130. Instituto Internacional de Estudios Laborales, Ginebra.

LÓPEZ ANIORTE, M.C. (2023). «Los estereotipos sexistas: obstáculos para la consecución de la igualdad de género (ODS 5) en el trabajo y en las prestaciones sociales», en MARCOS CARDONA, M. (Dir.); PENALVA, V. S. (Dir.); MIRAS MARÍN, N. (Coord.). (2023). *Los objetivos de desarrollo sostenible: principales desafíos jurídicos*. Dykinson. Madrid, pp. 73 y ss.

MASSACHUSETTS INSTITUTE OF TECHNOLOGY (MIT). (1972). *Informe Los límites del crecimiento*, a instancias del Club de Roma, en https://r.search.yahoo.com/_ylt=AwrkOlvrpOtnXZgNYQe_.wt.;_ylu=Y29sbwMEcG-9zAzEEdnRpZAMEc2VjA3Ny/RV=2/RE=1743525228/RO=10/RU=https%3a%2f%2fwww.clubderoma.org.ar%2flos-l%25C3%25ADmites-del-crecimiento/RK=2/RS=ePyQBO74tRSJtGMsvsS6yrHYWAo- (consultado con fecha 1/04/2025).

MARTÍNEZ-ALIER, J. (2003). «Ecología industrial y metabolismo socioeconómico: concepto y evolución histórica». *Economía Industrial* n.º 351, pp. 15 y ss.

MAZZUCATO, M. (2023). «Inclusive and sustainable growth. A mission-driven multi-stakeholder approach. CIRIEC-España». *Revista de Economía Pública, Social y Cooperativa* N.º 107, pp. 27-35.

MESSNER, J. (1969). *Ética general aplicada* (trad. C. Baliñas). Rialp, Madrid.

MILANOVIC, B. (2017). *Desigualdad mundial: un nuevo enfoque para la era de la globalización*. Fondo de Cultura Económica, México.

MILLÁN, S. (2019). «Trabajo decente, desarrollo sustentable y nuevas tecnologías», en PÉREZ MARTELL, R. *Los Objetivos de Desarrollo Sostenible*. J.M. Bosch Editor. Barcelona, pp. 221 y ss.

MORENO, L. (2019). «Robotización, neofeudalismo e ingreso básico universal». *Nueva Sociedad* n.º 279, pp. 149 y ss.

MURGUÍA SALAS, V., & RONZÓN HERNÁNDEZ, Z. (2023). «Objetivos de Desarrollo Sostenible (ODS): revisión del Objetivo 8 en México a la mitad de camino». *Equidad y Desarrollo* n.º 42, pp. 108-133.

MURILLO, F.J.; HERNÁNDEZ, R. (2011). «Hacia un concepto de justicia social». *REICE. Revista Iberoamericana sobre Calidad, Eficacia y Cambio en Educación*, n.º 9 (4), pp. 7-23.

MURILLO, F.J.; HERNÁNDEZ, R. (2014). «Liderando escuelas justas para la justicia social». *Revista Internacional de Educación para la Justicia Social*, n.º 3 (2), pp. 13-32.

MURRAY, C. (1993). «Development data constraints and the human development index», en WESTENDORFF, D.G.; GHAI, D. (1993). *Monitoring social progress in the 1990s*, pp. 40-64.

NACIONES UNIDAS (2020). *Informe de los Objetivos de Desarrollo Sostenible. Naciones Unidas*. Departamento de Asuntos Económicos y Sociales (DESA).

— (2015). *Transformar nuestro mundo: La agenda 2030 para el desarrollo sostenible*. Asamblea General de Naciones Unidas.

ORGANIZACIÓN INTERNACIONAL DEL TRABAJO, OIT (2021). *Perspectivas sociales y de empleo en el mundo. Tendencias 2021*.

— (2020). *Hora de actuar para conseguir el ODS 8. Integrar el trabajo decente, el crecimiento sostenido y la integridad ambiental*.

— (2019). *Perspectivas sociales y de empleo en el mundo. Tendencias 2019*.

— (2001a). *Indicadores Clave del Mercado de Trabajo (ICMT) 2001-2002*. Disco (CD-ROM), Ginebra.

— (2001b). *Seguridad social: temas, retos y perspectivas*. Informe VI a la 89.ª reunión de la Conferencia Internacional del Trabajo, Ginebra.

— (1999). *Trabajo decente*. Memoria del Director General a la 87.ª reunión de la Conferencia Internacional del Trabajo, Ginebra.

PÉREZ SOTO, O., & MEDINA VALDÉS, Z. (2023). ¿Neutralidad de los Objetivos de Desarrollo Sostenible? La crítica necesaria. *Economía y Desarrollo* n.º 167 (2), pp. 1-19.

PÉREZ VILLA, P.E.; MONTOYA AGUDELO, C.A.; URIBE, V.H.; URBINA, C. (2019). «Trabajo digno y decente en el sector de la economía solidaria colombiana», en C.A. MONTOYA AGUDELO (ed.). *Calidad de vida laboral y trabajo digno o decente. Nuevos paradigmas en las organizaciones*. Ediciones Universidad Cooperativa de Colombia, pp. 173 y ss.

PIKETTI, T. (2020). *Capital and ideology*. Harvard University Press, Cambridge & London.

RIVAS, A.M. (2016). *Trabajo y pobreza*. Ediciones Hemandad Obrera de Acción Católica (HOAC), Madrid.

ROCA, J. (2001). *El debate sobre el crecimiento económico desde la perspectiva de la sostenibilidad y la equidad*. Icaria, Barcelona.

SELMA PENALVA, A. (2023). «ODS 8. Trabajo decente. El trabajo de cuidados en España: los injustificables contrasentidos del modelo», en MARCOS CARDONA, M. (Dir.); PENALVA, V. S. (Dir.); MIRAS MARÍN, N. (Coord.). (2023). *Los objetivos de desarrollo sostenible: principales desafíos jurídicos*. Dykinson. Madrid, pp. 179 y ss.

SOMAVÍA, J. (2014). «El trabajo decente y la viabilidad social», en *El trabajo decente. Una lucha por la dignidad humana*. Organización Internacional del Trabajo, OIT. J. Somavía (ed.), pp. 23 y ss.

— (2000). *Reducir el déficit de trabajo decente. Un desafío global*. Memoria del director general de la Organización Internacional del Trabajo (OIT).

ZULETA, H. (2020). *Crecimiento económico en tiempo discreto*. Editorial Universidad del Rosario, Bogotá.

CAPÍTULO 3

CONTRIBUCIÓN AL DESARROLLO SOSTENIBLE MUNICIPAL ARAGONÉS: ENERGÍAS RENOVABLES Y JUSTICIA SOCIAL EN EL MEDIO RURAL

LAGUNA MARÍN-YASELI, María

Doctora por la Universidad de Zaragoza, Departamento de Geografía y Ordenación del Territorio, Programa Ordenación del Territorio y Medio Ambiente

I. Las energías renovables y su papel en el desarrollo rural

Según la Real Academia Española (RAE), renovable, dicho de la energía significa «que procede de un recurso presente en la naturaleza de modo prácticamente inagotable», definición a la que se le podrían añadir estas puntualizaciones, «Energía que se presenta en la naturaleza de modo continuo y prácticamente inagotable; como, p. ej., la solar, la eólica y casi todas las energías alternativas»; «Denominación genérica de las fuentes de energía que se presenta en la naturaleza de modo continuo y prácticamente inagotable; como, p. ej., la solar, la eólica, etc»; o por último «Fuente de energía primaria cuyo origen proviene de fuentes naturales virtualmente inagotables, ya sea por la inmensa cantidad de energía que contienen, o porque son capaces de regenerarse por medios naturales», todas son definiciones extraídas de la RAE en colaboración con la Fundación Española para la Ciencia y la Tecnología (FECYT), en el sitio web enclave de ciencia (enclavedeciencia.rae.es/renovable). No es este el lugar para hacer una minuciosa evolución del término, pero con estas definiciones queda clara la naturaleza de estas fuentes de energía: naturales, ilimitadas, inagotables, que se regeneran de forma natural y, que en ocasiones son llamadas fuentes alternativas por su oposición a los combustibles fósiles (carbón, petróleo) que quedarían como fuentes tradicionales. Es por ello, que dentro del conjunto de las energías renovables o alternativas se incluyen la hidráulica (con matices), geotérmica, mare motriz, biomasa, solar (fotovoltaica) o eólica. Este artículo se centra en la contribución de estas dos últimas al desarrollo rural sostenible en Aragón, España.

1. Definición del término «desarrollo rural»

Desde la entrada de España en la Unión Europea en el año 1986, el concepto de Desarrollo Rural tuvo una gran difusión llegándose a convertir en una palabra de moda, frecuentemente empleada en los círculos sociales y políticos.

Sin embargo, tal y como ya se apuntó a finales del siglo XX (Noguera *et al*. 1997), si bien este hecho era por un lado síntoma de que algo se estaba gestando en las zonas rurales para mejorar su situación, por otro, denotaba un abuso considerablemente del término, muchas veces induciendo a error y a la confusión (Molinero y Alario, 1994).

1.1. La dificultad de delimitación del espacio rural

En Europa no existe un consenso claro sobre la definición de lo rural, lo cual supone una gran dificultad a la hora de establecer comparaciones (Laguna, 2004). Tal y como se ponía de manifiesto en este estudio, las definiciones son fundamentalmente cualitativas y sin concreción espacial. Han evolucionado desde «...el mundo rural no es sólo una delimitación geográfica, sino un todo socioeconómico que abarca un conjunto de actividades muy diversas que cumplen una serie de funciones vitales para el conjunto de la sociedad» (Comisión Europea, 1988), hasta «La Europa Rural, tal y como es generalmente considerada, abarca regiones, paisajes naturales, tierra labrada, bosques, aldeas, pequeñas ciudades, bolsas de industrialización y centros regionales. Incluye un tejido social y económico diverso y complejo: explotaciones agrícolas, pequeñas tiendas, comercio y servicios, industrias de pequeña y mediana dimensión...» (Comisión Europea, 1997). A estas dificultades cualitativas, se le añaden los diferentes criterios estadísticos de los estados miembros, que combinan aspectos estadísticos, con usos del suelo, hábitat, infraestructuras...

En España la Ley 45/2007 define el medio rural como «el espacio geográfico formado por la agregación de municipios o entidades locales menores definido por las administraciones competentes que posean una población inferior a 30.000 habitantes y una densidad inferior a los 100 habitantes por km^2», las zonas rurales como «ámbito de aplicación de las medidas derivadas del Programa de Desarrollo Rural Sostenible regulado por esta Ley, de amplitud comarcal o subprovincial, delimitado y calificado por la Comunidad Autónoma competente y los municipios rurales como aquellos de pequeño tamaño: que posean una población residente inferior a los 5.000 habitantes y esté integrado en el medio rural». A nuestro juicio, mayor indefinición no es posible. Dicho esto, en este estudio, se ha trabajado con el criterio geográfico de los 10.000 habitantes como límite para clasificar un municipio como rural, sabiendo que, en Aragón, dado su modelo territorial, algunos municipios de esta entidad ejercen de ciudades para su entorno colindante.

Esta indefinición no es algo nuevo. Siguiendo a García Sanz (1996), se puede afirmar que esta variedad de los

71

espacios rurales está influida por diferentes variables como la tenencia de la tierra, las formas de ocupación, variables demográficas, actividades económicas y la propia mentalidad rural. Al igual que en el caso europeo, desde diferentes instituciones y organismos oficiales españoles se ha insistido en la heterogeneidad del espacio rural español. Atienza (1992) destacaba la existencia de diferentes realidades del mundo rural y de Palacio (1996) manifestaba su inquietud por las distintas situaciones del medio rural español, desde las áreas más desfavorecidas hasta las más dinámicas afectadas por procesos urbanos. Recientemente el Senado (1999), mediante la Comisión especial para el estudio de los problemas del mundo rural, reconocía que el término rural es un concepto polémico, y que dentro de España existen diferentes grados de ruralidad. No obstante, se debe resaltar que, si bien existe una multiplicidad de situaciones en el medio rural, todas ellas se enfrentan a un reto común: se trata de mejorar la calidad de vida de una población cada día más escasa; en definitiva, todas estas zonas necesitan de un Desarrollo Rural.

1.2. Evolución del término desarrollo rural

La ambigüedad del concepto rural influye en la dificultad de definir el Desarrollo Rural. Este hecho se ve agravado por la propia evolución del término desarrollo a lo largo del siglo XX. EL término se acuñó en los países subdesarrollados a mediados del siglo XX (Ceña, 1995), y comenzó a ser ampliamente utilizado en los países desarrollados a partir de la crisis económica de los años 70. En el momento actual se ha generado toda una amplia filosofía de Desarrollo Rural (Rodríguez Martínez, 1999). Desde su nacimiento y de forma muy esquemática se puede establecer una evolución del concepto en cinco grandes etapas:

1. Los antecedentes del término desarrollo rural se sitúan en la década de los años 50. Tras la Segunda Guerra Mundial los economistas se interesan por las causas del subdesarrollo e intentan diseñar un marco teórico para

la implementación de estrategias de desarrollo (Noguera y Esparcia, 1999). Desde organismo internacionales como la Organización de Naciones Unidas, el Fondo Monetario Internacional o el Banco Mundial se aplican diferentes procesos y experiencias de desarrollo en el Tercer Mundo (en los años 70 se constatará que pese a haber estimulado el crecimiento económico en estas zonas, las desigualdades respecto al mundo desarrollado se han incrementado. El principal fallo fue la aplicación de las estrategias del Primer Mundo en los países en vías de desarrollo).

2. En los años 60 el término comienza a identificarse claramente con Crecimiento Económico, especialmente basado en la actividad agraria. El paradigma de esta identificación desarrollo rural-desarrollo agrario se manifiesta especialmente en España. Los años 60 son en nuestro país la época de las grandes infraestructuras y obras hidráulicas, se asiste a la ampliación y modernización de los regadíos, a la colonización agraria y a la concentración parcelaria (Maya y Cabero, 2000). Se persigue el objetivo de maximizar y rentabilizar la producción agraria.

En el contexto europeo, en el año 1962 nace la Política Agraria Común. Se trata de una política eminentemente productivista (sin duda como consecuencia de las secuelas de la Segunda Guerra Mundial).

3. El término desarrollo deriva hacia el concepto de crecimiento con equidad en la década de los 70 (Ceña, 1994). Para Maya y Cabero (2000), es en estos años cuando se realiza la verdadera génesis del concepto de Desarrollo Rural. Este nacimiento está motivado por diversos factores entre los que destacan la crisis industrial, las necesidades de intervención del gobierno en las disparidades regionales, el desarrollo de nuevas formas de vida (ocio y esparcimiento) o la crisis de la agricultura tradicional.

En el seno de la PAC surge una preocupación por los efectos no deseados del productivismo a ultranza y se comienza a tener conciencia de la existencia de dos tipos de agricultura: una fuerte y mecanizada y otra marginal y familiar. Es especialmente esta última la que se va a ver necesitada de acciones de desarrollo rural para poder mantener un nivel de vida equiparable al resto de las regiones. Es la época de las primeras acciones socio estructurales.

Además, este contexto se ve influido también por las nuevas formulaciones de la Economía en el contexto internacional en las que comienza a cobrar una gran importancia la preservación del capital natural (medio ambiente). Así, a principios de esta década, en 1972, en la conferencia de la Organización de Naciones Unidas en Estocolmo se habló por primera vez de «Ecodesarrollo». El ecodesarrollo es un desarrollo socialmente deseable, económicamente viable y ecológicamente prudente (cita).

Como se desprende de estas últimas consideraciones, en los años 70 comienza a abrirse una brecha en el propio concepto de desarrollo rural. Por un lado, en los países subdesarrollados se preconiza un desarrollo que resuelva los problemas de base de la agricultura a la vez que se mantiene el medio ambiente. Por otro, los países más industrializados se dirigen hacia acciones que sean capaces de contrarrestar el deterioro que sufren las áreas rurales.

4. El concepto de ecodesarrollo continúa asentándose en los años 80. En 1987 en el trabajo *Nuestro Futuro Común* (también conocido como informe Brutland), elaborado por la Comisión Mundial de Medio Ambiente y Desarrollo, aparece por primera vez en un documento oficial el término Desarrollo Sostenible:

> «El Desarrollo Sostenible es aquel que satisface las necesidades del presente y no compromete las capacidades y posibilidades de desarrollo de las generaciones venideras».

Según este informe, los requisitos para un desarrollo sostenible son:

– Un sistema político que asegure la participación efectiva de los ciudadanos en la toma de decisiones.

– Un sistema económico que sea capaz de generar excedente y progreso tecnológico de modo autosuficiente y sostenible.

– Un sistema social que proporcione soluciones a las tensiones que aparezcan debido a desarrollos no armónicos.

– Un sistema productivo que respete la obligación de preservar el marco ecológico para el desarrollo

– Un sistema tecnológico capaz de investigar continuamente en la búsqueda de nuevas soluciones.

– Un sistema internacional que promueva modelos de comercio y finanzas sostenibles

– Un sistema administrativo flexible y con capacidad de autocorrección.

Fuente: Noguera y Esparcia (1999)

5. Para Rodríguez Martínez (2001), a partir de los años 90 se desarrolló toda una nueva compleja y nueva filosofía de Desarrollo Rural. Los términos Desarrollo Rural, Desarrollo Sostenible, Desarrollo Local, Desarrollo Rural Integrado, Ecodesarrollo, etc., empiezan a ser muy habituales en la bibliografía[1]. De todas ellas se desprendían características comunes del Desarrollo Rural, debía ser integrado, global, sistémico, participativo, endógeno y flexible. Esta última característica es realmente importante. La llegada de los Objetivos de Desarrollo del Milenio (ODM) y de los Objetivos de Desarrollo Sostenible (ODS), no han arrojado mucha más luz sobre el tema, porque si bien se han concretado en 17 medidas, algunas de ellas trascienden lo meramente rural. Así, las Naciones Unidas (2023), diciendo que el desarrollo sostenible requiere un enfoque integral que tome en consideración las preocupaciones ambientales junto con el desarrollo económico. Estas

---

1   Extezarreta, 1988 Rodríguez Gutiérrez, 1996 Mora Alisedo, 1991 González de Canales, 2000

ambiguas concepciones lo único que hacen es contribuir a que el término justifique intereses y posturas diferentes, según quién los utilice (Gracia Rojas, 2015).

Cuadro 1: Desarrollo en el medio rural

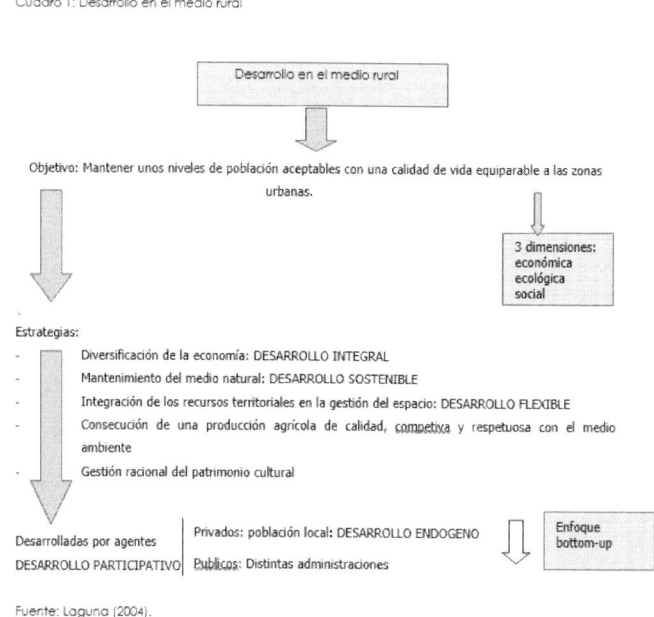

Fuente: Laguna (2004).

Aún con todo, el cuadro 1 se han recogido las principales características que a nuestro juicio debe tener un eficaz desarrollo del medio rural. Hemos elegido esta última delimitación porque, siguiendo a Maya y Cabero (2000), pensamos que todas estas concepciones, aunque difieran en su concepción participan de un objetivo común: el mantenimiento de una población con una calidad de vida equiparable a la de las zonas urbanas. Una población que tenga la oportunidad de elegir por si misma su permanencia (o no) en el medio rural.

2. Geografía, ordenación del territorio y justicia social: relación con el despoblamiento, el desarrollo rural y las energías renovables

La justicia social entendida como un pilar fundamental para la equidad y el bienestar de la sociedad, adquiere un matiz especial cuando se examina desde una visión geográfica y de ordenación del territorio puesto que la distribución de la población y de los servicios sobre el espacio influye en las posibilidades de alcanzar la igualdad de oportunidades, la inclusión social, la defensa de los derechos laborales y otros derechos fundamentales. Con el añadido de la perspectiva espacial, la Geografía no solo estudia cómo se reparten los recursos sino también cómo la planificación territorial puede contribuir a modificar las estructuras que generan las inequidades. Asistimos así a la creación de un concepto más complejo, que podría ser denominado como justicia socio-territorial, que reconoce que las desigualdades sociales se ponen de manifiesto y se perpetúan a través de la organización del territorio. Por lo tanto, la justicia socio-espacial o socio-territorial podría ser definida como la «distribución equitativa de recursos derivada de su localización y de su acceso por parte de la población en el territorio», definición que pone de manifiesto el lugar y la forma de acceso a los recursos y a las oportunidades generadas por el territorio (Ejea, 2013). La Geografía, como Ciencia, se sometió en los años 70 del pasado siglo a un giro radical cuando asumió que el espacio no es un mero contenedor pasivo, sino un elemento más a considerar en el sistema productivo y en la continuación de las desigualdades (Ávila, 2023). Fruto de este giro nació la corriente conocida como la Geografía crítica (o radical), relacionada con la Geografía Social, pero distinta de esta, ya que la primera estudia las interrelaciones entre el espacio geográfico y la sociedad mientras que la segunda se centra más en el estudio de las desigualdades. Para la Geografía radical, por lo tanto, la ordenación del territorio no son herramientas neutrales, sino que son instrumentos críticos que pueden aminorar o contribuir las inequidades producidas espacialmente. Desde esta óptica, cualquier actuación que busque la justicia social tendría que integrar un fuerte componente espacial (Toscana, 2017). Entre las principales figuras de la Geografía que se han dedicado a este campo destacan David Harvey, para quién el espacio es una producción social; David Smith, que aborda la relación entre la geografía y diversos problemas sociales, entre ellos las desigualdades; Edward Soja, argumentando que la «espacialidad de la justicia» ha sido subestimada históricamente, y que la injusticia no es solo un fenómeno social o económico, sino que posee una dimensión espacial intrínseca (Zusman, 2010); o las geógrafas Doreen Massey y Susan Fanstein que destacan respectivamente por el estudio de las relaciones de poder y por la promoción de políticas que promuevan la equidad.

De la Geografía crítica o radical se puede extraer que la justicia social (en su vertiente socioespacial o socioterritorial), en sus manifestaciones espaciales o territoriales, se descompone en varias dimensiones interrelacionadas entre sí que han de orientar a la ordenación territorial a prácticas más equitativas, a la toma de decisiones inclusiva basada en la participación comunitaria, al respeto de las distintas sensibilidades y culturas que pueden existir en un territorio en concreto, a la distribución igualitaria de los beneficios y de las cargas ambientales.

Por lo tanto, la ordenación del territorio puede a través de la implementación de políticas territoriales y de la gestión de espacios públicos contribuir a la justicia socio-espacial. Una de las herramientas de las que se vale la ordenación del territorio para conseguir esta justicia, son los Sistemas de Información Geográfica (SIG), que permiten la identificación de desigualdades demográficas, sociales, económicas, ambientales y regionales al favorecer la visualización de patrones tendencias de acceso a servicios, infraestructuras, espacios públicos y la exposición a riesgos ambientales (Bunzai, 2009).

En entornos rurales como el que nos ocupa, la justicia socio-espacial se entiende como la garantía de que las comunidades rurales puedan tener acceso a las mismas oportunidades y recursos básicos que en las ciudades y el resto de territorios: acceso a servicios públicos, empleo y ventajas de la vida en sociedad. No obstante, como ya apuntó Gilg en 1983, en las áreas rurales, la disminución de los efectivos de población, motivada por la falta de oportunidades económicas, recursos y servicios, va minando paulatinamente la capacidad de estas zonas para mantener una calidad de vida similar a las de las áreas no rurales. Esta degradación, a su vez, aumenta las desigualdades en el acceso a recursos básicos, lo que reproduce de forma constante la emigración hacia otras zonas y el declive generalizados de los territorios rurales, creando una espiral descendente conocida como el círculo vicioso de la despoblación. Este análisis subraya la naturaleza integral de estos desafíos y la necesidad de enfoques multifactoriales y basados en la justicia socio espacial para promover un desarrollo rural equitativo y sostenible.

De esta forma y desde esta perspectiva, la justicia socioespacial en áreas rurales incorpora también la dimensión del desarrollo sostenible, asumiendo que las comunidades rurales deben gestionar sus propios recursos naturales preservando su viabilidad a largo plazo, pero también garantizando formas de desarrollo económico digno. Este concepto ha sido resaltado desde la legislación aragonesa (Ley 13/2023, de 30 de marzo, de dinamización del medio rural de Aragón), que establece un marco basado en principios constitucionales y estatutarios aragoneses para corregir desequilibrios económicos, sociales y culturales entre territorios y avanzar hacia la *igualdad territorial* y la cohesión, esto es en la justicia socio-espacial.

Avanzando más en el tema de energías renovables que nos ocupa, como destacan Healy y Barry, (2017) y Sovacool *et al*., (2021), la transición hacia fuentes energéticas renovables y la justicia socioespacial están profundamente relacionadas porque la reducción de las emisiones de los gases de efecto invernadero pueden mitigar o acrecentar las desigualdades sociales dependiendo de la forma en la que se diseñen y se lleven a cabo las políticas públicas relacionadas con la energía. Una transición justa debería implicar la garantía de una redistribución equitativa de los beneficios generados por las renovables y la minimización de los impactos negativos sobre las comunidades rurales a través de la participación democrática.

Por todo lo expuesto anteriormente, esta investigación está plenamente justificada en el marco de conceptos tan actuales como despoblación, desarrollo rural y desarrollo sostenible y energías renovables. Así, en las últimas décadas, la justicia social ha trascendido el ámbito estrictamente económico para incluir la dimensión territorial, poniendo de manifiesto que la igualdad no depende solo de la distribución de los recursos, sino también de su accesibilidad y localización concreta sobre el territorio. Esta perspectiva ampliada, a la que nos podemos referir como justicia socioespacial o socioterritorial, reconoce que las estructuras que se desarrollan sobre el territorio repercuten directamente en las oportunidades de vida de las comunidades, bien como refuerzo o bien como paliativo de las desigualdades preexistentes (Fainstein, 2010; Marcuse *et al.*, 2009). La Geografía y la Ordenación del Territorio, junto con la planificación, se erigen como disciplinas clave para identificar, actuar y si es necesario detener y revertir situaciones de inequidad, especialmente en contextos de exclusión territorial.

La necesidad de utilizar este enfoque se intensifica en regiones como Aragón, marcadas por la despoblación, el envejecimiento y una creciente desigualdad territorial con el resto de España, pero también dentro de la propia comunidad autónoma, que forjada sobre un sistema monocéntrico primado, tiende a concentrar los recursos, infraestructuras y, por lo tanto, también los beneficios en la capital, Zaragoza, privando al resto del territorio de los impactos positivos, como ya señalaron en su día Gaviria y Grilló (1974)[2]. El territorio aragonés ejemplifica el concepto

---

2   El libro *Zaragoza contra Aragón* (1974), constituyó una crítica feroz al centralismo de Zaragoza capital y fue un análisis pionero de los desequilibrios territoriales en Aragón. Se señalaba cómo Zaragoza era la destinataria de todos los recursos en detrimento del resto del territorio aragonés. No obstante, treinta años más tarde, en la obra de Gaviria y

anteriormente expuesto de círculo vicioso de la despoblación, dado que la baja densidad demográfica limita la provisión y, por lo tanto, el acceso a derechos básicos como los sanitarios, la educación y la sanidad, perpetuando las dinámicas ya mencionadas de inequidad y exclusión territorial (Esparcia *et al.*, 2015; Camarero y Oliva, 2016). En esta línea, este artículo focalizado en justicia socioespacial intenta abordar las desigualdades desde una perspectiva nueva, estudiando los beneficios de las energías renovables en áreas rurales a escala municipal, no a escala regional, lo que supone un avance en la perspectiva territorial. Aragón, por las características de su medio físico y también de su medio humano, ofrece posibilidades para la implantación de infraestructuras de energías renovables pero no se puede olvidar que la introducción de este tipo de proyectos se ha de vincular a una planificación espacial que contribuya a paliar las desigualdades y a poner en valor a los actores locales, que han sido marginados históricamente por políticas públicas (Bouzarovski y Simcock, 2017; Bridge *et al.*, 2013).Con todo lo expuesto, esta investigación queda justificada por contribuir a resaltar las necesidades de un desarrollo territorial inclusivo, justo y sostenible, desde un punto de vista social, pero también espacial en el contexto rural aragonés.

II. Contribución de las energías renovables al desarrollo rural sostenible en España

Tomando como base el cuadro anterior y la definición de Desarrollo sostenible como un triángulo equilátero en el que sociedad, medio ambiente y economía tienen el mismo peso, se puede concluir afirmando que, desde una perspectiva global, las energías renovables contribuyen, de manera sustancial, al Desarrollo Rural Sostenible.

Baringo, *Aragón es Zaragoza: 25 años de ciudad* (2004), esta tesis fue revisada y se reconocieron avances en la descentralización, a través del desarrollo comarcal, pero sin dejar de lado nuevas manifestaciones de concentración en la capital y desequilibrios territoriales. ,

Por un lado, como señala APPA (2023), los impactos macroeconómicos de las energías renovables en España se hacen patente en su contribución al PIB (cercano al 2 % en 2022), en el empleo generado (directo e indirecto), en su papel equilibrador de la balanza comercial al reducir las importaciones energéticas o mediante las inversiones en I+D+i, que ponen en valor la tecnología y los avances «made in Spain». Así, CLENAR (2021), destaca desde el punto de vista económico la contribución del sector en la «instalación y mantenimiento de instalaciones renovables como en la cadena de valor industrial asociada, y también induce un aumento de la competitividad en las empresas gracias a la reducción en costes y menor dependencia de combustibles fósiles que supone la penetración de reno-vables». Si se atiende a los beneficios sociales, la mera reducción de las emisiones de los Gases de Efecto Inver-nadero (GEI) y, por lo tanto, su impacto en la salud de los habitantes del planeta sería suficiente para marcar el «tic» favorable en el impacto social. Algo similar ocurre con el impacto medioambiental si lo que se valora es la reduc-ción del empleo de combustibles fósiles y, de este modo, la mitigación del cambio climático. En este sentido, cabe destacar la afirmación del Secretario General de Naciones Unidas, Guterres «Si no acabamos con la contaminación por combustibles fósiles y aceleramos la transición hacia las energías renovables, incineraremos nuestro único hogar» (2022).

No obstante, al descender en la escala de estudio (como es el caso que nos ocupa), se pone de manifiesto que, a escalas más pequeñas (municipales y locales) la contribu-ción de las energías renovables al Desarrollo Rural Soste-nible es cuestionable dado que los beneficios económicos tienden a focalizarse en pocas manos, los sociales son bastante exiguos y los medioambientales se tornan nega-tivos en cuanto a cuestiones de paisaje e impacto visual.

1. Beneficios económicos

Como se ha mencionado más arriba, desde un punto de vista global, son numerosos los estudios que han analizado los positivos efectos económicos de estas instalaciones. A gran escala territorial, en general, se destacan los siguientes impactos positivos (algunos ya nombrados en el apartado anterior): creación del empleo, aportación al producto interior bruto, estabilización de la balanza de pagos, aumento de las inversiones en I+D+i, mayor recaudación de impuestos, mejora de los servicios, aumento del número de visitantes, (Fernández Portela, 2011; Ibarra *et al.*, 2011; Pérez Díaz *et al.* 2011; Blasco Hedo, 2001; Lopéz Anaya 2016; Deloitte, 2018, APPA 2023; CLENAR; 2021; Simón *et al.*, 2009. A continuación, se desgranan los efectos económicos de estas energías señalando el impacto que tienen a escala local y rural, que es el caso que nos ocupa en esta comunicación:

a) Creación de empleo: Bien es verdad que todas las energías renovables no crean el mismo empleo, destacando el creado por la Biomasa, Eólica y Solar Fotovoltaica sobre el resto de energías renovables (APPA 2023), pero este empleo es considerado temporal y poco significativo para las áreas rurales que acogen estas instalaciones. Algunos autores hablan de la creación de «empleo verde» (Martínez Sánchez, 2011), pero ellos mismos subrayan que no suele asentarse sobre el medio rural receptor de estas instalaciones3. En este sentido, Kamar y Bazilian 2005 apuntan no todas las energías renovables tienen el mismo efecto económico y, de hecho, la eólica solo crea empleo temporal y además de fuera de la zona.

---

3   Martínez Sánchez pone de relieve que «las regiones que poseen mayor producción de energía renovable (Castilla La Mancha, Castilla León y Galicia) no se corresponden con las regiones que mayor número de empleos reciben». Subraya que las sedes sociales de las empresas de energía renovable tienen a localizarse en Madrid y Barcelona o, como mucho, en las capitales provinciales, lugares que aglutinan la mayor parte de los empleos directivos, administrativos, ambientales o relacionados con la ingeniería. Los empleos buscados por estas empresas rara vez se encuentran en el medio rural. De hecho, en este mismo artículo afirma que «la interpretación de los datos refleja que la utilización de recursos territoriales procedentes del medio rural en la producción energética, no se ve consecuentemente traducida a puestos laborales».

Esta temporalidad es corroborada por Mattman *et al.*, (2016). En el caso de los municipios portugueses, Costa y Veiga (2021) señalan que existen (pero no cuantifican), efectos a corto plazo sobre el empleo durante la fase de construcción que afecta a varones sin cualificar y que este efecto se siente en municipios localizados a menos de 30 km de la instalación. Estos mismos autores destacan que el impacto sobre el empleo es mínimo durante las fases de funcionamiento y mantenimiento. Galdós y Madrid (2009) afirman que se puede llegar a crear entre un trabajador y 1,3 por MW instalado sin especificar si esta creación de empleo se produce en la localidad y entorno circundante o, si, por el contrario, se crea fuera de los núcleos afectados. Destacan también que las obras civiles y de conexión a la red pueden ser realizadas por empresas locales y que puede haber contraprestaciones económicas municipales (señalando también que estas serán mayores cuanto menor sea la población del municipio)4. Sin embargo, estos datos no son corroborados por Pérez Díaz *et al.,* (2011) quiénes apuntan la creación de empleo directo pero temporal y de baja cualificación durante la fase de instalación y más duradero durante la operación y mantenimiento. Aún con todo, según estos autores, el efecto sobre el empleo de las renovables en Extremadura, a escala regional, estaría en un 1,2 % del empleo regional. En el caso de Aragón, CLENAR (2021) al estudiar la evolución del empleo ligado a las energías renovables afirma que se observa un crecimiento positivo del mismo en las comarcas de Belchite, Cariñena, Daroca, Comarca Central, Valdejalón y Ribera Alta y que este podría relacionarse con estas instalaciones (nótese el condicional, no es concluyente). De hecho, cuando hablan de la comarca central, su afirmación es rotunda en el sentido contrario: «resulta complicado asociar el aumento

---

4   Obsérvese que la mayor parte de los trabajos no arrojan datos concluyentes y que manejan expresiones condicionales «podría» o probables «puede que», pero nunca son rotundas y basadas en datos.

de contrataciones en el sector de la construcción y de la industria con la instalación de proyectos de energía renovable». Para las comarcas de Borja y Valdejalón, si bien tal y como se ha señalado se observa un crecimiento positivo del empleo, este se ha visto reducido en el sector industrial, con lo que se desmonta la posible correlación, puesto que son dos de las comarcas con la mayor potencia instalada.

b) Mejora de los servicios: Apenas existen estudios que corroboren esta afirmación con datos y, los que los manejan, concluyen con afirmaciones tipo «no existe correlación alguna»5.

c) Aumento del número de visitantes: ligada a la mejora de servicios turísticos, si bien se apunta este beneficio, en concreto y para Aragón, el Consejo de Protección de la Naturaleza (2020) apunta que las afecciones medioambientales de estas infraestructuras pueden tener un efecto negativo sobre otras actividades terciarlas, condicionando su desarrollo. Es, sin duda, el caso del turismo rural, en el que el paisaje es el gran atractivo turístico y si este se ve salpicado de molinos, turbinas, aerogeneradores, placas solares y otro tipo de infraestructuras energéticas pierde su prístino valor e hipotecan desarrollos futuros (Moltó Montero 2011; Ibarra *et al.*, 2011).

d) Aumento de los ingreso, mayor dinamismo económico y de negocios: los ayuntamientos recaudan a través de

---

5   El estudio de CLENAR intentó establecer una correlación entre las plazas hoteleras y los MW instalados en algunas comarcas aragonesas. La conclusión, además de la frase arriba mencionada, es que las plazas turísticas se han reducido en las comarcas en las que hay una mayor potencia instalada, como Valdejalón y Ribera Baja. Señalan también que se han producido aumentos de estas plazas en las comarcas de Matarraña, Alto Gállego, Sobrarbe, Ribagorza o Maestrazgo, donde no existen estas instalaciones. Este intento de correlación es, a nuestro juicio, innecesario porque bien es sabido que la dotación en servicios y más en turismo, no depende en absoluto de la existencia o no de parques de energía renovable, sino que va unida a otros factores tales como los recursos naturales y culturales de los municipios (en el caso de los servicios turísticos). Además, que exista una correlación positiva no quiere decir que sea una relación causal.

la concesión de licencias ligadas al impuesto de Bienes Inmuebles (IBI), y se observan incrementos puntuales en la renta de algunos habitantes por el alquiler de tierras y por la instalación de aerogeneradores (como ejemplos destaca la provincia de Burgos con una oscilación entre los 2000 y 6000 euros anuales por aerogenerador a repartir entre los ayuntamientos y los propietarios —Ibarra *et al*., 2011— o entre los 3000 y 5000 según Galdós y Madrid (2009), quiénes también destacan la ventaja de que este nuevo uso permite su compatibilidad con los ya existentes, lo que revaloriza más el terreno. Frolova *et al.,* (2022) se mueven en estos beneficios económicos por turbina instalada, pero remarcan que los beneficios no se redistribuyen por el municipio, sino que quedan en manos de los propietarios de tierras y que estos beneficios tampoco tienen impacto sobre las facturas energéticas de los habitantes. Los beneficios para las empresas no suponen una reversión económica proporcional sobre el territorio que alberga el parque eólico. En esta línea, Requeiro y Doldán (2010) apuntan que las rentas percibidas por los propietarios de las tierras son una cantidad minúscula en relación con la facturación de las empresas. Simón (2008) llegó a cuantificar esta cantidad, afirmando que teniendo en cuenta todos los beneficiarios de este alquiler, supone el 1,03 % de la facturación bruta de un parque eólico. En el caso concreto de Aragón, CLENAR (2021) no fueron capaz de determinar la existencia de correlación alguna entre la evolución de los presupuestos municipales y la instalación de estos parques.

e) Para el caso de Aragón, se tiene que señalar que la instalación de determinados negocios, como los ligados al gigante Amazon, se han visto motivados, tal y como ha manifestado la empresa, por la existencia de estas fuentes de energía, sin olvidar la gran disponibilidad de terrenos baldíos y las facilidades administrativas. De todas formas, queda por ver, si el empleo que pueda generar esta gran empresa tiene su repercusión en el medio rural.

No obstante, y pese a todos los efectos positivos señalados, desde un punto de vista económico Xia y Song (2017), apuntan efectos negativos (en concreto de los parques eólicos), como son las pérdidas económicas asociadas al desplazamiento de actividades, el alza del precio de los terrenos residenciales fruto del alquiler de los terrenos para su instalación o la competencia con otras actividades industriales (y la pérdida en esta competición) para la consecución de fondos públicos. Estas connotaciones negativas son también señaladas por Fernández González (2023) quién tiene en consideración la interrupción de pasos de ganado, la pérdida de superficies PAC o las pérdidas económicas generadas por los incendios provocados por las torres eólicas o los problemas de la vida útil de los parques y la generación de residuos (estima una vida útil de unos 20 años para los parques eólicos).

2. Beneficios sociales

La bibliografía es escasa en este tema. Tan solo se apunta que la reducción de los Gases de Efecto Invernadero que supone la apuesta por las energías renovables (APPA 2023) mejora la salud de la población, con lo cual este estudio ya destaca su impacto social positivo. Empero, no existen cuantificaciones respecto a si la instalación de estas infraestructuras contribuye a fijar población, a frenar el éxodo rural u otro tipo de parámetros sociales tan codiciados en estos tiempos de «España vaciada». Desde un punto de vista social, tan solo se habla de la aceptación de estos proyectos basándose en encuestas y entrevistas (Duarte *et al*, 2022; Gargallo *et al*., 2020; Ángeles Ordúñez, 2009, Tudela y Molina, 2006).

No obstante, queremos señalar el «forzado» impacto social destacado por el estudio de CLENAR, en el que se hacen imposibles correlaciones, y se «venden» como impactos sociales positivos, con el número de organizaciones ecologistas y la existencia de instalaciones fotovoltaicas o eólicas en un territorio. Este mismo estudio, poniéndose más serio y realista, no fue capaz de concluir que los servicios sociales de no mercado se veían positivamente afectados, ya que la implantación de estos parques no ha tenido ningún efecto sobre los servicios sociales, sanitarios, educativos, recreativos o culturales.

Sí que en la bibliografía se apuntan algunos beneficios sociales negativos como los que ocasionan tensiones derivadas de la competencia por los usos del suelo[6] (Díaz Cuevas, 2016), aunque también existe bibliografía en el sentido contrario, la que pone de manifiesto su compatibilidad con otros usos y, por lo tanto, la no existencia de dichas tensiones (Fernández Portela, 2011 y Galdós y Madrid 2009). Y también se señala algo de impacto social, pero que es más medioambiental, en algunos estudios sobre el ruido (Mauritzen 2020 y García Martínez 2011, Ibarra *et al*.,2011) y los efectos visuales —sombras, efecto esbatimento— (Martínez Sánchez, 2011; Blasco Hedo), de las instalaciones eólicas, pero no dejan de ser efectos puntuales y bastante cuestionables.

3. Beneficios medioambientales

Las energías renovables son el paradigma de la sostenibilidad energética y así se puso de manifiesto a finales del siglo XX en el protocolo de Kioto (Barrena Medina, 2011). Por todos es sabido que contribuyen a la reducción de los Gases de Efecto Invernadero y, por lo tanto, a mitigar el cambio climático, la reducción de los costes energéticos, descenso de la contaminación, la reducción del consumo de los combustibles fósiles, la promoción del efecto imitación en el cambio energético (Gargallo, 2020; APPA 2023; Deloitte 2018 Díaz Cuevas *et al.*, 2016; Frolova 2019);

Pero es también amplia la bibliografía que recoge las implicaciones negativas sobre el paisaje (Ibarra *et al.* 2011; Mérida Rodríguez, 2011; Moltó Montero, 2011; Fernández

---

6   La competencia por los usos del suelo y su implicación social ha sido puesta de manifiesto en otras actividades económicas, como es el caso de Laguna 2004 y 2006 en relación con el turismo y las actividades agroganaderas en municipios de montaña.

González, 2023; Groth y Vogt 2014, Frolova 2010) por citar algunos de los más significativos. También son numerosos los estudios que ponen el foco en las implicaciones negativas sobre fauna y flora (si bien parecen estar superados) y se observa un giro hacia los que ponen de relieve aspectos ya mencionados en la parte social como el ruido o el esbatimento, pero sobre todo las implicaciones visuales, que causan más conflicto que los beneficios económicos que este tipo de instalaciones puedan arrojar (Mauritzen, 2020). De hecho, se habla de la existencia de paisajes energéticos, en los que las infraestructuras de energía renovable se han convertido en el elemento principal, así como de la «revolución paisajística» que ha sufrido nuestro país en las últimas décadas, que hace que los elementos energéticos junto con la urbanización masiva sean uno de los cambios más importantes que han sufrido nuestros paisajes (de Andrés Ruiz e Iranzo, 2011). Cabe destacar que en este sentido la energía fotovoltaica tiene un impacto menor por su menor visibilidad y su altura reducida, aunque si se trata de áreas extensas, estas sí que modifican sustancialmente el paisaje (García Martínez, 2011).

III. La contribución de las energías renovales al desarrollo rural en Aragón

En este apartado se trata de valorar el papel de las energías renovables en el Desarrollo Rural Sostenible de la comunidad aragonesa, midiendo los beneficios económicos, sociales y medioambientales de las instalaciones eólicas y fotovoltaicas sin perder de vista que para que una actividad sea sostenible, estos tres pilares deben de estar debidamente representados. Además, se ha de tomar en consideración la escala municipal para ver si realmente las consecuencias afectan al territorio (como ya se puso de manifiesto al inicio de esta investigación, se miden los efectos sobre los municipios de menos de 10.000 habitantes, por ser considerados genuinamente rurales, y más en nuestra Comunidad Autónoma, con la peculiar distribución de la población). Anteriores estudios, a la hora de examinar estos efectos, se han focalizado sus resultados a escala nacional

(Deloitte, 2018; APPA, 2023; Galdós y Madrid, 2009), regional (CLENAR, 2021; Fernández González 2023, Díaz Cuevas *et al.,* 2016), provincial o incluso comarcal (Fernández Portela, 2011; Macías Rodríguez *et al.,* 2016), pero desde nuestro punto de vista, pierden de vista lo más importante en el desarrollo rural, el territorio. De hecho, algunos plantean la idoneidad de la escala local para valorar las consecuencias de la instalación de estos parques, si bien se quedan en una mera recomendación (Fundación Renovables, 2021; Tolnov y Rudolph, 2020; Xia y Song 2017). Los estudios que han abordado en Aragón y a escala municipal la contribución de estas energías el desarrollo sostenible, son exiguos y, además, basan sus resultados en percepciones extraídas de encuestas, no en datos reales. Es el caso de Gargallo *et al.*, (2020) sobre el Somontano de Barbastro o de Duarte *et al.*, (2022) para la comarca de Belchite.

Para paliar estas carencias, se ha trabajado a escala municipal, con una metodología sencilla, pero al mismo tiempo reveladora. Se han seleccionado los municipios afectados por infraestructuras eólicas o fotovoltaicas según la información obtenida a través del Instituto Geográfico de Aragón. Una vez obtenida esta base de datos, se filtran los municipios por el número de habitantes, se comparan diversos parámetros socioeconómicos con ayuda de los censos de 2011 y 2021, para determinar la existencia o no de efectos positivos. En concreto se analizan la evolución del paro, de la población empleada y la renta per cápita del municipio para lo económico; la evolución de la población y el envejecimiento para los temas sociales y el impacto visual y paisajístico para valorar los aspectos medioambientales.

En Aragón, en el momento de la redacción de este artículo y según los datos del nombrado Instituto Geográfico de Aragón, a través de su visor 2D https://idearagon. aragon.es/visor//, existen un total de 119 municipios con instalaciones eólicas o fotovoltaicas, distribuidos de la siguiente forma: 69 municipios en la provincia de Zaragoza, 37 en la de Teruel y 13 en la de Huesca. En la provincia de Zaragoza, de los 69 municipios, 45 tienen instalaciones eólicas, 24 fotovoltaicas y 17 ambas infraestructuras.

En Teruel se reducen a 13 municipios con fotovoltaicas, 24 con eólicas y 4 con ambas. En la provincia de Huesca, estos datos son de 9 municipios con fotovoltaicas, 5 con eólicas y 2 que simultanean ambas infraestructuras (ver tabla 1). Por lo tanto, se puede concluir que en Aragón existe un predominio de las instalaciones eólicas, que casi doblan el número de fotovoltaicas y triplican el número de municipios con instalaciones mixtas.

Tabla 1: Relación de municipios con instalaciones de energía renovable (eólicas, fotovoltaicas o ambas)

	N.º municipios con instalaciones de energía renovable	N.º municipios con parques eólicos	N.º municipios con parques fotovoltaicos	N.º municipios con ambas instalaciones
Zaragoza	69	45	24	17
Teruel	37	24	13	4
Huesca	13	4	9	2
Total	119	73	46	23

Fuente: IDEARAGON, elaboración propia

Tabla 2: Relación de municipios rurales con instalaciones de energía renovable (eólicas, fotovoltaicas o ambas)

	N.º municipios con instalaciones de energía renovable	N.º municipios con parques eólicos	N.º municipios con parques fotovoltaicos	N.º municipios con ambas instalaciones
Zaragoza	65	43	20	15
Teruel	36	23	13	4
Huesca	9	3	8	1
Total	110	69	41	20

Fuente. IDEARAGÓN, elaboración propia.

De estos municipios, si atendemos a los criterios de población, la tabla se reduce mínimamente, poniendo de manifiesto que son los entornos rurales (menos de 10.000 habitantes), los que acogen este tipo de infraestructuras (tabla 2). El patrón señalado anteriormente de dominio de la energía eólica se mantiene si se suprimen los municipios urbanos.

Mapa 1: Parques eólicos en funcionamiento

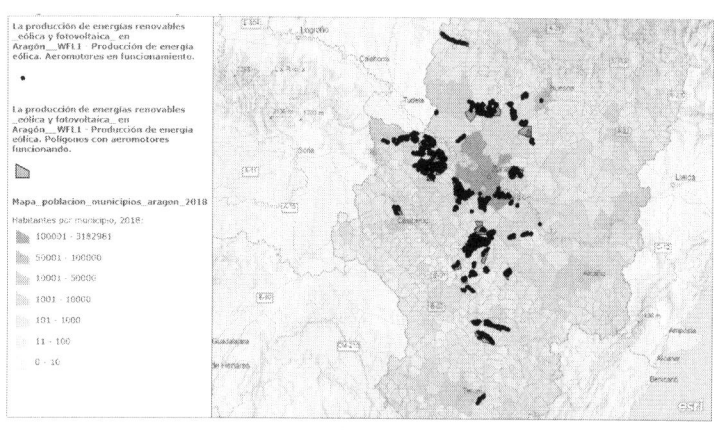

Esri, USGS | Instituto Geográfico Nacional, Esri, TomTom, Garmin, Foursquare, FAO, METI/NASA, USGS

Fuente: Elaboración propia a partir de los datos descargados de https://idearagon.aragon.es/visor/ y https://opendata.aragon.es/datos/catalogo/dataset/ datos-de-energias-renovables-en-aragon-idearagon

La localización municipal de los parques eólicos en funcionamiento se muestra en el mapa 1. Se puede apreciar el dominio de los municipios rurales Zaragozanos, especialmente en los localizados en el valle del Ebro, emplazamiento favorecido por el aprovechamiento de los vientos dominantes. Del mismo modo, el mapa 2, señala la localización de los parques fotovoltaicos en funcionamiento, que también tienden a ubicarse principalmente en la provincia de Zaragoza y a lo largo del valle de Ebro, si bien la provincia de Zaragoza tiene menos horas solares (aunque la variación es mínima) respecto de Huesca y Teruel.

Mapa 2: Parques fotovoltaicos en funcionamiento

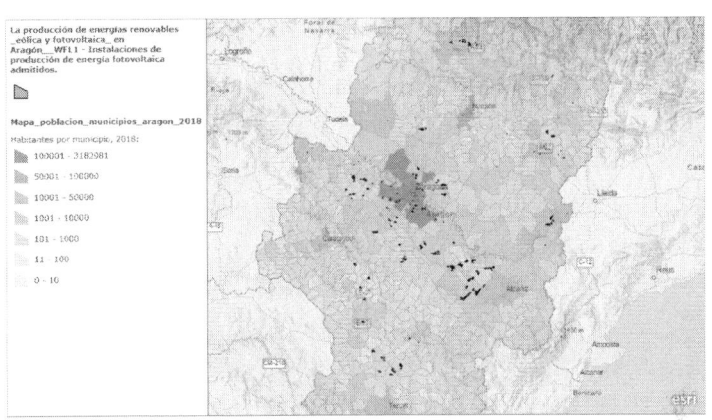

Esri, USGS | Instituto Geográfico Nacional, Esri, TomTom, Garmin, Foursquare, FAO, METI/NASA, USGS

Fuente: Elaboración propia a partir de los datos descargados de Aragón Open data https://opendata.aragon.es/datos/catalogo/ dataset/datos-de-energias-renovables-en-aragon-idearagon

1. Análisis de datos

Como ya se ha mencionado con anterioridad, para que un proyecto o acción sea considerada como sostenible, debe tener un impacto positivo en la economía, en la sociedad y en el medio ambiente. En esta línea, para poder determinar la contribución de estas instalaciones al desarrollo rural sostenible, se han considerado los siguientes parámetros:

Para medir el impacto económico, se ha tenido en cuenta el paro registrado por municipio en los dos últimos censos de población publicados (2011 y 2021), según los datos del Atlas de Aragón (https://idearagon.aragon.es/atlas/). Lamentablemente, los datos de renta bruta disponible que pensaban ser utilizados para medir este parámetro económico han sido desechados, puesto que pese a poderse descargar del Atlas de Aragón, una vez realizada esta acción, la renta aparece contabilizada como número licencias por comarca, lo que no genera ninguna garantía sobre estos datos. Además, falta la mayor parte de los municipios analizados en este estudio.

Sobre el impacto social, se han considerado los datos relativos a envejecimiento, edad media de la población y crecimiento natural de la población, extrayendo dichos datos del Atlas de Aragón, en el mismo periodo de tiempo que los parámetros económicos.

Medio ambientales: No existe, a escala municipal, una valoración de los impactos medioambientales causados por este tipo de instalaciones, con lo que este estudio se remite a las evaluaciones de impacto ambiental general de los proyectos, que ya señalamos por adelantado que, con el efecto visual, el ruido o las afecciones de flora y fauna, no resulta sostenible.

Impacto económico:

De los 110 municipios estudiados, 67 presentan una evolución positiva del paro. Sin embargo, estos datos tienen que ser tomados con cautela, al presentarse en datos absolutos y no en porcentaje, con lo cual, si ha habido una mínima variación en la población activa del municipio, el resultado ya no sería realista. Aún así, jugando con los datos disponibles, no existe una relación real y positiva entre la existencia de instalaciones de energía renovable en un municipio y la evolución de la población parada.

Impacto social:

Respecto de la edad media de la población, para el conjunto de los municipios estudiados, esta se ha elevado, pasando de los 49,2 años de media en 2011 a los 49,9 en 2021. En 70 de los 110 municipios estudiados, la edad media ha aumentado.

Con el índice de envejecimiento, ocurre algo similar. Si bien este índice se ha mantenido estable para el conjunto de los municipios estudiados en 2011 y 2021 (ambos años alcanzan la nada desdeñable cifra de 3,01), este índice ha aumentado en 63 de los municipios, ha permanecido igual en 3 y tan solo ha descendido en 51. No obstante,

considerando los valores por encima de 0,5 como envejecimiento, según el índice de Veyret-Vernet, 103 de los 110
municipios estudiados están por encima de este valor,
tan solo «salvándose», María de Huerva (0,24), La Muela
(0,36) y Cadrete (0,49)[7].

El saldo vegetativo de estos municipios tampoco se ha
visto positivamente afectado por estas instalaciones. Tal y
como ocurría con los datos de población parada, los datos
se presentan en términos absolutos y no en porcentajes,
con lo que es muy difícil comparar entre municipios y
entre años. Además, señalado este error estadístico, cabe
destacar que, en el conjunto de los municipios estudiados, este saldo ha pasado de ser en su conjunto positivo
(304) a negativo (-2068), en el transcurso de estos diez
años. De entre todos los municipios estudiados, 59 tienen
una evolución claramente negativa, 17 se mantienen con
el mismo saldo y 41 lo tienen positivo, pero de esos 41, 17
tienen una ínfima variación (entre 1 y 2 habitantes).

Impacto medioambiental:

Tal y como se acaba de referir, estos datos no existen
a escala municipal. Utilizando la información recabada en
estudios anteriores (Clenar, 2021), se infiere que en todos
los municipios se habrán producido, cuando menos,
aumento en los niveles sonoros, cambios en el relieve,
compactación y erosión del suelo, cambios sobre la vege-
tación, alteraciones de la flora y fauna local y, especialmente en el caso de los parques eólicos, pérdida de la
calidad visual e impacto paisajístico. Con esta simple enumeración se puede concluir que el impacto ha sido, negativo. Solo con este dato se podría concluir que la contribución de los parques eólicos e instalaciones fotovoltaicas

---

7   Los datos aportados por el Atlas de Aragón no especifican cómo se
ha calculado este índice de envejecimiento. No obstante, por los conocimientos geográficos de la autora, se supone que han multipli-
cado por 100 el resultado obtenido (si esto no fuese así, se estaría
ante poblaciones dignas de estudio). El índice de envejecimiento de
Veyret-Vernet se calcula dividiendo el número de mayores de 65 años
entre la población menor de 15 y si este resultado es mayor o igual a
0,5, se considera que una sociedad está envejecida.

a escala local en Aragón es negativa, puesto que ya uno de los tres componentes del desarrollo sostenible se ve impactado de forma negativa.

Si a este componente medioambiental le añadimos que el impacto económico es, a escala local, nulo porque no se ha mantenido en el tiempo en todos los municipios y el social, también negativo (ha aumentado el envejecimiento y la edad media, y el crecimiento natural de la población apenas se ve mejorado por estas instalaciones), se puede concluir que, a escala local, las instalaciones de energía renovable en Aragón no son sostenibles.

IV. Conclusiones y discusión

El desarrollo rural sostenible es un concepto que aúna sociedad, medio ambiente y economía a partes iguales. Lo económico no es lo más importante y entran en juego otros parámetros como la calidad de vida (impacto social) o el valor estético del paisaje (Groth y Vogt, 2014). Solo por este último, como se mencionaba en el apartado anterior, a escala municipal (y queremos resaltar este término), las instalaciones de parques eólicas y fotovoltaicas no resultan sostenibles. A continuación, se listan algunas consideraciones a tener en cuenta en la gestión de las mismas:

1. Sobre la ordenación y planificación territorial. Para que este tipo de proyectos energéticos triunfen, se necesitan factores socio-económicos y medioambientales, pero también culturales, contextuales y políticos (Frolova, 2010) como los valores del paisaje y su conservación, el grado de participación pública y de propiedad local, el sistema financiero o el potencial geográfico de cada territorio. Este último factor nos lleva a afirmar que es necesaria una planificación regional pero también local de este tipo de infraestructuras. La Ordenación del Territorio por su transversalidad y la Geografía, por su carácter de Ciencia de las Relaciones, se fundamentan como las disciplinas principales para dar respuesta a estos problemas. Los sistemas de

información Geográfica son una herramienta clave (Macías *et al.,* 2016) para tener una visión territorial global de los distintos elementos y las relaciones entre ellos que entran en juego a la hora de construir este tipo de instalaciones.

2. Sobre la dualidad urbano-rural. Si bien son las áreas rurales las que suministran los terrenos para la construcción de este tipo de infraestructuras, las áreas urbanas salen más favorecidas en los benéficos obtenidos por las instalaciones de energía renovable, lo que contribuye más si cabe, a la ya existente polarización del territorio (Martínez Sánchez, 2011). Este mismo autor destaca que los «paisajes rurales que sufren los impactos y el coste de oportunidad subyacente (de este tipo de instalaciones), no son precisamente los que reciben la mayor parte de las inversiones», con lo que se produce un desajuste económico territorial y se ahonda en el concepto de un medio rural como un entorno al servicio de lo urbano (igual que se achacó en su día a la construcción de presas ligadas a la producción de energía hidroeléctrica, donde el campo cedía su terreno a los habitantes rurales, fomentando el tradicional papel de las áreas rurales como exportadores de productos y suministradoras de energía a las áreas urbanas (Gargallo *et al.*, 2020).

3. Sobre la calidad de los datos de las Administraciones Públicas: Si se quiere cuantificar la sostenibilidad de cualquier actividad humana, son necesarios estudios locales basados en datos concretos, no en estimaciones, suposiciones o percepciones. Así lo recalcan estudios como los elaborados por la Fundación Renovables (2021) en la que ponen de manifiesto la necesidad de «escalar localmente los estudios»8 y de hacer extensible la participación local para ganar apoyo social. Tolnov y Rudolph

---

8   El término es nuestro para hacer énfasis en la necesidad de aterrizar sobre el territorio local. Glocalización

97

(2020), ponen de manifiesto la necesidad de adaptarse a las comunidades locales y la no existencia de estrategias exitosas a escala nacional, sino que hay que adaptar y flexibilizar el planeamiento para cada comunidad rural, estudiando en detalle aspectos como el desarrollo local económico, la creación municipal de empleo, el capital humano, las infraestructuras y el empoderamiento rural. Son aspectos que no se pueden dar por sentado. Para ello es necesario que las administraciones públicas doten a los investigadores de datos fiables, recientes y accesibles para la puesta en marcha de estos estudios. No tiene sentido que los datos más actualizados para la comunidad aragonesa sean de 2016 o que cueste encontrar datos de renta per cápita a escala municipal si los municipios tienen menos de 1000 habitantes, que los datos de paro o de crecimiento natural de la población se presenten en datos absolutos o que exista un baile de municipios entre unos años y otros (las bases de datos no coinciden y hay que hacer una criba de municipios, en algunas bases de datos el municipio aparece con el artículo delante, en otras no... pequeños detalles que no contribuyen a facilitar la labor investigadora).

4. Sobre el papel de las Administraciones Públicas en la economía: No seremos nosotros los que demonicemos a la iniciativa privada, a quién consideramos garante y motor del desarrollo económico de España, pero sí queremos por lo menos dejar caer que quizá si estas infraestructuras se instalasen en terrenos públicos o municipales (Díaz Cuevas *et al*., 2016) o si se gestionasen por medio de cooperativas podrían dejar mayores beneficios sociales para la comunidad local más que para individuos en concreto y, por lo tanto, contribuir más al desarrollo sostenible rural y local (Martínez Sánchez, 2011). En este sentido hacemos nuestras las recomendaciones del Consejo de Protección de la Naturaleza en Aragón, en el año 2020 en su

informe de opinión sobre el tema de «Parques eólicos y plantas solares. Propuestas de reducción de su impacto ambiental y planificación y ordenación territorial», señalaba la necesidad de implementar medidas para que el beneficio de estas energías revertiese en el conjunto de la sociedad aragonesa, explorando un modelo de desarrollo más sostenible (sin despreciar los grandes proyectos que son los que predominan en la comunidad, basados principalmente en iniciativas privadas y que es verdad que generan algunos puestos de trabajo y beneficios en las localidades en las que se asientan) para que las administraciones pongan en marcha propuestas concretas de instalaciones más locales y de autoabastecimiento a través de una apuesta decidida por el autoconsumo, la creación de pequeñas instalaciones y dando preferencia a la instalación sobre infraestructuras ya existentes como los tejados.

5. Sobre la comparativa con experiencias en otros países: en Europa ha funcionado muy bien el modelo de cooperativa (Frolova, 2010) y se puede aprender mucho de los errores y aciertos de otros territorios como Francia (Alain Naain, 2009), Dinamarca y Escocia (Tolnov y Rudolph, 2020) o Estados Unidos, dónde parece ser que los beneficios sí alcanzan a las comunidades locales (Brown (2020); Hartley *et al.,* (2015) o Mauritzen (2020).

6. Sobre la necesidad de información pública y social (de la sociedad en general y de los locales). Todo este tipo de actuaciones tiene que realizarse con la mayor transparencia posible. En esta línea, cabe destacar que es necesario formar e informar a la sociedad aragonesa sobre los pros y contras de las energías renovables, haciendo ver las diferencias de escala. Pero, sobre todo, se tiene que formar e informar y hacer partícipe a la población local y aquí hacemos nuestras las palabras de Ibarra *et al*., 2023 en la que afirman que las energías renovables necesitan de un despliegue ordenado y racional, con un equilibrio

entre la transición energética y la preservación del paisaje, de la biodiversidad y de los modos de vida de unos lugares que no están ni vacíos ni vaciados. Es decir, no todo vale simplemente porque las densidades de población sean más bajas.

Bibliografía

ALAIN NADAÏ, O.L. (2009): «Wind power planning in France (Aveyron), from state regulation to local planning». *Land Use Policy*, 2009, 26 (3), pp.744-754. ff10.1016/j.landusepol.2008.10.018ff.ffhals-hs-00403160

ÁNGELES ORDUÑEZ, G. (2009): *Conservación ambiental y desarrollo rural al aplicarse tecnología fotovoltaica. Estudio de caso en Tapanalepec, Oaxaca, Ciudad de México*, Tesis Doctoral.

ASOCIACIÓN DE EMPRESAS DE ENERGÍAS RENOVABLES APPA (2023): *Estudio del Impacto Macroeconómico del as Energías Renovables en España 2022*, Barcelona, 167 pp.

ATLAS DE ARAGÓN. https://idearagon.aragon.es/atlas Última consulta 1 de julio de 2024.

ÁVILA DELGADO, N. (2023). «La otra triada del espacio: Doreen Massey y las geometrías del poder». *Boletín De Estudios Geográficos*, (120), 97-116. https://doi.org/10.48162/rev.40.033

BARRENA MEDINA, A.M. (2011): «Energía, Sostenibilidad y Paisaje», en BLASCO HEDO, E. (coord.). (2011): *Energía eólica: Incidencia de la actividad energética en la sostenibilidad ambiental,* CIEMAT, Ministerio de Ciencia y tecnología, Madrid, pp. 57- 90

BLASCO HEDO, E. (coord.). (2011): «Energía eólica»: *Incidencia de la actividad energética en la sostenibilidad ambiental*, CIEMAT, Ministerio de Ciencia y tecnología, Madrid, 186 pp.

BOUZAROVSKI, S., & SIMCOCK, N. (2017). «Spatializing energy justice». *Energy Policy*, 107, 640-648. https://doi.org/10.1016/j.enpol.2017.03.064

BRIDGE, G., BOUZAROVSKI, S., BRADSHAW, M., y EYRE, N. (2013). «Geographies of energy transition: Space, place and the low-carbon economy». *Energy Policy*, 53, 331-340. https://doi.org/10.1016/j.enpol.2012.10.066

BUZAI, G. (2009). «Análisis Espacial con Sistemas de Información Geográfica. Sus cinco conceptos fundamentales». En *Geografía y Sistemas de Información Geográfica. Aspectos conceptuales y aplicaciones*, https://www.researchgate.net/publication/298420203_Analisis_Espacial_con_Sistemas_de_Informacion_Geografica_Sus_cinco_conceptos_fundamentales

BOA. COMUNIDAD AUTÓNOMA DE ARAGÓN (2023). *Ley 13/2023, de 30 de marzo, de dinamización del medio rural de Aragón*. Boletín Oficial del Estado, n.º 108, de 6 de mayo de 2023.

CAMARERO, L. y OLIVA, J. (2019). «Thinking in rural gap: mobility and social inequalities». *Palgrave Communications*. 5. 1-7. 10.1057/s41599-019-0306-x.

CARPIO, J. (2000): «Desarrollo local para un nuevo desarrollo rural», *Anales de Geografía de la Universidad Complutense*, 20: 85-100.

CEÑA, F. (1994): «Planteamientos económicos del desarrollo rural: Una perspectiva histórica», *Revista de Estudios Agrosociales*, 169, pp 11-52.

COSTA, H. y VEGA, L. (2021): «Local labor impact of wind energy investment: An analysis of Portuguese municipalities», *Energy Economics*, Volume 94,105055,ISSN 0140-9883, https://doi.org/10.1016/j.eneco.2020.105055.

CLENAR (2021: *Impacto ambiental, social y económico de los proyectos de energías renovables eóicas y fotovoltaicas en Aragón*, Zaragoza, 706 pp.

COMISIÓN EUROPEA (1998): *El desarrollo rural*, Fact-Sheet, 8 pp.

CONSEJO DE PROTECCIÓN DE LA NATURALEZA EN ARAGÓN (20209: *Informe de opinión sobre el tema Parques eólicos y plantas solares. «Propuestas de reducción de su impacto ambiental y de planificación y ordenación territorial».* https://www.aragon.es/-/consejo-proteccion-naturaleza-informes

DE ANDRÉS RUIZ, C. E IRANZO, E. (2011): «Desarrollo de la senergías renovables y cambios paisajísticos: Propuesta de tipología y localización geográfica de los paisajes energéticos de España», en *Energía y territorio: dinámicas y procesos: comunicaciones: XXII Congreso de Geógrafos Españoles*, Universidad de Alicante, 2011 / Vicente Gozálvez Pérez, Juan Antonio Marco Molina (eds.). Madrid: Asociación de Geógrafos Españoles, 2011. ISBN 978-84-938551-1-6, pp 97-107.

DÍAZ CUEVAS, M.P, *et al*. (2016). «Energía eólica y paisaje. Identificación y cuantificación de paisajes afectados por instalaciones eólicas en Andalucía», *Boletín de la Asociación de Geógrafos Españoles*, n.º 71, pp 397-430.

DUARTE,R.; GARCÍA-RIAZUELO,A.; SÁEZ,L.A. y SARASA, C. (2022) «Analysing citizens' perceptions of renewable energies in rural areas: A case study on wind farms in Spain», *Energy Reports*, Volume 8, Pages 12822-12831, ISSN 2352-4847, https://doi.org/10.1016/j.egyr.2022.09.173.

EJEA, G. (2013): «Desigualdad socioterritorial y justicia espacial. Un breve recuento», Universidad Autónoma Metropolitana, México, 31 pp.

ESPARCIA, J., NOGUERA., J. (1998): «La eficacia de las políticas de desarrollo rural», *IX Coloquio de Geografía Rural*, pp, 71-78.

ESPARCIA, J., NOGUERA, J. y PITARCH, M.D. (2000): «LEADER en España: desarrollo rural, poder, legitimación, aprendizaje y nuevas estructuras», *Documents d´analisis geográfico*,3, 95-113.

ESPARCIA, J., NOGUERA, J., & ESCRIBANO, J. (2015). «Development, planning and governance in rural areas: Towards a new local development paradigm». *European Planning Studies*, 23(4), 769-786.

ETXEZARRETA, M. (1990): «La Evolución política e la agricultura y el mundo rural: Problemática y planteamientos actuales de desarrollo rural» en, GARCÍA MERINO, L.V. (coompilador) (1990): *Los espacios rurales cantábricos y su evolución*, Universidad de Cantabria, Santader, 116-135.

FAINSTEIN, S. S. (2010). *The Just City*. Cornell University Press. https://doi.org/10.7591/9780801460487

FERNÁNDEZ GONZÁLEZ, P. (20239: *La ordenación territorial de la energía eólica en Asturias*, trabajo de fin de grado, Universidad de Oviedo, 82 pp.

FERNÁNDEZ PORTELA, J. (2011): «El efecto de las energías renovables en el paisaje vitivinícola de la denominación de origen de Cigales», en *Energía y territorio: dinámicas y procesos: comunicaciones: XXII Congreso de Geógrafos Españoles*, Universidad de Alicante, 2011 / Vicente Gozálvez Pérez, Juan Antonio Marco Molina (eds.). Madrid: Asociación de Geógrafos Españoles, 2011. ISBN 978-84-938551-1-6, 129-140.

FROLOVA, M. (2010): «Los paisajes de la energía eólica: su percepción social y gestión en España». *Nimbus* 25-26, ISSN 1139-7136 pp 93-110.

FROLOVA, M. *et al.* (2019): «Effects of renewable energy on landscape in Europe: Comparison of hydro, wind, solar, bio-, geothermal and infrastructure energy landscapes». *Hungarian Geographical Bulletin*. 68. 317-339. 10.15201/hungeobull.68.4.1.

FROLOVA, M., PÉREZ-PÉREZ, B. & HERRERO-LUQUE, D. (2022) «Diverse responses of coastal communities to offshore wind farming development in Southern Spain». *Moravian Geographical Reports*,30(4) 324-339. [https://doi.org/10.2478/mgr-2022-0021

FUNDACIÓN RENOVABLES. (2019). *Renovales, ordenación del territorio y biodiversidad. Propuestas para mejorar la aceptación social*, Madrid, 27 pp.

GALDÓS URRUTIA R., y MADRID RUIZ, F.J. (2009): «La energía eólica en España y su contribución al Desarrollo Rural». *Investigaciones Geográficas 50*, Universidad de Alicante, Alicante, pp. 93-108.

GARCÍA MARTÍNEZ, M. (2011): «La energía como reto para la ordenación del territorio en el siglo XXI», en *Energía y territorio: dinámicas y procesos: comunicaciones: XXII Congreso de Geógrafos Españoles*, Universidad de Alicante, 2011 / Vicente Gozálvez Pérez, Juan Antonio Marco Molina (eds.). Madrid: Asociación de Geógrafos Españoles, 2011. ISBN 978-84-938551-1-6, 141-152.

GARGALLO, P.; GARCÍA- CASAJEROS, N. y SALVADOR, M. (2020): «Perceptions of local population on the impacts of substitution of fossil energies by renewables: A case study applied to a Spanish rural area», *Energy Reports*, Volume 6, Supplement 1,Pages 436-441,ISSN 2352-4847,https://doi.org/10.1016/j.egyr.2019.08.085.

GAVIRIA, M. y GRILLÓ, E. (1974): *Zaragoza contra Aragón*, Los libros de la Frontera, 306 pp, Zaragoza.

GAVIRIA, M. y BARINGO, D. (2004): *Aragón es Zaragoza, 25 años de ciudad*, Zaragoza: Asociación de Exconcejales Democráticos de Zaragoza, 2004. ISBN 84-9703-099-0, 510 pp.

GILG, A. W. (1983): Population and Employment. Pacione, M. (Ed.). (1983). Progress in Rural Geography (Routledge Revivals) (1st ed.). Routledge, pp 74-105. https://doi.org/10.4324/9781315886688

GRACIA-ROJAS, J. P. (2015). *Desarrollo sostenible: origen, evolución y enfoques.* (Documento de docencia No. 3). Bogotá: Ediciones Universidad Cooperativa de Colombia. DOI: http://dx.doi.org/10.16925/greylit.1074

GROTH, T.M. y VOGT, C.A. (2014). Rural wind farm development: Social, environmental and economic features important to local residents. *Renewable Energy.* 63. 1-8. 10.1016/j.renene.2013.08.035.

HEALY, N., & BARRY, J. (2017). *Politicizing energy justice and energy system transitions: Fossil fuel divestment and a «just transition».* Energy Policy, 108, 451-459. https://doi.org/10.1016/j.enpol.2017.06.014

IBARRA, P., *et al.* (2011): La problemática de los parques eólicos en las áreas administrativas limítrofes: beneficio económico frente a degradación paisajística, en *Energía y territorio: dinámicas y procesos: comunicaciones: XXII Congreso de Geógrafos Españoles,* Universidad de Alicante, 2011 / Vicente Gozálvez Pérez, Juan Antonio Marco Molina (eds.). Madrid: Asociación de Geógrafos Españoles, 2011. ISBN 978-84-938551-1-6 177-190.

IBARRA, P., *et al.* (2023). *Energías renovables y Ordenación territorial, Consejo de Ordenación del territorio de Aragón,* Zaragoza.

LAGUNA, M. (2004): *Variabilidad espacial de las políticas de desarrollo rural y de protección ambiental en la gestión del territorio del Pirineo Aragonés,* Tesis Doctoral, Universidad de Zaragoza, 553 pp.

LAGUNA, M. (2006): *Las políticas de desarrollo rural en el Pirineo Aragonés.* Gijón, Trea, 239.

LOPEZ ANAYA *(2016): «Las energias renovables desde una perspectiva de sostenibilidad», Revista DELOS: Desarrollo Local Sostenible, n. 27 (octubre 2016). En linea:* http://www.eumed.net/rev/delos/27/energias.html

MACÍAS RODRÍGUEZ, D., DEL ESPINO HIDALGO, B. y PÉREZ CANO, M.T. (2016). «Ordenación territorial de los paisajes energéticos: aplicación en la campiña extremeña». En *XV Coloquio Ibérico de Geografía: retos y tendencias de la geografía ibérica* (66-75), Murcia: Asociación de Geógrafos Españoles.

MARCUSE, P., CONNOLLY, J., NOVY, J., OLIVO, I., POTTER, C., & STEIL, J. (Eds.). (2009). *Searching for the Just City: Debates in Urban Theory and Practice*. Routledge.

MARTÍNEZ SÁNCHEZ, J. (2011). «La nueva colonización industrial del medio rural, los parques eólicos», en *Blasco Hedo, E. (coord.). (2011): Energía eólica: Indecencia de la actividad energética en la sostenibilidad ambiental,* CIEMAT, Ministerio de Ciencia y tecnología, Madrid, pp 119-172.

MÁRQUEZ, D., CUADRADO, M., FORONDA, C. (1996): *Recursos endógenos y desarrollo sostenible en la Sierra Morena de Sevilla,* Sevilla: Grupo de Investigación «Estudios Integrados de Geografía» ISBN: 84-600-9316-6

MAURITZEN, J. (2020): «Will the locals benefit? The effect of wind power investments on rural wages», *Energy Policy*, Volume 142, 111489, ISSN 0301-4215, https://doi.org/10.1016/j.enpol.2020.111489.

MAYA, A., CABERO, V. (2000): «El desarrollo rural integrado como estrategia territorial y posible alternativa económica», *Revista de Economía y Finanzas de Castilla y León*, n.º 4, pp. 11-29.

MÉRIDA RODRÍGUEZ, M., *et al.* (2011): «El emplazamiento de las plantas fotovoltaicas y sus repercusiones paisajísticas», en *Energía y territorio: dinámicas y pro-*

cesos: comunicaciones: XXII Congreso de Geógrafos Españoles, Universidad de Alicante, 2011 / Vicente Gozálvez Pérez, Juan Antonio Marco Molina (eds.). Madrid: Asociación de Geógrafos Españoles, 2011. ISBN 978-84-938551-1-6, pp. 239-250

MOLTÓ MONTERO, E. (2011), «Informe de las características del viento en la Zona 14 y limítrofes para la instalación de aerogeneradores y acerca de los impactos paisajísticos y económicos de dicha instalación», en *Energía y territorio: dinámicas y procesos: comunicaciones: XXII Congreso de Geógrafos Españoles*, Universidad de Alicante, 2011 / Vicente Gozálvez Pérez, Juan Antonio Marco Molina (eds.). Madrid: Asociación de Geógrafos Españoles, 2011. ISBN 978-84-938551-1-6, pp 265-276

MOLINERO, F. y ALARIOS, M. (1994): «La dimensión geográfica del desarrollo rural: Una perspectiva geográfica», *Revista de Estudios Agrosociales*, 169, 53-87.

MUÑOZ, C., ESTRUCH, V. (1993): «La agricultura de montaña y los nuevos enfoques de política agraria rural. El caso valenciano», *Revista de Estudios Agrosociales*, 163, 27-49.

NOGUERA, J., et al. (1997): «I Jornadas sobre planificación en áreas rurales: "Planificación y políticas de desarrollo rural en el ámbito de la comunidad valenciana"», *Cuadernos de Geografía*, Valencia, 61,169-184.

NOGUERA, J. y ESPARCIA, J. (1999): «El concepto de desarrollo y su influencia en la consolidación de desequilibrios espaciales», *Cuadernos de Geografía* 65-66, 231-245.

PÉREZ DÍAZ, A. *et al.* (2011): «Dimensión socioeconómica de las energías renovables en Extremadura», en *Energía y territorio: dinámicas y procesos: comunicaciones: XXII Congreso de Geógrafos Españoles*, Universidad de Alicante, 2011 / Vicente Gozálvez Pérez, Juan Antonio Marco Molina (eds.). Madrid: Asociación de Geógrafos Españoles, 2011. ISBN 978-84-938551-1-6, pp. 323-334

REAL ACADEMIA DE LA LENGUA ESPAÑOLA (RAE) y FUNDA-CIÓN ESPAÑOLA PARA LA CIENCIA Y LA TECNOLOGÍA (FECYT): *enclavedeciencia.rae.es/renovable*, última consulta 07-01-2024.

RODRÍGUEZ MARTÍNEZ, F. (2001): «Las montañas andaluzas en la encrucijada del desarrollo rural», *Ería*, 54-55; pp.125-139.

RODRÍGUEZ MARTÍNEZ, F. (1999): «Desarrollo rural y desigualdades. Algunas observaciones en relación con Andalucía», *Estudios Regionles* 54, pp269-290.

RUIZ BUDRÍA, E. (1997): «Relatoría a la primera ponencia del Congreso», *Geographicalia*, 34, 51-62

SENADO (1999): «Comisión Especial para el estudio de los problemas del Medio Rural». *Boletín Oficial de las Cortes Generales, n.º 803*, 25 pp.

SIMÓN, B. *et al.*, (2009): «Efectos económicos de la energía eólica en Aragón» (1996-2012), en *Economía Aragonesa*, diciembre 2009, Ibercaja, Zaragoza, pp 56-72.

SOVACOOL, B. K., HOOK, A., MARTISKAINEN, M., & BROCK, A. (2021). *The decarbonisation divide: Contextualizing landscapes of low-carbon exploitation and toxicity in Africa*. Global Environmental Change, 71, 102386. https://doi.org/10.1016/j.gloenvcha.2021.102386

TOLNOV, L. y RUDOLPH, D. (2020): «Renewable energy for sustainable rural development: Synergies and mismatches», *Energy Policy*, Volume 138,111289,ISSN 0301-4215, https://doi.org/10.1016/j.enpol.2020.111289. (https://www.sciencedirect.com/science/article/pii/S0301421520300483)

TOSCANA, A. (2017): «En busca de la Justicia Espacial» en *Política y Cultura*, núm. 48, pp. 207-211, Universidad Autónoma Metropolitana, https://www.redalyc.org/journal/267/26756140010/html/

TUDELA SERRANO, M. L., & MOLINA RUIZ, J. (2006). «La percepción social de las enrgías renovables a travás de una encuesta de opinión. Unc aso práctico en localidades del Noroeste Murciano», *Papeles de Geografía*, (44), 141-152. Recuperado a partir de https://revistas.um.es/geografia/article/view/43491

VISOR 2D GOBIERNO DE ARAGÓN https://idearagon.aragon.es/visor/

XÍA, F. y SONG, F. (2017): «Evaluating the economic impact of wind power development on local economies in China», *Energy Policy*, Volume 110, Pages 263-270,ISSN 0301-4215, https://doi.org/10.1016/j.enpol.2017.08.030, (https://www.sciencedirect.com/science/article/pii/S0301421517305359)

ZUSMAN, PERLA. (2011). EDWARD W. SOJA. «La perspectiva postmoderna de un geógrafo radical. *Investigaciones geográficas*, (74), 128-130. Recuperado en 25 de mayo de 2025», de http://www.scielo.org.mx/scielo.php?script=sci_arttext&pid=S0188-46112011000100011&lng=es&tlng=es

CAPÍTULO 4

LA JUSTICIA SOCIAL Y EL DERECHO SOCIETARIO: LA BÚSQUEDA DE LA JUSTICIA SOCIAL EN LA DISTRIBUCIÓN DE LA RIQUEZA EMPRESARIAL

GAN ESTAÚN, Luis

I. Introducción

La justicia social es un concepto fundamental que busca garantizar la equidad y la distribución justa de los recursos, las oportunidades y el poder dentro de una sociedad. Aunque a menudo se asocia con políticas públicas amplias o movimientos sociales, sus principios subyacen también en áreas aparentemente más técnicas del derecho, como el derecho mercantil y, específicamente, el derecho de sociedades. La forma en que las leyes regulan la estructura y el funcionamiento de las empresas, la relación entre sus miembros y la distribución de la riqueza que generan directamente en la consecución de resultados que pueden o no considerarse justos desde una perspectiva social.

Este capítulo se centra en el análisis del derecho de separación del socio por falta de distribución de dividendos, regulado en el artículo 348 bis de la Ley de Sociedades de Capital (LSC). A primera vista, podría parecer un tema estrictamente técnico y ajeno a las preocupaciones de la justicia social en un sentido amplio. Sin embargo, como se desarrollará en las siguientes páginas, el artículo 348 bis y los conflictos que genera actúan como una lente a través de la cual observar las tensiones y desequilibrios de poder que pueden surgir dentro de las estructuras empresariales, y cómo el legislador intenta, con mayor o menor éxito, establecer mecanismos para proteger a las partes más vulnerables y garantizar una participación equitativa en los resultados económicos.

La Ley de Sociedades de Capital otorga a los socios una serie de derechos inherentes a su condición, que tienen tanto valor político (como el derecho de voto en junta) como valor económico (como el derecho a participar en las ganancias sociales).

Precisamente, el derecho a participar en las ganancias sociales es uno de los derechos económicos fundamentales del socio. Este derecho se manifiesta de forma abstracta hasta que la Junta General decide el destino de los beneficios (distribución de dividendos o dotación de reservas). Solo entonces, si se acuerda el reparto, el derecho se concreta en el dividendo. Aquí es donde surge un conflicto de intereses inherente en muchas sociedades: la tensión entre los socios que prefieren el reparto de dividendos para obtener un retorno directo de su inversión y aquellos, a menudo la mayoría o los socios gestores, que prefieren destinar los beneficios a reservas para fortalecer la base patrimonial de la empresa.

Desde la perspectiva de la justicia social, esta situación plantea interrogantes. ¿Es justo que la mayoría pueda sistemáticamente denegar a la minoría el acceso a los beneficios que la empresa genera, frustrando el propósito negocial de su inversión? ¿Es justo que el socio minoritario pueda llevar a la sociedad a una situación delicada por el hecho de encontrarse en contra de la política de reparto de dividendos? ¿Cómo puede el derecho garantizar que la distribución (o no distribución) de la riqueza generada por la empresa responda a un equilibrio justo y no a una imposición abusiva de la mayoría?

El artículo 348 bis fue concebido por el legislador precisamente como un mecanismo de protección del socio minoritario ante esta posible «tiranía de la mayoría». Su fundamentación radica en permitir al socio disidente desvincularse del contrato social y recuperar su inversión cuando se produce la frustración de su propósito negocial a través de la denegación reiterada e injustificada de la distribución de dividendos. Se articula así como una vía para no quedar atrapado en una relación que no cumple con las expectativas legítimas de retorno económico. La ley intenta equilibrar el derecho individual del socio a obtener rendimiento con la necesidad de la sociedad de preservar su capital y estabilidad.

Sin embargo, el análisis crítico que se presenta en este capítulo, basado en la observación de los resultados derivados de la aplicación práctica del artículo 348 bis, revela que su funcionamiento no ha sido el ideal. Lejos de ser siempre una herramienta de justicia para el minoritario o un equilibrador de intereses, en la práctica ha sido utilizado frecuentemente como un instrumento estratégico para desvincularse de la sociedad o ejercer presión. Esto ha generado inestabilidad societaria, conflictos internos y, lo que es más relevante desde la óptica de este capítulo, ha dado lugar a la aparición de la denominada «tiranía de la minoría».

Esta situación nos lleva a reflexionar sobre la eficacia real de las normas jurídicas para alcanzar la justicia social en el ámbito empresarial. Si una norma diseñada para proteger a la parte débil y garantizar una distribución justa puede ser pervertida para fines abusivos, entonces es necesario cuestionar si se trata de un mecanismo adecuado, pudiendo existir otros medios más garantistas para los intereses de todas las partes involucradas.

Por lo tanto, el estudio del artículo 348 bis no es solo un análisis técnico de un precepto legal, sino un caso de estudio sobre los desafíos de implementar la justicia social en las relaciones económicas privadas. Explora cómo la tensión entre los derechos individuales (del socio al dividendo), el interés colectivo (el interés social de la empresa) y los desequilibrios de poder (mayoría vs. minoría) se manifiesta en el derecho societario y cómo las soluciones legales propuestas (como el 348 bis) pueden tener consecuencias imprevistas que dificultan la consecución de un equilibrio justo.

A lo largo de este capítulo, se explicará el fundamento del derecho de separación y la motivación original del legislador, se examinarán los efectos reales de su aplicación contrastándolos con los objetivos previstos, se analizará el procedimiento para su ejercicio y sus efectos, prestando especial atención al ejercicio abusivo del derecho. Finalmente, se cuestionará si su permanencia en el ordenamiento jurídico está justificada, o si existen herramientas más eficaces y garantistas para proteger los derechos de los socios y promover un entorno empresarial que, en última instancia, se acerque más a los ideales de justicia social.

II. El derecho del socio a participar en las ganancias: el dividendo y el equilibrio de intereses

Tal y como se ha introducido en la introducción al abordar la naturaleza de las sociedades de capital y los derechos inherentes a la figura del socio, uno de los derechos fundamentales que emana de la condición de socio en una sociedad de capital es el de participar en el reparto de las ganancias sociales y en el patrimonio resultante de la liquidación. Este derecho, recogido en el artículo 93 de la Ley de Sociedades de Capital (LSC), es crucial y se entiende tanto como un derecho abstracto a participar en los beneficios como un derecho concreto al dividendo.

La materialización de este derecho a la participación en las ganancias depende, en gran medida, de la decisión que adopte la Junta General de socios en cada ejercicio.

Es la Junta General quien tiene la facultad de determinar el destino de los beneficios obtenidos[1]: si se distribuyen entre los socios en forma de dividendos o si se destinan a reservas voluntarias[2]. El dividendo se define, precisamente, como la parte proporcional de los beneficios que corresponde a cada socio en función de su participación en el capital social.

Aunque algunos autores sostienen que el derecho a participar en las ganancias[3] también puede considerarse satisfecho a través del incremento del valor de las acciones o participaciones sociales (derivado, por ejemplo, de la retención de beneficios y su destino a reservas), lo cierto es que, en la práctica, el dividendo[4] se configura como la forma por antonomasia en la que el inversor o socio espera ver concretado y materializado el fin lucrativo que le llevó a participar en la sociedad. Es la manifestación más directa del retorno de su inversión.

---

1 Salvo en aquellos casos en los que concurran acciones o participaciones sociales con privilegio especial en relación con la percepción del dividendo, en cuyo caso el socio tendrá derecho a que se practique el reparto del dividendo mínimo entre aquellos que posean dichas acciones o participaciones (siempre y cuando existan beneficios distribuibles).

2 Las reservas voluntarias de una empresa son los fondos que la empresa decide retener en lugar de repartir entre los accionistas en forma de dividendos. Estos beneficios retenidos se acumulan a lo largo del tiempo y pueden utilizarse para financiar futuros proyectos, cubrir posibles pérdidas, o fortalecer el capital de la empresa.

3 A este respecto, es relevante la Sentencia del Tribunal Supremo 601/2020, de 12 de noviembre (ECLI:ES:TS:2020:3639), en cuya fundamentación jurídica se expone lo siguiente: «Por ello, la jurisprudencia ha venido distinguiendo entre el "derecho abstracto" a participar en las ganancias sociales, y el "derecho concreto" al pago de los dividendos cuyo reparto se haya acordado en junta general. Así, por ejemplo, en la sentencia 60/2002, de 30 de enero (doctrina que reproducen las sentencias 873/2011, de 11 de diciembre y 60/2020, de 3 de febrero), declaramos: "el accionista tiene derecho a participar en los beneficios de la Sociedad Anónima, como derecho abstracto, pero es el acuerdo de la Junta general el que decide el reparto del dividendo, que hace surgir el derecho de crédito del accionista, como derecho concreto, quedando determinada la cantidad, el momento y la forma del pago"».

4 El TS declara en su Sentencia 60/2020, de 3 de febrero (ECLI:ES:TS:2020:158) lo siguiente: «los dividendos, por el contrario, sí son frutos del socio, en cuanto se han separado del patrimonio social y generan un derecho concreto, no eventual o potencial, a su percepción».

Esta dinámica entre la facultad de la mayoría de decidir el destino de los beneficios (priorizando quizás la reinversión para el crecimiento y fortalecimiento de la empresa) y la legítima expectativa del socio minoritario de obtener un rendimiento directo y periódico de su inversión a través del dividendo, genera un conflicto de intereses dentro de la sociedad. Existen socios cuyo interés primario puede ser la reinversión para el aumento del valor de sus títulos a largo plazo, y otros que priorizan la rentabilidad inmediata vía reparto de dividendos.

El marco legal, que incluye figuras como el controvertido artículo 348 bis (cuya función y problemáticas analizaremos en profundidad más adelante), busca precisamente regular y gestionar este equilibrio necesario entre los intereses contrapuestos de los diferentes grupos de socios y el propio interés social. En esencia, se trata de una mediación legal en la lucha constante entre los grupos de control (mayoría) y los socios minoritarios por la gestión y el destino del beneficio. Esta búsqueda de equilibrio se alinea con la idea de justicia o equidad dentro de la estructura corporativa, procurando que el socio minoritario no quede completamente desprotegido frente a las decisiones de la mayoría y pueda, de alguna manera, ver cumplido su legítimo propósito negocial de obtener rendimiento de su inversión. Comprender este derecho y su interacción con las decisiones societarias es esencial para analizar los conflictos que puedan surgir en torno al reparto de beneficios y la estabilidad de las relaciones societarias. La intensidad con la que cada socio puede ejercer sus derechos, incluidos los económicos, dependerá de su participación en el capital, rigiendo el principio de proporcionalidad, si bien los estatutos pueden establecer diferencias mediante la creación de distintas clases de acciones o participaciones.

1. El derecho del socio a participar en las ganancias

Como ya se ha introducido, el artículo 93 de la LSC enumera una serie de derechos que emanan de las acciones y participaciones sociales, y que son inherentes a la figura del socio en las sociedades de capital. Uno de ellos, y el más relevante a los efectos de este capítulo, es el derecho a participar en el reparto de las ganancias sociales y en el patrimonio resultante de la liquidación.

Este derecho se constituye como un derecho abstracto de participación en los beneficios de la sociedad, y un derecho concreto al dividendo. Es abstracto porque es la Junta General quien decide en cada ejercicio el destino que se les da a los beneficios: si se distribuyen como dividendos o se destinan a reservas voluntarias. Esto implica que el socio necesita el acuerdo favorable de la Junta para que su participación en las ganancias se concrete. Cuando dicho acuerdo se produce, entonces se concreta el derecho en lo que se conoce como dividendo.

El dividendo se corresponde con la parte proporcional de los beneficios obtenidos por la empresa durante el ejercicio económico o de las reservas disponibles que le corresponde al socio en función del valor desembolsado de las acciones o el valor nominal de las participaciones que tenga en su poder, sin perjuicio de los privilegios que se hayan podido establecer en los estatutos sociales.

Sin embargo, existen ciertas discrepancias doctrinales. Señala Ortega Parra (2015) que, cuando la norma habla del derecho a participar en el reparto de las ganancias sociales, no se refiere únicamente al derecho al dividendo, sino que la dimensión del artículo es mucho más amplia. La participación estaría igualmente garantizada a través de múltiples vías, como la liquidación de reservas disponibles, la reducción de capital con devolución de aportaciones, o el incremento de capital social. Incluso, añade la citada autora, este derecho se vería satisfecho «simplemente, con el hecho de que el beneficio social se encuentre en el patrimonio societario acreciendo el valor real de las acciones o participaciones sociales».

Desde mi punto de vista, y a pesar de que pueda encontrarse en lo cierto Ortega Parra, la materialización más esperada y tangible para el socio inversor es el dividendo.

Es a través del dividendo que los inversores esperan ver concretado el fin lucrativo que persiguen al formar parte de la sociedad. Esta expectativa directa de retorno financiero, contrapuesta a la necesidad de la sociedad de retener beneficios para inversión o reservas, es la fuente principal de la tensión que el derecho de participación en las ganancias intenta gestionar, buscando un equilibrio que se acerque a la justicia para todos los intereses involucrados.

III. Claves del derecho de separación del socio en las sociedades de capital: fundamento, caracteres definidores y causas legales de separación

Volviendo al tema de la justicia social, el derecho de separación reconocido en el artículo 346 de la LSC funciona como un mecanismo pensado para corregir posibles desequilibrios de poder inherentes a la estructura societaria. Este derecho debe de entenderse como una cláusula de protección del socio minoritario; una vía para no quedar atrapado en los intereses o las decisiones del socio mayoritario.

Sin embargo, los casos en los que el socio puede «divorciarse» de la sociedad son supuestos tasados, previstos de forma expresa en la ley, y cuyos requisitos han de cumplirse estrictamente.

1. Fundamento del derecho de separación

La LSC, como acostumbra, no recoge una definición del derecho de separación del socio como tal, sino que se limita a enumerar una serie de causas por las que este se puede ejercitar:

1. Los socios que no hubieran votado a favor del correspondiente acuerdo, incluidos los socios sin voto, tendrán derecho a separarse de la sociedad de capital en los casos siguientes:

a) Sustitución o modificación sustancial del objeto social.
b) Prórroga de la sociedad.
c) Reactivación de la sociedad.
d) Creación modificación o extinción anticipada de la obligación de realizar prestaciones accesorias, salvo disposición contraria de los estatutos.

Además, a través del artículo 347 se añade la facultad de prever estatutariamente otras causas de separación distintas a las del artículo 346:

1. Los estatutos podrán establecer otras causas de separación distintas a las previstas en presente ley. En este caso determinarán el modo en que deberá acreditarse la existencia de la causa, la forma de ejercitar el derecho de separación y el plazo de su ejercicio.

Sin embargo, antes de detener la atención en las causas legales del derecho de separación es necesario entender su fundamentación.

Tal y como expone Garrido de Palma (2021), la sociedad es un contrato, y como contrato, tiene su objeto, su causa y su forma. Este contrato tiene la particularidad de que no consiste en un intercambio de contraprestaciones; los derechos y obligaciones que de él se derivan no pueden calificarse como los originados por un contrato propiamente sinalagmático, oneroso, etc., pues los socios se obligan entre sí correlativamente —y no recíprocamente, tal y como apunta el autor— a realizar aquellas prestaciones que sean necesarias para lograr el fin común. De esta manera, se podría decir que el contrato de sociedad se trata más bien de un contrato constitutivo y organizativo, que normalmente trae como causa el fin lucrativo logrado a través del ejercicio de la actividad económica recogida en el objeto social.

De esta forma, al no concurrir esa reciprocidad que sí se encuentra en otro tipo de contratos como en el de la compraventa, el incumplimiento de las obligaciones por un socio no genera el derecho de los demás socios a exigir su cumplimiento o resolver el contrato, tal y como prevé el artículo 1.124 del CC, sino que será la propia sociedad la que tendrá la potestad de ejercer las acciones que sean oportunas contra él. De igual forma, cuando se produzca una alteración sustancial de las condiciones del contrato de manera que la relación jurídica devenga intolerable —como si de un contrato laboral se tratase—, el socio tendrá derecho a separarse, es decir, a causar baja voluntaria de la sociedad.

A diferencia de las sociedades personalistas, en las sociedades de capital rige el principio mayoritario y el interés de conservación del capital social. Es por esto por lo que se prevé la posibilidad de que un socio pueda desvincularse del contrato social sin que ello signifique necesariamente la disolución de la sociedad; no obstante, hay que tener en cuenta que su salida de la sociedad provocará el debilitamiento de la misma por cuanto habrá de producirse la liquidación y posterior reembolso del valor de sus acciones o participaciones sociales. Es por esto por lo que el legislador, previendo estas situaciones, ofrece distintos mecanismos para amortiguar la salida del socio, como son el derecho de adquisición preferente, o la propia adquisición de las acciones o participaciones por parte de la sociedad. Estos mecanismos se estudiarán en mayor profundidad más tarde cuando se hable de los efectos de la separación.

De esta manera, el derecho de separación se articula como la facultad que puede ejercer el socio para salir voluntariamente de la sociedad y recuperar su inversión ante la concurrencia de circunstancias previstas legal o estatutariamente que modifican los términos y condiciones por los que se produjo su entrada en la misma; normalmente, acuerdos votados en junta por mayoría con los que difiere. En relación con esto último, Cerdá Albero (2021) considera que es lugar común afirmar que el derecho de separación opera como «el instrumento de protección de la minoría frente al carácter vinculante de los acuerdos adoptados por la mayoría».

Esto último me parece interesante porque si bien la esencia del artículo es esta, la sensación que da su aplicación es que el artículo puede actuar como un arma de doble filo, a través de la cual el socio minoritario tiene la capacidad de ejercer presión sobre los socios mayoritarios y la sociedad cuando sus intereses fluyan por un camino distinto al del interés social. De ser usado de esta forma, nos estaríamos alejando claramente del concepto de justicia para acercarnos peligrosamente al terreno de lo injusto.

2. Caracteres definidores del derecho de separación

En primer lugar, el derecho de separación es un derecho individual e inderogable, pues se trata de una facultad inalterable e inherente a la adquisición de la condición de socio, a pesar de que no esté recogida en la enumeración de derechos del artículo 93 de la LSC[5]. Garrido de Palma lo categorizaba también como un derecho potestativo o de modificación jurídica, concepto utilizado por el Tribunal Supremo en célebres sentencias sobre la materia como son la 32/2006, de 23 de enero, o en la más presente 46/2021, de 2 de febrero, en cuya fundamentación jurídica el Alto Tribunal expone lo siguiente:

> Ante todo, el derecho de separación que es, en efecto, un derecho potestativo o de configuración jurídica, nace del acuerdo de modificación (artículo 95.c) LSRL[6]), que es su causa legal (caben otras,

---

5   Tal y como apuntaba en el capítulo anterior, el artículo 93 recoge los derechos mínimos de los socios, pero hay que recordar que no se trata de una enumeración exhaustiva, pues se observan otros muchos recogidos a lo largo de la LSC como ocurre con el derecho de separación.

6   El artículo 95 letra c) de la ya derogada Ley 2/1995, de 23 de marzo, de Sociedades de Responsabilidad Limitada, a la que hace referencia el TS, disponía lo siguiente: «Los socios que no hubieran votado a favor del correspondiente acuerdo tendrán derecho a separarse de la sociedad en los siguientes casos: [...] c) Modificación del régimen de transmisión de las participaciones sociales». La causa de sepa-

establecidas estatutariamente; artículo 96 LSRL), sin que, a este concreto efecto, tenga relevancia que se trate o no de una regulación imperativa (otro sería el caso si, por ejemplo, se estuviera discutiendo si cabe la renuncia anticipada) [...].

Un derecho potestativo o de modificación jurídica es aquel por el cual una persona tiene el poder o la facultad de provocar un efecto de modificación jurídica, es decir, el nacimiento, la extinción o la modificación de derecho subjetivos. Esto, trasladado a la sociedad, significa que en el momento que el socio ejercita su facultad de separación el objetivo del derecho potestativo está cumplido: generar el derecho subjetivo de reembolso de las acciones o participaciones sociales a través de la liquidación de las mismas. Hasta que no reciba el valor razonable proveniente de la liquidación de su cuota, el socio no pierde tal condición.

Desde mi punto de vista, y en la línea de las consideraciones de Cerdá Albero, el ejercicio de este derecho guarda similitudes con la denuncia unilateral en los contratos civiles de duración indefinida o *ad nutum,* pues a no ser que se haya previsto algo distinto estatutariamente la figura de socio se adquiere por tiempo indefinido. Es por esto por lo que en muchos estatutos sociales se incluyen cláusulas de separación *ad nutum,* cuya validez ha sido reiterada por el Tribunal Supremo en multitud de ocasiones[7] por considerar que estas cláusulas no suponen la vul-

---

ración, en este caso, se refiere a una modificación estatutaria en la que difiere el socio demandante. Para que la modificación estatutaria pueda preverse como una causa legal de separación esta debe afectar a elementos esenciales del texto. La LSC prevé esta misma causa de separación en su artículo 346.2.

7   Ejemplo de ello es la Sentencia núm. 428/2002, de 3 de mayo, en cuya fundamentación jurídica el Tribunal dispone lo siguiente: «no existe fundamento ni causa que lo justifique, para entender prohibido o "contra legem" que en un contrato de duración indefinida, se fijen en los estatutos sociales, a parte de la obligación de la permanecida en la sociedad durante un plazo o período determinado, en este caso, el de tres años, a partir del cual, tanto puede disolverse la sociedad, como separase alguno de los socios permaneciendo la misma entre los socios perseverantes; facultad, que esta otorgada a cualquiera de

neración del artículo 1256 del CC[8]. El Tribunal explica que estas cláusulas se limitan a facultar al socio estatutariamente para el ejercicio del derecho potestativo unilateral de separarse de un contrato de duración indefinida, lo que no implica dejar al arbitrio de una de las partes el cumplimiento del mismo.

De esta forma, el Tribunal Supremo, en su sentencia de 15 de noviembre de 2007, considera que el reconocimiento de la facultad del socio para separarse por decisión unilateral cumple con dos funciones:

1. Por un lado, cumple la función de intensa tutela del socio y de la minoría frente al carácter vinculante de determinados acuerdos de singular trascendencia adoptados por la mayoría a la que se refiere la Exposición de Motivos —supuestos que se contemplan en el artículo 95 de la Ley (hoy 346 Ley de Sociedades de Capital)—.

2. Por otro, constituye una manifestación de la afirmada, en la propia Exposición de Motivos, flexibilidad del régimen jurídico de la Ley que permite que «la autonomía de la voluntad de los socios tenga la posibilidad de adecuar el régimen aplicable a sus específicas necesidades y conveniencias», de tal forma que, si bien razones prácticas son determinantes en la realidad de la sustancial uniformidad de los estatutos sociales, el artículo 12 de la Ley de Sociedades de Responsabilidad Limitada —hoy 28 de la Ley de Sociedades de Capital— admite las cláusulas atípicas.

---

los socios de la sociedad, por lo que no se puede decir cómo se sostiene por la parte recurrente que las disposiciones de los artículos del estatuto, faltan por una parte a lo dispuesto en el art. 1256 del Código Civil de dejar al arbitrio o voluntad de uno de los contrates la validez y cumplimiento del contrato».

8   El artículo 1256 del CC dispone lo siguiente: «La validez y el cumplimiento de los contratos no pueden dejarse al arbitrio de uno de los contratantes».

Por último, se plantea la cuestión de si el derecho de separación es renunciable o irrenunciable. A este respecto me identifico con ciertas voces doctrinales (Sánchez González, 2017) que se posicionan de la siguiente manera. El derecho de separación solo sería un derecho irrenunciable si concurriera una restricción estatutaria de la transferencia de la participación por un periodo indeterminado, en cuyo caso se estaría ante una relación socio-sociedad por tiempo indefinido sin capacidad alguna de desvinculación por parte de este primero[9]. En cambio, si esta prohibición no existe se entiende que el derecho es renunciable por pacto en estatutos.

3. Causas legales de separación del socio

Se explicaba en el punto anterior que el derecho de separación del socio es un instrumento del que se puede valer el socio minoritario ante la tiranía de la mayoría sin afectar de forma fatal a la sociedad, pudiendo esta mantener su actividad social mientras que el socio separatista recupera su inversión a través del reembolso del capital aportado.

---

9   El artículo 108.3 de la LSC sobre cláusulas estatutarias prohibidas dispone lo siguiente: «3. Sólo serán válidas las cláusulas que prohíban la transmisión voluntaria de las participaciones sociales por actos inter vivos, si los estatutos reconocen al socio el derecho a separarse de la sociedad en cualquier momento. La incorporación de estas cláusulas a los estatutos sociales exigirá el consentimiento de todos los socios». Sin embargo, el numeral cuarto de este artículo continua de esta forma: «4. No obstante lo establecido en el apartado anterior, los estatutos podrán impedir la transmisión voluntaria de las participaciones por actos inter vivos, o el ejercicio del derecho de separación, durante un período de tiempo no superior a cinco años a contar desde la constitución de la sociedad, o para las participaciones procedentes de una ampliación de capital, desde el otorgamiento de la escritura pública de su ejecución». Se observa cómo el artículo solamente contempla la posibilidad de restringir por un tiempo limitado uno u otro derecho, pero nunca ambos a la vez, pues el socio se encontraría con una restricción de sus derechos que comportaría la imposibilidad de desvincularse de la sociedad.

Sin embargo, el derecho no puede ser ejercitado de forma arbitraria. El artículo 346 antes citado enumera una serie de causas legales que habilitan al socio a hacerlo; causas que fundamentalmente giran en torno a la misma idea: cambios en los términos por los que se había suscrito el contrato social y que provocan la desaparición sobrevenida del propósito o fin por el que se había constituido la sociedad. Por ejemplo, en el caso de la separación del socio por falta de distribución de dividendos, tema central del capítulo y que se estudiará en los siguientes, la causa es la quiebra del propósito negocial perseguido con el ejercicio de la actividad que constituye el objeto social (Garrido de Palma, 2021).

Las seis causas principales que recoge el artículo 346 de la LSC son las siguientes:

1. **Modificación sustancial del objeto social.** Causa legal de separación fundada en la modificación sustancial de las condiciones por las que se inició la relación societaria. Esta causa se separación ya se consideraba como tal en las hoy derogadas Ley 2/1995, de 23 de marzo, de Sociedades de Responsabilidad Limitada y Real Decreto Legislativo 1564/1989, de 22 de diciembre, por el que se aprueba el texto refundido de la Ley de Sociedades Anónimas, en cuyos textos se disponía que la sustitución del objeto social era motivo suficiente para ejercer el derecho de separación por aquellos socios que no hubieran votado a favor de la misma.

El hecho de que el artículo se limitara a hablar de sustitución provocó que un sector de la doctrina interpretara que el ejercicio del derecho de separación requería que se reemplazara el objeto social, es decir, que se produjera un cambio del sector de la industria o comercio en el que la sociedad despliega su actividad negocial; sin embargo, otros consideraron que una modificación sustancial del mismo era suficiente para ejercerlo, lo que implicaría no un cambio de sector sino un cambio en el sector, variando la forma en la que interviene la sociedad.

Ante esto, el Tribunal Supremo en sus Sentencias núm. 438/2010, de 30 de junio, y 102/2011, de 10 de marzo, determinó lo siguiente:

a) **Por un lado,** cuando se habla de sustitución del objeto social, no se debe observar desde un prisma absoluto, «conforme a la que sólo sería admisible el derecho de separación cuando aquella fuera total, esto es, con reemplazo en el texto estatutario de una actividad por otra», sino desde un prisma relativo, atendiendo de esta forma a la esencia del objeto social y también a la esencia de la norma. Hay que atender al fin de la norma, «que no es otro que respetar la voluntad del socio que ingresó en una sociedad que explotaba un determinado negocio, admitiendo que condicione su permanencia a la de la finalidad objetiva que fue la base de su relación con aquella».

b) **Por otro lado**, «no habrá sustitución cuando la modificación, por adición o supresión, resulte intrascendente». El Alto Tribunal quiere decir con esto no se considerará una modificación sustancial aquellos casos en los que la modificación del objeto social venga por la introducción de una mayor concreción o especificación de las actividades que se describen en los estatutos. Sin embargo, sí que se considerará cuando:

> [...] se produzca una mutación de los presupuestos objetivamente determinantes de la adhesión del socio a la sociedad, como consecuencia de una transformación sustancial del objeto de la misma que lo convierta en una realidad jurídica o económica distinta: caso de la eliminación de actividades esenciales, con mantenimiento de las secundarias; o de la adición de otras que, por su importancia económica, vayan a dar lugar a que una parte importante del patrimonio social tenga un destino distinto del previsto en los estatutos.

2. **Prórroga de la sociedad.** Esta causa de disolución requiere como presupuesto que la sociedad se haya constituido por tiempo determinado y que así se haya previsto en los estatutos sociales. Además, será necesario que sin

que haya terminado el plazo de actividad social que se estipule en los estatutos, la junta de socios acuerde la prórroga y se inscriba el acto en el Registro Mercantil, pues de lo contrario la sociedad se disolverá de pleno derecho[10]. Tal y como explican Jiménez Sánchez & Peinado Gracia (2021), la prórroga de implica la modificación de la cláusula estatutaria por la que se fija el periodo de duración *finito* de la vida de la sociedad, lo que nuevamente implica un cambio en los términos y condiciones por los que se inició la relación societaria.

3. Reactivación de la sociedad. Caso similar al anterior. Se produce cuando la sociedad se encuentra en vías de disolución y posterior liquidación y la junta de socios, toda vez que la causa de disolución haya desaparecido, acuerda la reactivación de la misma. Además, para el caso de las sociedades de capital la LSC exige que el patrimonio contable no sea inferior al capital social, y no se haya comenzado con el pago de la cuota de liquidación a los socios.

La inscripción de la reactivación de la sociedad se practicará en virtud de escritura pública que documente el acuerdo de reactivación. Al igual que en el caso anterior, es esencial que se cumplan los requisitos formales exigidos por el RRM[11], pues de lo contrario la sociedad se disolverá de pleno derecho.

---

10 Dispone el artículo 238 del Real Decreto 1784/1996, de 19 de julio, por el que se aprueba el Reglamento del Registro Mercantil (en adelante, RRM): 1. El Registrador, de oficio, cuando deba practicar algún asiento en la hoja abierta a la sociedad o se hubiera solicitado certificación, o a instancia de cualquier interesado, extenderá una nota al margen de la última inscripción, expresando que la sociedad ha quedado disuelta, en los siguientes casos: 1.º Cuando hubiera transcurrido el plazo de duración de la sociedad. El numeral tercero del citado artículo continua: 3. En caso de disolución por transcurso del término, la prórroga de la sociedad no producirá efectos si el acuerdo correspondiente se presentase en el Registro Mercantil una vez transcurrido el plazo de duración de la sociedad.

11 El artículo 242 del RRM exige que la escritura pública por la que se documente el acuerdo de reactivación recoja la siguiente información: 1.ª La manifestación de los otorgantes de que, en su caso, ha desaparecido la causa de disolución que motivó el acuerdo respectivo y que no ha comenzado el pago de la cuota de liquidación a los socios. Si la

El acuerdo de reactivación de la sociedad trunca las expectativas del socio a percibir la cuota de liquidación, lo que le habilita para ejercer su derecho de separación y recibirla a través de esta vía.

4. Creación, modificación o extinción anticipada de la obligación de realizar prestaciones accesorias. El artículo 89 de la LSC dispone lo siguiente: «1. La creación, la modificación y la extinción anticipada de la obligación de realizar prestaciones accesorias deberá acordarse con los requisitos previstos para la modificación de los estatutos y requerirá, además, el consentimiento individual de los obligados».

Las prestaciones accesorias son aquellas obligaciones sociales que los socios pueden asumir de forma voluntaria en beneficio de la sociedad. Estas prestaciones van ligadas a la condición de socio o la sola titularidad de determinadas participaciones sociales, siendo conveniente su consideración vía estatutaria (Chuliá, 2024). Por tanto, la modificación, supresión o adición de nuevas prestaciones supone una variación sustancial en los términos de la relación societaria.

La particularidad de esta causa legal de separación es su carácter dispositivo; característica que comparte con el derecho de separación por falta de distribución de dividendos. Esto implica que los estatutos pueden derogar o excluir este derecho, no disponiendo el socio disidente de la facultad de separarse de la sociedad para esos casos.

---

sociedad fuera anónima, de responsabilidad limitada o comanditaria por acciones, se hará constar, además, que el patrimonio contable no es inferior al capital social.

2.ª La fecha de publicación del acuerdo de reactivación en el «Boletín Oficial del Registro Mercantil» o la de la comunicación escrita a cada uno de los socios que no hayan votado a favor del acuerdo, si éste diese lugar al derecho de separación.

3.ª La declaración de los otorgantes sobre la inexistencia de oposición por parte de los acreedores y obligacionistas o, en su caso, la identidad de quienes se hubiesen opuesto, el importe de su crédito y las garantías que hubiese prestado la sociedad.

4.ª El nombramiento de los administradores y el cese de los liquidadores.

Sin embargo, hay que tener en cuenta que el artículo 89 antes citado exige el consentimiento individualizado de todos los obligados para poder realizar la modificación estatutaria, lo que significa que un solo voto en contra truncaría la posibilidad de realizar modificación alguna.

Además de estas cuatro causas, el artículo 346 incluye la modificación del régimen de transmisión de participaciones sociales en las sociedades de responsabilidad limitada y la modificación estructural de la sociedad como presupuestos en los que el socio está habilitado para ejercer su derecho de separación. Por otro lado, y tal y como se explicaba anteriormente, el artículo 347 habilita a la sociedad a incluir en los estatutos otras causas de separación distintas a las previstas en la LSC.

Por último, en el artículo 348 bis de la LSC se incluye como causa legal de separación del socio la falta de distribución de dividendos; causa que constituye el tema central del presente capítulo y que se procede a analizar en profundidad en los restantes.

IV. Derecho de separación del socio por falta de distribución de dividendos: precedente histórico y efectos de la suspensión de su aplicación durante la COVID-19, fundamentación del derecho y exégesis del art. 348 bis

1. Precedente histórico y efectos de la suspensión de su aplicación durante la COVID- 19

Tal y como se introducía anteriormente, el art. 348 bis fue primeramente introducido en el ordenamiento jurídico español a través de la transposición de la Directiva 2007/36/CE, del Parlamento Europeo y del Consejo, de 11 de julio, sobre el ejercicio de determinados derechos de accionistas de sociedades cotizadas. Así pues, la Ley

25/2011, de 1 de agosto, de reforma parcial y de la Ley de Sociedades de Capital y de incorporación de la Directiva citada, introducía el artículo 348 bis con la siguiente redacción:

> 1. A partir del quinto ejercicio a contar desde la inscripción en el Registro Mercantil de la sociedad, el socio que hubiera votado a favor de la distribución de los beneficios sociales tendrá derecho de separación en el caso de que la junta general no acordara la distribución como dividendo de, al menos, un tercio de los beneficios propios de la explotación del objeto social obtenidos durante el ejercicio anterior, que sean legalmente repartibles.
>
> 2. El plazo para el ejercicio del derecho de separación será de un mes a contar desde la fecha en que se hubiera celebrado la junta general ordinaria de socios.
>
> 3. Lo dispuesto en este artículo no será de aplicación a las sociedades cotizadas.

En la primera redacción del artículo se observan matices que se han conservado hasta la actualidad, como la no aplicación del artículo en sociedades cotizadas, pues el objetivo de la norma siempre ha sido proteger a los socios minoritarios de aquellas sociedades cerradas que sistemáticamente negaran la distribución de dividendos. Sin embargo, se aprecian también grandes cambios con respecto a la redacción actual, sobre todo en lo que respecta a los presupuestos previos requeridos para que el socio pueda ejercitar este derecho de separación. Por un lado, en la primera redacción no se hace mención alguna de la necesidad de que la sociedad haya obtenido beneficios en anteriores ejercicios; por otro, se exige que el beneficio no repartido sea equivalente a un tercio, es decir, al 33 % de los beneficios distribuibles.

Cabe destacar que el artículo 348 bis no fue recibido con gran simpatía, por cuanto se tomó como una agresión contra las pequeñas y medianas empresas. Hay que entender que el contexto en el que se incorpora el artículo en el ordenamiento jurídico español es un contexto de crisis económica. Las empresas españolas se encuentran ahogadas y la distribución del dividendo es, en muchas ocasiones, inviable. Como se mencionaba anteriormente, uno de los cambios más importantes que se aprecia con respecto a la redacción actual es la inclusión de la obtención de beneficios en los últimos tres ejercicios por parte de la empresa como presupuesto previo para el ejercicio del derecho. Entiendo que esta adición responde a una postura «empática» con aquellas empresas cuya solvencia no les permitía distribuir el dividendo con cierta regularidad y que, sin embargo, se estaban viendo forzadas a ello debido a la amenaza de la posible separación del socio.

La mala recepción de la norma se tradujo en su suspensión a raíz de la entrada en vigor de la Ley 1/2012, de 22 de junio, de simplificación de las obligaciones de información y documentación de fusiones y escisiones de sociedades de capital, en cuyo artículo primero se modificaba la LSC, introduciendo una disposición transitoria por la cual se suspendía la aplicación del artículo 348 bis hasta el 31 de diciembre de 2014, siendo el 23 de junio de 2012 el último día de vigencia.

Esta suspensión se vería ampliada nuevamente hasta el año 2017, dejando por el camino decenas de casos en los que la inaplicación del artículo hacía imposible la separación del socio por falta de distribución de dividendos, salvo en aquellos supuestos en los que el socio hubiera ejercido su derecho de separación de forma anterior a la suspensión del 348 bis. Ejemplo de ello es el de la sentencia núm. 84/2014, de 21 de marzo, de la Audiencia Provincial de A coruña, en virtud de la cual se dispone lo siguiente:

> [...] la fecha que debe ser tomada en consideración no es la de la convocatoria de la Junta de accionistas, como consideró la juzgadora a quo en la sentencia apelada, sino la de la toma del acuerdo que deniega el reparto de beneficios sociales [...], y la concreta fecha en que se ejercita el derecho de separación, un mes a contar desde la fecha en que se hubiera

celebrado la junta general ordinaria de socios, que en el caso los actores hicieron el día 10 de noviembre de 2011, esto es, cuando estaba en vigor dicho artículo.

La suspensión del artículo no tuvo efectos retroactivos, pues hubiera significado una situación de tremenda inseguridad jurídica para aquellos socios que hubieran ejercido legítimamente su derecho con anterioridad a la misma.

El artículo volvería a estar vigente en el año 2017, aunque se vería modificado poco después por el artículo segundo de la Ley 11/2018, de 28 de diciembre, por la que se modifica, entre otros, la Ley de Sociedades de Capital. En esta modificación se añadían principalmente tres aspectos que se encuentran en la redacción actual: la reducción del tercio de los beneficios como mínimo distribuible al 25 %; la necesidad de haber obtenido beneficios durante los tres ejercicios anteriores; y la adición de un presupuesto negativo a partir del cual no se genera el derecho de separación del socio incluso aun cuando se cumplan los demás requisitos que exige el 348 bis. Este último punto se estudiará en profundidad más adelante.

Cuando se observa el contexto de un cambio, es más fácil entender su rumbo. Desde mi punto de vista todas estas modificaciones y matizaciones obedecen a una clara intención del legislador de dar un respiro a aquellas empresas que había ahogado en un primer momento; momento, reitero, de crisis económica. La sobreintensidad con la que se aplica la política de defensa del socio minoritario puede acabar ofreciendo resultados contrarios a los que se buscaban, como si del juego de tirar la soga se tratase. Si se estira mucho por un extremo, puede ser que acabe cayendo el otro. Es por eso por lo que es necesario que el legislador busque el equilibrio y facilite que los intereses de unos y de otros se vean satisfechos en su justa medida. No debe actuar como el defensor de uno, sino como el justiciero de ambos.

El artículo, que se encontraba en vigor desde el 30 de diciembre de 2018, fue suspendido de nuevo a través del Real Decreto-ley 8/2020, de 17 de marzo, de medidas urgentes extraordinarias para hacer frente al impacto económico y social de la COVID-19. La suspensión, prevista en un primer momento para los meses en los que se declaró el estado de alarma, terminó por levantarse en el año 2021; año en el que se produce la última de sus modificaciones por la entrada en vigor del Real Decreto-ley 7/2021, de 27 de abril.

Sobre esta última modificación, es de interés resaltar que los únicos cambios destacables son dos. En primer lugar, la adición de nuevos supuestos donde se excluye la aplicación del derecho de separación por falta de distribución de dividendos, incluyendo, entre otras, a las entidades financieras y de crédito. Creo que esta modificación responde a la necesidad de desahogar dichas entidades después de unos años de inestabilidad durante y después de la crisis económica de 2008. En segundo lugar, la inclusión de la siguiente frase en el apartado cuarto del artículo 348 bis referente al derecho de separación del socio en el contexto de grupo de sociedades: «salvo disposición contraria en los estatutos», dando a entender que podría concurrir una cláusula estatutaria por la cual se limitara el ejercicio de este derecho, lo que lo convierte en un derecho disponible y no absoluto.

2. Fundamentación del derecho de separación por falta de distribución de dividendos

El artículo 348 bis prevé la posibilidad de que el socio se desvincule de la sociedad por encontrar truncado el fin con el que inició la relación societaria, es decir, el deseo de lucrarse, de obtener un rendimiento económico de su inversión. De esta forma, el legislador, ante aquellas situaciones en las que la junta general de la sociedad decida constantemente destinar los beneficios del ejercicio económico a reservas, pone a disposición del socio minoritario la posibilidad de separarse de la sociedad, haciendo valer, por un lado, el derecho del socio a resolver una relación obligacional de duración indefinida de forma unilateral; y, por otro lado, el derecho de la sociedad a preservar el capital social y continuar con su actividad pese a la desvinculación de uno de los socios.

Tal y como disponen Jiménez Sánchez y Peinado Gracia (2021), dentro del artículo 348 bis «confluyen diversos equilibrios legales de intereses contrapuestos». Por un lado, el principio mayoritario, que es el que rige en nuestra LSC y en el derecho de sociedades en general, y por el cual se determina la voluntad social en la mayoría de aspectos, como por ejemplo en la aplicación del resultado y el destino que se les da a los beneficios repartibles obtenidos durante el ejercicio económico. Junto a este principio, confluye también el derecho del socio a participar en las ganancias sociales, el cual se ve normalmente satisfecho a través del reparto de dividendos, aunque como se ha explicado anteriormente existen ciertas voces en la materia que aseguran que el destino de este beneficio a reservas produce igualmente la satisfacción de este derecho, pues el socio obtiene un enriquecimiento indirecto a través del aumento del valor de sus acciones o participaciones sociales.

El artículo 348 bis se encuadra en el conflicto entre la mayoría y la minoría social; es decir, en la lucha entre la voluntad de grupos de control y socios minoritarios por la gestión y el uso del beneficio, lo que muchas veces constituye la tónica habitual de las sociedades de capital, el día a día. Los autores anteriormente citados explican que esta situación ha provocado el alzamiento de los pactos parasociales, los protocolos empresariales, o los acuerdos de inversión, como una forma de «ahorrar» los costes derivados de estos enfrentamientos, pues hay que tener en cuenta que la separación de un socio minoritario no constituye por sí sola una causa de disolución para la sociedad, pero sí un debilitamiento de la misma, pues se produce la correspondiente reducción en el capital social.

A este respecto, y contradiciendo lo que Jiménez Sánchez y Peinado Gracia venían a decir, me gustaría señalar el peligro que puede entrañar tanto para el socio como para la sociedad resolver el conflicto del dividendo a través de un pacto parasocial. Cabe recordar que estos pactos no son oponibles a terceros por cuanto no se encuentran inscritos en el Registro Mercantil, tal y como dice el artículo 29 de la LSC, lo que implica que solamente obligan a las partes contratantes. Mi recomendación para estos casos sería que, primero, se asegure que todos los socios existentes forman parte del pacto parasocial; y segundo, que se inscriba en el Registro Mercantil, o en su defecto que se acuerde modificar los estatutos para incluir el pacto, pues de esta forma evitaremos males a futuro.

No obstante, atendiendo a los efectos que ha generado la introducción de este artículo en la LSC, considero que también podría encuadrarse en un contexto opuesto al de la tiranía de la mayoría: la tiranía de la minoría. Y es que, para que el ejercicio de este derecho comulgue con el espíritu de la norma debe ser ineludible su práctica bajo el criterio de la buena fe, lo que conlleva la supeditación del derecho individual al interés social para aquellas situaciones en las que su ejercicio pueda suponer un perjuicio[12] para la sociedad.

Claro que hablar de interés social puede ser abstracto en ocasiones, pues puede actuar como un argumento para aquellos consocios que busquen impedir la separación del socio disidente. Desde el punto de vista del socio, el concepto de interés social puede significar una inseguridad jurídica importante. ¿Cuál es su alcance? ¿Hasta cuándo se impone sobre los intereses del socio?

A este respecto, el Tribunal Supremo en su sentencia de 19 de febrero de 2021 explica que en torno al concepto de interés social existen dos teorías opuestas: una institu-

---

12 El hablar en estos casos de perjuicio para la sociedad puede sonar incoherente con el sentido del propio artículo 348 bis, puesto que obviamente el hecho de separarse de la sociedad va a conllevar un perjuicio para la misma. Jiménez Sánchez y Peinado Gracia (2021) explicaban que cuando se exige buena fe por parte del socio para no causar un perjuicio a la sociedad no se refiere a que el socio provoque la reducción del capital social, pues en ese caso nunca podría ejercer su derecho de separación y no tendría sentido la previsión de esta herramienta en la LSC. Los autores explicaban que la buena fe exige no ejercer ese derecho con el solo objetivo de causar un perjuicio en la sociedad y consocios, o ejercerlo para eludir las obligaciones que como socio le compelen. La buena fe aboca a que haya una ponderación entre el derecho que atribuye la norma y el interés social al que se ordena la ejecución del contrato por el socio rebelde.

cionalista, que percibe a la sociedad anónima como una «institución-corporación» en la que el interés social difiere del de sus socios y coincide con el interés del conjunto de sus componentes como empresa (accionistas, administradores, acreedores, trabajadores, etc.); y una teoría contractualista, que por contra considera que el interés social es coincidente con los intereses de los socios, en el sentido de que este primero se conforma por la suma de estos últimos. De esta forma, cualquier daño producido en el interés común del reparto de beneficios supone una lesión al interés social. Esta última teoría es la que el Tribunal Supremo declara como consagrada en nuestro ordenamiento jurídico.

El problema viene cuando los intereses de los socios difieren, en cuyo caso el interés social se posicionará en torno al interés de la mayoría de los socios, dejando los intereses del socio minoritario al margen. Esto provoca que tenga sentido que exista una herramienta en la ley por la que el citado socio minoritario pueda hacer valer sus intereses a través de un mecanismo de separación[13], de igual forma que la sociedad podrá oponerse a dicha acción siempre y cuando acredite suficientemente que el socio demandante ejerce su derecho de forma abusiva, tal y como exige la Audiencia Provincial de Barcelona, sección 15.ª, en su sentencia 1014/2019[14].

Por último, hay que entender que el artículo 348 bis viene a ser la vía para solucionar aquellos conflictos que se encuentren dentro de unos márgenes. Es la manera que

---

13 Cabe destacar que el mecanismo de separación no tiene por qué ser la única vía que tenga el socio a su disposición para hacer valer sus intereses. De hecho, desde mi punto de vista, la vía de la impugnación puede resultar como un mecanismo más eficaz y garantista de derechos para todas las partes implicadas, aunque sobre esta idea me extenderé más adelante.

14 La Audiencia Provincial dispone lo siguiente en la citada sentencia: «[...] los motivos que pueden llevar a la accionista a abandonar la sociedad son irrelevantes y la sociedad no ha acreditado que el ejercicio de este derecho le suponga un perjuicio o inconveniente más allá de las consecuencias que la LSC anuda a todo supuesto de separación del socio, en definitiva, al pago del valor de las acciones, su amortización y la correspondiente reducción de capital».

tiene la LSC de dar solución a aquellas situaciones en las que el socio minoritario se encuentre atrapado en la marea que supone la voluntad de la mayoría, siempre y cuando estas decisiones puedan considerarse legítimas, pues el hecho de votar en contra de la distribución de dividendos por considerar que es más beneficioso para la sociedad destinar esos beneficios para otros fines es perfectamente legítimo. Este matiz es necesario puesto que el Código Penal (en adelante, **CP**), en su artículo 291, prevé una pena privativa de libertad de seis meses a tres años para aquellos socios que, prevaliéndose de su situación mayoritaria en la Junta de accionistas o el órgano de administración de cualquier sociedad constituida o en formación, impusieren acuerdos abusivos, con ánimo de lucro propio o ajeno, en perjuicio de los demás socios, y sin que reporten beneficios a la misma. Esta situación es completamente extrema y, por lo tanto, distinta a la que se estudia en este capítulo.

3. Exégesis del artículo 348 bis

La redacción del artículo 348 bis recogida en la última actualización de la LSC en lo que a efectos prácticos interesa para este capítulo es la siguiente:

1. Sin perjuicio de lo dispuesto en la disposición adicional undécima, salvo disposición contraria de los estatutos, transcurrido el quinto ejercicio contado desde la inscripción en el Registro Mercantil de la sociedad, el socio o socia que hubiera hecho constar en el acta su protesta por la insuficiencia de los dividendos reconocidos tendrá derecho de separación en el caso de que la junta general no acordara la distribución como dividendo de, al menos, el veinticinco por ciento de los beneficios obtenidos durante el ejercicio anterior que sean legalmente distribuibles siempre que se hayan obtenido beneficios durante los tres ejercicios anteriores. Sin embargo, aun cuando se produzca la anterior circunstancia, el derecho de separación no surgirá si el total de los dividendos distribuidos durante los últimos cinco años equivale, por lo menos, al vein-

ticinco por ciento de los beneficios legalmente distribuibles registrados en dicho periodo.

Lo dispuesto en el párrafo anterior se entenderá sin perjuicio del ejercicio de las acciones de impugnación de acuerdos sociales y de responsabilidad que pudieran corresponder.»

2. Para la supresión o modificación de la causa de separación a que se refiere el apartado anterior, será necesario el consentimiento de todos los socios, salvo que se reconozca el derecho a separarse de la sociedad al socio que no hubiera votado a favor de tal acuerdo.

3. El plazo para el ejercicio del derecho de separación será de un mes a contar desde la fecha en que se hubiera celebrado la junta general ordinaria de socios.

En primer lugar, debe analizarse el elemento subjetivo del artículo. Como se estudiaba anteriormente, el derecho de separación por falta de distribución de dividendos es un derecho individual y dispositivo. La legitimación activa para el ejercicio de este derecho le corresponde a cualquier socio sin que sea necesario un porcentaje mínimo de participación en el capital, siendo únicamente requerido que el socio o socia haya hecho constar en el acta de la junta en la que se decida sobre la aplicación del resultado su protesta por la insuficiencia de los dividendos reconocidos.

Por otro lado, la legitimación pasiva le corresponderá a toda sociedad de capital que incumpla con lo dispuesto sobre el reparto de dividendos mínimo en el artículo 348 bis, con la única excepción de las sociedades cotizadas o sociedades cuyas acciones estén admitidas a negociación en un sistema multilateral de negociación[15]; Sociedades Anónimas Deportivas; y sociedades que se encuentren en

---

15   Un sistema multilateral de negociación es una plataforma de negociación establecida a nivel europeo que opera como una alternativa más accesible a los mercados secundarios organizados (bolsas de valores como la NYSE o la Bolsa de Madrid, entre otros). En este sistema, una entidad financiera opera como intermediaria, gestionando intereses de compra y venta de múltiples partes sobre instrumentos financieros específicos (ISEFi, s.f.).

situación de concurso de acreedores, incluidas aquellas que se encuentren en fase de pre-concurso y aquellas que hayan alcanzado un acuerdo de refinanciación con carácter de irrescindible[16].

Además, el artículo 348 bis tampoco se aplicará a las entidades de crédito, establecimientos financieros de crédito, entidades de pago, empresas de servicio de inversión, y otras contenidas en la disposición adicional undécima de la LSC.

Con respecto al elemento objetivo, tal y como observa Cerdá Albero (2021) han de concurrir dos requisitos materiales positivos, y no ha de concurrir un tercer elemento negativo que impide que nazca el derecho de separación.

En primer lugar, es necesario que la junta de socios no acuerde la distribución como dividendo de, al menos, el 25 % de los beneficios obtenidos durante el ejercicio anterior que sean legalmente distribuibles. Para que se cumpla con este requisito es absolutamente esencial que el acuerdo tomado en junta sea válido a efectos legales, es decir, que cumpla con todos los requisitos formales que exige la LSC para la celebración y adopción de acuerdos en junta[17].

---

16 El numeral quinto del artículo 348 bis dispone lo siguiente:
«5. Lo dispuesto en este artículo no será de aplicación en los siguientes supuestos:
a) Cuando se trate de sociedades cotizadas o sociedades cuyas acciones estén admitidas a negociación en un sistema multilateral de negociación.
b) Cuando la sociedad se encuentre en concurso.
c) Cuando, al amparo de la legislación concursal, la sociedad haya puesto en conocimiento del juzgado competente para la declaración de su concurso la iniciación de negociaciones para alcanzar un acuerdo de refinanciación o para obtener adhesiones a una propuesta anticipada de convenio, o cuando se haya comunicado a dicho juzgado la apertura de negociaciones para alcanzar un acuerdo extrajudicial de pagos.
d) Cuando la sociedad haya alcanzado un acuerdo de refinanciación que satisfaga las condiciones de irrescindibilidad fijadas en la legislación concursal.
e) Cuando se trate de Sociedades Anónimas Deportivas».

17 El artículo 272 de la LSC sobre aprobación de cuentas dispone que, a partir de la convocatoria de la junta general, cualquier socio podrá

Esto es importante porque una vez aprobado el acuerdo, aquellas partes que disientan sobre el valor razonable de las participaciones sociales o de las acciones procederán a solicitar al registrador mercantil la designación de un experto independiente que practicará dicha valoración, todo ello en virtud del artículo 353 de la LSC. El artículo 363 del Real Decreto 1784/1996, de 19 de julio, por el que se aprueba el Reglamento del Registro Mercantil (en adelante, **RRM**), regula el nombramiento de auditores para determinar el valor real de las acciones y participaciones sociales[18]. Este artículo explica que para la regulación del nombramiento del auditor se habrá de estar a lo dispuesto por los artículos 351 y siguientes de ese mismo texto, en cuya virtud se dispone que dentro de los cinco días siguientes al del asiento de presentación, la sociedad podrá oponerse al nombramiento del auditor (que por analogía sería el experto independiente), siempre y cuando aporte prueba documental por la que se acredite que no procede su nombramiento o que el socio solicitante no se encuentra legitimado. En estos casos será el registrador el que resuelva según proceda, tal y como establece el artículo 354.3 del RRM.

A la vista de esta normativa, y volviendo a la importancia de cumplir con los requisitos formales del acuerdo en junta, se observa que puede darse la situación de que el socio que quiere separarse acuda al registrador para el nombra-

---

obtener de la sociedad, de forma inmediata y gratuita, los documentos que han de ser sometidos a la aprobación de la misma, así como en su caso, el informe de gestión y el informe del auditor de cuentas. Cualquier negativa por parte de la sociedad podría incurrir en una infracción del derecho de información del socio, lo que derivaría en una impugnación de la aprobación de cuentas o de la celebración de la junta como tal. Además, también es importante tener en cuenta que se habrá de respetar todos los requisitos previstos por los artículos 166 y siguientes de la LSC sobre la convocatoria de la junta (plazo, lugar, comunicación a los socios, etc.) y su constitución.

18   La doctrina y la jurisprudencia coinciden en la aplicación de este artículo de forma análoga a la situación que contempla en artículo 353 de la LSC pese a que se trata de supuestos bien distintos, puesto que el RRM no se pronuncia sobre el nombramiento de experto independiente para la valoración de las participaciones sociales o acciones en el contexto de la separación de un socio.

miento del experto independiente y que, ante la oposición de la sociedad, el registrador, o bien archive el expediente y derive a las partes a la resolución del conflicto ante los órganos judiciales; o bien se pronuncie sobre la oposición de la sociedad y, en última instancia, sobre la existencia de los requisitos que dan lugar al derecho de separación como paso previo imprescindible para el nombramiento del experto independiente (García-Villarrubia, 2020).

Esto ha sido confirmado por la Dirección General de los Registros y del Notariado (en adelante, **DGRN**), en su resolución de 22 de abril de 2019, en cuyo tenor literal se expone lo siguiente:

> La ley atribuye competencia al registrador para dictar una resolución en la que, estimando la solicitud hecha por quien corresponda y apreciando la concurrencia de los requisitos legales, designar a un experto independiente o adoptar otras medidas sin perjuicio del eventual recurso de alzada ante esta DGRN o de la oportuna impugnación ante los Tribunales de Justicia.

Volviendo a este primer requisito que exige el 348 bis, puede resultar curioso el hecho de que el artículo hable de un porcentaje exacto; sobre todo, teniendo en cuenta que la obtención de beneficios es un factor variable. Cerdá Albero describe la fijación de este porcentaje como «una mera convención legal, con base en la dificultad de fijar de manera eficiente la política óptima de dividendos de una empresa». Desde mi punto de vista, la fijación de este porcentaje responde a la intención del legislador de establecer un equilibrio entre los intereses de la sociedad y del socio. Durante las últimas reformas del artículo 348 bis se ha ido esculpiendo el espíritu de la norma, no centrándose ya solamente en garantizar el derecho del socio a participar en las ganancias sociales, sino dando importancia también al interés social; sobre todo, del de aquellas empresas a las que distribuir un dividendo de forma regular les supone un alto esfuerzo económico, es decir, las PYMES. La buena economía del país necesita un tejido empresarial saneado, y estas últimas son parte fundamental de ello. A través de la obtención del 25 % de los beneficios repartibles se satisface, por un lado, el fin lucrativo del socio, y por otro, no se compromete —generalmente— la viabilidad de la empresa, la cual puede destinar el beneficio restante para otros intereses.

Con respecto al concepto de beneficios distribuibles, la resolución de 5 de marzo de 2019 del ICAC (Instituto de Contabilidad y Auditoría de cuentas)[19], por la que se desarrollan los criterios de presentación de los instrumentos financieros y otros aspectos contables relacionados con la regulación mercantil de las sociedades de capital, dispone en su artículo 3.5. que el beneficio distribuible es igual al resultado del ejercicio obtenido del balance aprobado, practicados los siguientes ajustes:

Positivos.
1.° Las reservas de libre disposición, y 2.° El remanente.
Negativos.
1.° Los resultados negativos de ejercicios anteriores. No obstante, el exceso de estos resultados sobre los ajustes positivos solo se incluirá como ajuste negativo en la parte en que no estén materialmente compensados con el saldo del importe de la reserva legal y de las otras reservas indisponibles preexistentes, y
2.° La parte del resultado del ejercicio en que deba dotarse la reserva legal y las restantes atenciones obligatorias establecidas por las leyes o los estatutos.

En segundo lugar, el segundo elemento o presupuesto material que debe concurrir: que se hayan obtenido beneficios durante los tres ejercicios anteriores a la aprobación del acuerdo por el que se produce la distribución de dividendos; es decir, que si en la junta general ordinaria

---

19   El ICAC (Instituto de Contabilidad y Auditoría de Cuentas) es un organismo autónomo que depende del Ministerio de Economía. Su función principal es regular, supervisar y fomentar la contabilidad y la auditoría de cuentas en el ámbito empresarial, con el objetivo de garantizar la transparencia y fiabilidad de la información financiera en las empresas y entidades públicas.

de 2024 en la que se aprueban las cuentas anuales y la aplicación del resultado de 2023 se acuerda distribuir el 25 % de los beneficios repartibles en forma de dividendo entre los socios, será indispensable que durante los ejercicios de 2021, 2022, y 2023, la sociedad haya obtenido beneficios. De nuevo, y bajo mi perspectiva, el legislador le da un respiro a la sociedad introduciendo este requisito, pues no solo esta tiene la capacidad de satisfacer el derecho del socio a participar en las ganancias repartiendo un porcentaje que le sigue dejando un buen margen de los beneficios, sino que además debe encontrarse en un periodo de resultados positivos.

Por último, el elemento que no debe concurrir: que los beneficios distribuidos durante los últimos cinco años de actividad social equivalgan, al menos, al 25 % de los beneficios legalmente distribuibles durante este periodo de cinco años. En estos casos, el derecho de separación no podrá ejercitarse.

V. Análisis jurídico-práctico del derecho de separación por falta de distribución de dividendos: procedimiento a seguir y efectos. ejercicio abusivo del derecho, ¿cumple el 348 bis con su función?

1. Impugnación previa del acuerdo sobre aplicación del resultado

Como es lógico, para que nazca el derecho de separación del socio que difiere de la decisión tomada en junta general sobre la aplicación del resultado será necesario que este deje constancia de su desacuerdo. El artículo 348 bis establece que el socio deberá hacer constar en acta su protesta por la insuficiencia de los dividendos reconocidos, lo que implica que, primero, deberá asistir a la junta, que a *contrario sensu* significa que el socio ausente no podrá ejercitar este derecho; y segundo, que no solo deberá votar en contra del acuerdo por el que no se reparta el mínimo legal de dividendos o por el que se decida destinar los beneficios distribuibles a reservas, sino que además deberá hacer constar en el acta de la junta su protesta al respecto.

Tal y como dispone el artículo 202 de la LSC, todos los acuerdos sociales deberán constar en acta, los cuales podrán ser ejecutados una vez sea aprobada por la junta al finalizar la reunión, o en un plazo de 15 días por el presidente de la junta general y dos socios interventores. Es ciertamente característico que el artículo 348 bis exija la manifestación en acta del desacuerdo, no limitándose a requerir el voto en contra de la propuesta de aplicación del resultado efectuada por la mayoría. Desde mi punto de vista, la manifestación en acta responde a una manera de dejar prueba fehaciente de que existe un desacuerdo sobre un tema en específico, es decir, el destino que se le va a dar a los beneficios distribuibles obtenidos durante el ejercicio cuando la decisión no sea distribuirlos como dividendos. Quizás el legislador, ante las distintas formas en las que se puede confeccionar un orden del día y las variadas y, a veces, leoninas maneras que tiene una sociedad de fijar los puntos que se han de votar durante la junta de socios, quiso brindarle la seguridad jurídica al socio de manifestar expresamente en el acta de la junta con qué se encuentra disconforme, pues el voto en contra de la propuesta de aplicación del resultado puede tener muchas explicaciones muy distintas y no todas tienen por qué referirse a la insuficiente distribución de dividendos.

En relación con el voto emitido por el socio, el Tribunal Supremo en su sentencia núm. 663/2020, de 10 de diciembre, interpreta lo siguiente:

> No se trata tanto de que vote a favor de que se distribuyan los dividendos (posibilidad que puede que no contemple como tal el orden del día), como de que vote en contra de que el resultado se aplique a otros fines diferentes a la distribución de dividendos.

Lo relevante es, pues, que el socio muestre disconformidad con el destino que se le va a dar a los beneficios distribuibles por ser este distinto a la distribución de dividendos, y que quede plasmado de forma expresa en el acta de la junta.

Pero ¿y si la junta de socios hubiera decidido en junta general ordinaria la no distribución de dividendos, y poco después convocara nueva junta para la distribución de los mismos? Este supuesto de hecho es más común de lo que se puede pensar en un primer momento y habla de la importancia de los tiempos y de dejar prueba fehaciente del desacuerdo. El Tribunal Supremo, en su sentencia núm. 38/2022, de 25 de enero, abordó la materia de la siguiente manera:

> En caso de que los administradores de una sociedad convoquen nueva junta general con la propuesta de distribuir dividendos en los términos expuestos en la LSC, antes de que el socio haya ejercido el derecho de separación, el posterior ejercicio de este derecho puede resultar abusivo.

Por el contrario, siempre que el socio ejerza su derecho una vez manifestado el desacuerdo en el acta aprobada de la junta y antes de la convocatoria de una nueva junta para la distribución de los dividendos, se considerará como un uso legítimo de la herramienta que el 348 bis pone en su poder.

La decisión del Tribunal Supremo solo viene a reiterar que el derecho de separación se debe ejercer según las exigencias de la buena fe y sin incurrir en abuso de derecho, respetando por ello los tiempos, siendo consecuente y responsable con las decisiones que se toman. El objetivo del 348 bis no es ser utilizado como un medio para coaccionar a la sociedad, o para desvincularse de ella eludiendo las obligaciones inherentes a la condición de socio. La ratio del precepto es proteger el derecho del socio al dividendo por lo que, si la sociedad hace ademán de satisfacerlo convocando una nueva junta, las exigencias de la buena fe instan a ser consecuente y aceptar la oferta.

Por último, y a modo de reflexión propia, planteo la posibilidad de que el socio impugnara directamente el acuerdo sobre el no reparto de dividendos en lugar de limitarse a manifestar su disconformidad con el mismo. Debo recordar que el artículo 348 bis no introduce una vía de impugnación del acuerdo sobre la aplicación del resultado por resultar este antijurídico; de ahí que el propio artículo en el párrafo final del numeral primero disponga lo siguiente: «Lo dispuesto en el párrafo anterior se entenderá sin perjuicio del ejercicio de las acciones de impugnación de acuerdos sociales y de responsabilidad que pudieran corresponder».

El 348 bis habla del ejercicio de separación del socio a través de su protesta por la insuficiencia de los dividendos distribuidos, es decir, de la disidencia entre el interés de la mayoría y el interés minoritario, pero no de la antijuridicidad del acuerdo, pues este puede ser perfectamente legítimo. En cambio, cuando se habla de la impugnación de un acuerdo, se refiere a una extralimitación en lo dispuesto por la ley o los estatutos sociales; un acuerdo que se encuentra fuera de la legalidad por considerarse abusivo. En este caso, se habrá de estar a lo dispuesto por el artículo 204[20] de la LSC, en cuyo tenor literal se dis-

---

20 El artículo 204.1 define en su párrafo primero y segundo cuáles son los requisitos que debe reunir un acuerdo para considerarse abusivo y, por tanto, impugnable: «1. Son impugnables los acuerdos sociales que sean contrarios a la Ley, se opongan a los estatutos o al reglamento de la junta de la sociedad o lesionen el interés social en beneficio de uno o varios socios o de terceros. La lesión del interés social se produce también cuando el acuerdo, aun no causando daño al patrimonio social, se impone de manera abusiva por la mayoría. Se entiende que el acuerdo se impone de forma abusiva cuando, sin responder a una necesidad razonable de la sociedad, se adopta por la mayoría en interés propio y en detrimento injustificado de los demás socios». Sin embargo, cabe destacar que la impugnación no será procedente en los siguientes supuestos tasados:
«A) No será procedente la impugnación de un acuerdo social cuando haya sido dejado sin efecto o sustituido válidamente por otro adoptado antes de que se hubiera interpuesto la demanda de impugnación. B) La infracción de requisitos meramente procedimentales establecidos por la Ley, los estatutos o los reglamentos de la junta y del consejo, para la convocatoria o la constitución del órgano o para la adopción del acuerdo, salvo que se trate de una infracción relativa a

pone que se considerará abusivo aquel acuerdo que se imponga por la mayoría sin responder a una necesidad razonable de la sociedad, en detrimento injustificado de los demás socios.

Considero que esta distinción entre la aplicación de un artículo u otro es un poco ambigua, puesto que en la mayoría de las ocasiones aquel socio que se encuentre en desacuerdo con la distribución insuficiente de dividendos va a argumentar a favor de la abusividad del acuerdo. A este respecto, voces doctrinales como González Fernández (2021) matizan que un reparto por debajo de los límites establecidos en el 348 bis no implicará necesariamente la abusividad del acuerdo, sino que deberán darse los elementos del abuso recogidos en el artículo 204.1 de la LSC y no los del presupuesto del derecho de separación del 348 bis.

Considero que estas matizaciones son insuficientes y poco exhaustivas. La realidad que observo es la intención de diferenciar dos acciones que, finalmente, llegan a un punto en común: acusaciones cruzadas sobre abuso de derecho. Estas complicaciones se han materializado en un escenario de conflictos judiciales y extrajudiciales, lo que demuestra las dificultades que está teniendo en su aplicación y eficacia cuando se trata de un contexto societario conflictivo, tónica habitual en este tipo de supuestos. Esto hace que me plantee si el 348 bis es una vía efectiva para

---

la forma y plazo previo de la convocatoria, a las reglas esenciales de constitución del órgano o a las mayorías necesarias para la adopción de los acuerdos, así como cualquier otra que tenga carácter relevante. C) La incorrección o insuficiencia de la información facilitada por la sociedad en respuesta al ejercicio del derecho de información con anterioridad a la junta, salvo que la información incorrecta o no facilitada hubiera sido esencial para el ejercicio razonable por parte del accionista o socio medio, del derecho de voto o de cualquiera de los demás derechos de participación.
D) La participación en la reunión de personas no legitimadas, salvo que esa participación hubiera sido determinante para la constitución del órgano.
E) La invalidez de uno o varios votos o el cómputo erróneo de los emitidos, salvo que el voto inválido o el error de cómputo hubieran sido determinantes para la consecución de la mayoría exigible».

hacer valer los derechos del socio o si, por el contrario, el artículo 204 sumado a la jurisprudencia existente sobre el abuso de derecho se postulaba como una vía más eficaz y garantista de derechos para todas las partes involucradas. Sobre esta reflexión me extenderé al final de este capítulo.

2. La declaración de separación: plazo, aspectos formales y efectos

2.1. Plazo y aspectos formales

A partir del momento de celebración de la junta en la que el socio haya manifestado de forma expresa su disconformidad con la aplicación del resultado en el acta, este dispondrá del plazo de un mes para ejercer su derecho de separación. De esta manera, como norma general el *dies a quo* a partir del que empieza a correr el mes de plazo es el de la celebración de la junta ordinaria.

Sin embargo, tiene sentido pensar que, si el artículo 348 bis pone el acento en la manifestación de la disconformidad en el acta de la junta, el *dies a quo* por tanto debería ser el momento de la aprobación de la misma; es por esto que una de las situaciones conflictivas que se plantean con respecto al *dies a quo* es para aquellos casos en los que el acta no se aprueba una vez finalizada la celebración de la junta.

Como se estudiaba en el punto anterior, el artículo 202.2 de la LSC permite la aprobación del acta hasta 15 días después de la celebración de la junta por el presidente y dos socios interventores, cada uno de ellos representado a la mayoría y a la minoría, respectivamente. Con respecto a este supuesto existen interpretaciones enfrentadas, pues si bien cierta corriente doctrinal considera que la fecha relevante se mantendría inalterada incluso pese a que la aprobación del acta se produjera de forma posterior a la celebración de la junta, la DGRN ha resuelto en multitud de ocasiones (22 febrero de 2018, 10 mayo de 2019, 16 de mayo de 2019, etc.) que el *dies a quo* deberá corresponderse siempre con el día en que se produzca la aprobación del acta.

A mi modo de ver, y valiéndome de la doctrina y jurisprudencia asentada en torno a esta materia, el *dies a quo* debería corresponderse con el día de celebración de la junta en la que se aprobó acuerdo sobre la aplicación del resultado y el socio mostró disconformidad, pues como recuerda la Audiencia Provincial de Madrid en su renombrada sentencia de 24 de enero de 2012:

> El acta no puede ser considerada como un fin en sí mismo o como un elemento constitutivo de los acuerdos adoptados en junta, sino como un mero instrumento de documentación de esos acuerdos; acuerdos de cuya existencia deriva, no de su correcta documentación, sino del hecho de constituir expresión de la voluntad mayoritaria de los socios.

De esta forma, entiendo que las irregularidades detectadas en el acta no afectan a la legitimidad de los acuerdos, sino a la documentación como tal, por servir esta como un simple medio de prueba. Siendo así, el cómputo del plazo para ejercer el derecho contenido en el art. 348 bis tiene sentido que comience el día en que se genera el acuerdo y no el de la aprobación del acta, puesto que las irregularidades que se puedan detectar en la misma durante el periodo de aprobación no nublarán la validez del consenso logrado por la mayoría social.

Por otro lado, también se cuestiona que sucedería en aquellos casos en los que el acta no requiere de aprobación, como es el caso de la intervención notarial en junta, en cuyo caso se levantará acta notarial según lo dispuesto en el artículo 203 de la LSC. Para estas situaciones, el artículo 103 del RRM establece que el acta notarial «tendrá la consideración de acta de la Junta y, como tal, se transcribirá en el Libro de actas de la sociedad». El Notario dará fe de las manifestaciones de oposición al acuerdo por el que se decida no distribuir dividendos o se apruebe una distribución insuficiente de los mismos a juicio del o los socios opositores, consignando el hecho de la manifestación, la identificación del autor, y el sentido general de ella o su tenor literal, tal y como dispone el artículo 102.1.5.ª. Para estos casos, queda todavía más claro que la fecha relevante será el día de la celebración de la junta.

Algunos autores como Cerdá Albero añaden otra casuística especial como es la del artículo 100 del RRM[21], en la que se produce la adopción de acuerdos en ausencia de la celebración de junta; sin embargo, no estoy seguro de que la adopción del acuerdo que da pie al ejercicio del derecho contenido en el artículo 348 bis pueda tomarse de esta forma, puesto que la aplicación del resultado es uno de los puntos imperativos del orden del día de la junta general ordinaria, la cual, en virtud del artículo 164 de la LSC, deberá celebrarse necesariamente dentro de los primeros seis meses de cada ejercicio. Otra situación bien distinta que quizás sí que se podría subsumir en los términos del artículo 100 del RRM es la que se analizaba anteriormente en la sentencia núm. 38/2022 del Tribunal Supremo, en cuyo caso no es en la junta general ordinaria sino en una convocada de forma posterior *ad hoc* para acordar la distribución de dividendos.

Con respecto a la comunicación y al *dies ad quem* del plazo previsto en el art. 348 bis.3, cabe traer a colación la sentencia del Tribunal Supremo de 23 de enero de 2006, en la que el Alto Tribunal recuerda que el derecho de separación del socio implica una declaración por escrito recepticia, que en todo caso deberá ser notificada a la sociedad dentro del plazo del mes. Esta comunicación podrá —y deberá— hacerse por cualquier medio fehaciente que per-

---

21   El artículo 100 del RRM dispone lo siguiente: «1. Cuando la Ley no impida la adopción de acuerdos por correspondencia o por cualquier otro medio que garantice su autenticidad, las personas con facultad de certificar dejarán constancia en acta de los acuerdos adoptados, expresando el nombre de los socios o, en su caso, de los administradores, y el sistema seguido para formar la voluntad del órgano social de que se trate, con indicación del voto emitido por cada uno de ellos. En este caso, se considerará que los acuerdos han sido adoptados en el lugar del domicilio social y en la fecha de recepción del último de los votos emitidos».

mita tanto a la sociedad como al socio separatista obtener recibo de que la notificación se ha realizado correctamente. Los medios más habituales en este sentido serán la carta certificada, el burofax con acuse de recibo, o incluso el correo electrónico certificado.

2.2. Efectos

Al igual que cuando se habla de los derechos inherentes a la condición del socio se distingue entre derechos políticos y económicos, se observa un paralelismo entre los distintos efectos que se despliegan cuando el socio ejerce su derecho de separación por falta de distribución de dividendos: por un lado, la pérdida del *status socii*, y por otro, el derecho de reembolso.

Derecho de reembolso

Una vez notificada la declaración de separación por parte del socio, el siguiente paso es la valoración de las acciones o participaciones sociales que se encuentren en su poder con el fin de liquidarlas y satisfacer su derecho de reembolso. La LSC dispone en su artículo 356 que, dentro de los dos meses siguientes a la recepción del informe de valoración, los socios afectados tendrán derecho a obtener el valor razonable[22] de sus acciones o participaciones sociales en concepto de precio (para el caso de que la sociedad sea la parte adquirente), o en concepto de reembolso, para el caso de que se amorticen. En relación con este precepto surgen dos cuestiones: cuál es el método de valoración, y en qué momento debe darse el reembolso.

---

22 El valor razonable, en virtud del Plan General Contable, se corresponde con el importe por el que un activo puede ser intercambiado o una obligación liquidada en una transacción entre partes interesadas y bien informadas, en una transacción libre. Este concepto busca reflejar el valor de mercado de un activo o pasivo en un momento dado, utilizando precios observables de mercado siempre que sea posible, o bien aplicando técnicas de valoración en su defecto. El valor razonable se utiliza en situaciones en las que el valor contable de un activo o pasivo no refleja adecuadamente su valor real en el mercado.

Sobre el método de valoración, el artículo 353 da una pista cuando comienza diciendo lo siguiente:

A falta de acuerdo entre la sociedad y el socio sobre el valor razonable de las participaciones sociales o de las acciones, o sobre la persona o personas que hayan de valorarlas y el procedimiento a seguir para su valoración, serán valoradas por un experto independiente, designado por el registrador mercantil del domicilio social a solicitud de la sociedad o de cualquiera de los socios titulares.

Se observa de esta manera que el legislador ha querido que rija en un primer lugar el principio de autonomía de la voluntad, dejando en manos de la sociedad y el socio la posibilidad de llegar a un acuerdo sobre este extremo, y habilitando una vía subsidiaria para aquellos casos en los que surjan desavenencias; vía que no será necesaria cuando se trate de una sociedad cotizada, pues en ese caso el valor será fácilmente averiguable, como resulta lógico. El numeral segundo del artículo 353 establece que, para estos casos, «el valor de reembolso será el del precio medio de cotización del último trimestre».

Para los demás casos, la realidad es que en la gran mayoría de ocasiones será la figura del experto independiente quien acabe realizando la valoración de las acciones o participaciones sociales, el cual deberá ser un auditor experto distinto del que ya pudiera tener la sociedad en caso de que ya contara con uno por estar obligada a ello, o por propia voluntad[23]; algo lógico teniendo en

---

23 El hecho de que la persona del experto independiente no pueda coincidir con el auditor de las cuentas de la sociedad es una idea que, a pesar de no haber permanecido en la redacción actual de la LSC, sí que se encontraba recogida de forma expresa en el artículo 100 de la ya derogada LSRL, en cuya virtud se disponía lo siguiente: «A falta de acuerdo sobre el valor razonable de las participaciones sociales o sobre la persona o personas que hayan de valorarlas y el procedimiento a seguir para su valoración, las participaciones serán valoradas por un auditor de cuentas, distinto al de la sociedad, designado por el Registrador Mercantil del domicilio social a solicitud de la sociedad o de cualquiera de los socios titulares de las participaciones que hayan de ser valoradas». Parece que el legislador, a través de la denominación

cuenta que si se recurre al experto independiente es porque existen diferencias entre las partes o, por lo menos, en lo que respecta a la valoración de las participaciones, por lo que el socio no va a permitir que la lleve a cabo un auditor contratado por la sociedad.

La competencia para nombrar al experto independiente es exclusiva del registrador mercantil. En cuanto al procedimiento para su nombramiento, la ley remite a los artículos 351 y siguientes en relación con el artículo 363 del RRM, los cuales ya se han analizado en el capítulo anterior.

La labor principal del experto independiente será emitir el informe de valoración, para lo cual contará con un plazo máximo de dos meses a contar desde su nombramiento. Para ello, tendrá la capacidad de recabar de la sociedad toda aquella información que le resulte relevante para la elaboración del informe. Una vez terminado, este deberá ser notificado por conducto notarial a la sociedad y socios afectados, y habrá de depositarse una copia en el Registro Mercantil. Cabe destacar que, en caso de discrepancias, cualquiera de ambas partes podrá interponer en el plazo de un mes recurso de alzada contra el informe de valoración ante la DGRN, en virtud del artículo 71 del RRM. La DGRN resolverá en el plazo de cuatro meses a partir de la recepción del expediente; resolución que resultará igualmente impugnable ante los juzgados mercantiles.

En cuanto a la retribución del experto independiente, esta correrá a cuenta de la empresa para los casos de separación del socio, lo cual me parece curioso teniendo en cuenta que es un procedimiento que inicia a instancia del socio[24]. Entiendo que el legislador, adivinando que el nombramiento del experto independiente iba a consistir

---

de este auditor externo como experto independiente, ya dejaba claro que debía tratarse de una persona ajena a cualquier tipo de conflicto de interés con cualquiera de las partes.

24 Sin embargo, se puede observar como esto es una constante en el derecho de sociedades, pues para aquellos casos en los que el 5 % del capital social solicite una auditoría voluntaria cuando la sociedad no se encuentre obligada a someter sus cuentas a verificación de auditor, igualmente será esta última quien sufrague el gasto.

en una práctica habitual en este tipo de situaciones, no quiso agregar cargas al socio que ejerce su derecho de separación con el fin de que este pudiera ejercerlo libremente; sobre todo teniendo en cuenta que si se está separando es porque no está percibiendo el rendimiento económico esperado.

Jurisprudencia y doctrina coinciden en que el momento en el que se practica la valoración de las acciones o participaciones sociales es el momento en el que nace el derecho de reembolso. Esto es un punto de conflicto entre socio y sociedad, pues dependiendo del momento la valoración será más o menos favorable para una de las partes. El Tribunal Supremo, en su sentencia núm. 64/2021, de 9 de febrero, aclara lo siguiente:

> Aunque la LSC no especifica cuándo surge el derecho al reembolso del valor de las participaciones en el capital, se infiere de los artículos 347.1, 348.2 y 348 bis que nace en la fecha en que la sociedad ha recibido la comunicación del socio por la que ejercita su derecho de separación.

De esta forma, la recepción de la comunicación por el socio es el momento a tener en cuenta para practicar la valoración de las acciones o participaciones sociales, coincidiendo de esta manera con el criterio de la naturaleza recepticia de la declaración de separación establecido por la sentencia de este mismo Tribunal, de 23 de enero de 2006, ya estudiada anteriormente. Considero un criterio justo el hecho de que el momento en el que se manifieste la intención de separarse sea el punto de inflexión para valorar las acciones o participaciones sociales, teniendo en cuenta que es una carta que puede jugar tanto a favor como en contra del socio. El hecho de demorar más en el tiempo la fecha de valoración solamente podría producir situaciones de tremenda inseguridad jurídica, como para el caso en el que la valoración se redujera o ascendiera críticamente y el socio terminara por revocar su solicitud.

A este respecto, se plantea Chuliá (2024) la posibilidad de que los estatutos sociales establezcan el valor de la participación del socio que se separa o, al menos, criterios de valoración de la misma. A este respecto, cabe señalar que una cláusula estatutaria únicamente podrá fijar pautas y métodos de valoración que sean objetivamente efectivos para despejar la incógnita del valor razonable; sin embargo, y en la línea de mis consideraciones, la posibilidad de que los estatutos fijen un valor de forma anticipada es nula, por cuanto esto convertiría el contrato de sociedad en una apuesta o en un préstamo, tal y como expone el autor.

Una vez conocido el método y momento que ha de ser tenido en cuenta para practicar la valoración de la participación del socio, se plantea la siguiente cuestión: ¿en qué momento y de qué forma ha de producirse el reembolso? El artículo 356 de la LSC habla de un plazo de dos meses que inicia en el momento de la recepción del informe de valoración por ambas partes. Desde ese momento, el socio tendrá derecho a obtener el valor razonable de su participación en el domicilio social de la sociedad; sin embargo, para aquellos casos en los que el socio no atienda al domicilio social, la sociedad, transcurridos los dos meses, deberá consignar las cantidades debidas en una entidad de crédito del término municipal en que radique el domicilio social.

El concepto por el que obtenga el abono podrá diferir dependiendo de dos situaciones que habilita la LSC. La sociedad podrá optar por la adquisición de las propias acciones o participaciones sociales para autocartera[25], siempre teniendo en cuenta el límite establecido por ley del 10 % para las sociedades cotizadas, y del 20 %, para las no cotizadas; o, por el contrario, podrá optar por reducir el capital social, amortizando las acciones o participaciones sociales del socio separado[26]. En este último caso,

---

25 El artículo 359 de la LSC habilita esta posibilidad. En este caso, la sociedad deberá otorgar escritura pública de adquisición de las propias acciones o participaciones sociales, efectuando el pago del precio o consignando su importe de forma previa. En dicha escritura, la sociedad deberá expresar el número de participaciones y acciones adquiridas, la identidad del socio separado, la causa de separación y la fecha del pago o consignación.

26 Esta otra opción se encuentra regulada en el artículo 358 de la LSC. En este caso, el contenido de la escritura pública expresará el número de

podría darse la situación de que el capital social quedara reducido por debajo del mínimo legal, incurriendo de esta manera en causa de disolución. No es necesario explicar lo perjudicial que puede ser para una sociedad incurrir en causa de disolución, al igual que tampoco es necesario explicar que la amenaza de llevar a la empresa a esta situación es una baza comúnmente utilizada por aquellos socios que buscan forzar a la sociedad a que satisfaga sus intereses; de ahí que, como ya se introducía en el capítulo cuarto, cuando se habla del derecho de separación del socio no hay que limitarse a hablar de la tiranía de la mayoría, pues de esta forma se obvia el elefante en la habitación: la tiranía de la minoría. La existencia de esta última obliga a plantear si el artículo 348 bis está cumpliendo con su razón de ser, idea sobre la que daré mi perspectiva más adelante.

Pérdida del *status socii*

La segunda de las consecuencias que se prevén para el ejercicio del derecho de separación del socio es la pérdida de la condición como tal por parte de aquel que ejerce su derecho. Es la segunda puesto que este debe ser el orden lógico, en virtud del artículo 91 de la LSC[27], el cual interpretado a *contrario sensu* establece que la transmisión de la titularidad de la participación social o acción conlleva la pérdida de la condición de socio.

---

participaciones o acciones amortizadas, la identidad del socio o socios afectados, la causa de amortización, fecha de reembolso o consignación, y la cifra en que hubiera quedado reducido el capital social.

27   El artículo 91 dispone lo siguiente: «Cada participación social y cada acción confieren a su titular legítimo la condición de socio y le atribuyen los derechos reconocidos en esta ley y en los estatutos». De esta forma la LSC deja claro que la piedra angular sobre la que giran derechos y obligaciones del socio es la titularidad de la participación social o la acción, como partes alícuotas e indivisibles del capital social que confieren al socio una porción de la propiedad de esa empresa. En el momento en el que se produce una transmisión de forma permanente debemos entender que la atribución de la condición de socio se pierde; no siendo así cuando la transmisión es parcial, como en el caso del usufructo, en cuyo caso aquel que mantiene la titularidad mantiene de igual forma la figura de socio.

Sin embargo, los artículos 348 bis y siguientes —como acostumbran— no hacen una mención específica sobre el momento exacto en el que se produce esta pérdida, lo que ha provocado una guerra constante entre socio separatista y sociedad, alegando estos primeros que el momento debe ser en el que se entienda la sociedad como notificada de la declaración de separación, y los últimos, que la pérdida ha de entenderse en el momento de liquidación y reembolso de las acciones o participaciones sociales.

El Tribunal Supremo, en su sentencia 4/2021, de 15 de febrero, se pronuncia al respecto a raíz de una sociedad anónima que como primer motivo de su recurso de casación discutía el momento en el que debía entenderse perdida la condición de socio tras ejercer tres de ellos su derecho de separación por falta de distribución de dividendos. La Audiencia Provincial resolvía que la cualidad de socio se pierde con el ejercicio del derecho de separación —entiendo que refiriéndose a que se produce con la declaración emitida por el socio—. Con esta afirmación, al igual que debió considerar la parte recurrente en casación, opino que la AP siembra más dudas de las que despeja, puesto que el 348 bis no deja claro en qué momento exactamente se debe entender ejercitado el derecho, pudiendo ser bien cuando el socio emite la declaración, bien cuando la sociedad la recibe, o incluso cuando se produce el reembolso.

Así pues, la sociedad anónima recurrente argumentaba que la condición de socio debía entenderse perdida al notificarse a la sociedad de forma fehaciente el ejercicio del derecho de separación, momento en el que el socio pasaría de ser titular de un derecho de crédito a un derecho de reembolso[28]. Sin embargo, el Alto Tribunal contraargu-

---

28 Esto es así puesto que los socios de una sociedad de capital ostentan un derecho de crédito, entendido este como el derecho a participar en las ganancias sociales y en el patrimonio resultante de la liquidación, tal y como dispone el artículo 93 de la LSC. En cambio, cuando un socio decide separarse de la sociedad, pasa a ostentar el derecho de reembolso recogido en el artículo 356 de la LSC, entendido este como el derecho a obtener el valor razonable resultante de la enajenación o amortización de las participaciones sociales o acciones que obraban en su poder hasta el momento de ejercer el derecho. La diferencia

mentaba que la LSC no se pronuncia sobre el momento exacto en el que el socio pierde la condición como tal, pudiendo suceder en cualquiera de los tres momentos que describía con anterioridad:

A) Cuando el socio comunica a la sociedad su voluntad de separarse.

B) Cuando la sociedad recibe dicha comunicación, dada su naturaleza receptícia.

C) Cuando se abona o consigna el reembolso de la cuota del socio, puesto que la comunicación es solamente un presupuesto del ejercicio del derecho.

A pesar de que en el artículo 152 del Proyecto de Código de Sociedades Mercantiles de 2002, así como en el artículo 271 del Anteproyecto de Ley de Código Mercantil se preveía que el socio quedaría separado de la sociedad cuando tuviera lugar el reembolso o la consignación, se observan igualmente interpretaciones opuestas, pues en el artículo 13.1 de la Ley de Sociedades Profesionales (en adelante, **LSP**) se dice que el derecho de separación será eficaz desde el momento en el que se notifique a la sociedad. El Tribunal Supremo interpreta que la solución que da el artículo 13.1 de la LSP no debe ser extrapolable a las sociedades de capital por cuanto la participación de los socios profesionales no constituye una parte del capital sino del propio trabajo que en la sociedad se desarrolla.

Como consecuencia, la interpretación que hace —y con la que me encuentro de acuerdo— es que para que

---

entre el resultado de uno y otro no es tan clara; a mi modo de ver, únicamente lo será cuando la sociedad distribuya dividendos de forma periódica, en cuyo caso observaremos como el derecho de crédito opera, a diferencia del derecho de reembolso, como un derecho continuado en el tiempo. En este sentido, Brenes Cortés (2021) expone lo siguiente: «el derecho de reembolso tiene una naturaleza semejante, pero no idéntica a la del derecho a la cuota de liquidación; en consecuencia, a efectos concursales, la posición del socio que ejerce el derecho de separación no es igual a la del socio de la sociedad liquidada, habida cuenta que el derecho de reembolso nace cuando la sociedad recibe la comunicación del ejercicio del derecho de separación, mientras que el derecho del socio que no lo ha ejercitado no surge hasta que se liquida la sociedad».

se pueda entender que el vínculo societario se encuentra debidamente extinguido, no bastará con *ese primer eslabón*, sino que deberá haberse liquidado la relación societaria, lo que únicamente tiene lugar cuando se paga al socio el valor de su participación. «Mientras no se llega a esa culminación del proceso, el socio lo sigue siendo y mantiene la titularidad de los derechos y obligaciones inherentes a tal condición».

Bajo mi punto de vista, no tendría ningún sentido que se produjera con anterioridad, pues sería contradictorio que un socio que ejerce su derecho de separación por haber visto truncado su derecho a participar en las ganancias sociales dejara de serlo sin haber visto satisfecho este derecho antes; es decir, iría en contra del propio fin del derecho.

El derecho de separación debe entenderse como un proceso; desde la declaración hasta el otorgamiento de la escritura de reducción del capital social. Hasta que no se produce la liquidación, las acciones o participaciones sociales siguen obrando en el patrimonio del socio, lo que implica que este continúa siendo titular de una parte del capital social y, por tanto, de la sociedad, según los estrictos términos del artículo 93 de la LSC. Tal y como expone Brenes Cortés (2021), «la simple comunicación a la sociedad no resulta idónea para desencadenar por sí sola la variación del capital que conlleva la culminación del expediente de separación». La autora considera que la declaración no puede tener como consecuencia inmediata la pérdida de la condición de socio; no obstante, afirma que la relación societaria inicia una fase de *decadencia,* por cuanto una vez ejercido el derecho de separación se puede entender que el socio ha perdido la *affectio societatis,* lo que hace cuestionarse si este debiera mantener sus derechos políticos (asistencia a junta, voto, derecho de información, etc.). Me parece una interesante pero complicada propuesta, puesto que interponer una barrera entre qué derechos puede o no ejercer cuando no se ha producido todavía la pérdida de la condición de socio puede resultar en un desastre todavía mayor que el que se quiere evitar. Partiendo de la base de que el ejercicio del derecho de separación debe fundarse en las exigencias de la buena fe e, idílicamente, comprando la idea de que así se hace siempre, considero que el socio no tiene por qué ser excluido de derechos que le son inherentes salvo para aquellos casos en los que el único objetivo de su ejercicio sea perjudicar a la sociedad.

Los intereses del socio durante este proceso exigen que este siga ostentando los derechos que le son propios, como el derecho de exigir responsabilidad a los administradores, por lo que una pérdida prematura de la condición como socio podría significar una situación de inseguridad jurídica en caso de que el proceso de separación se viera truncado en alguna de sus fases, como ocurre cuando el socio revoca su solicitud y decide continuar formando parte de la sociedad.

3. Tutela judicial del derecho. El ejercicio abusivo del derecho de separación

¿Cumple el artículo 348 bis con su función?

Para aquellos casos en los que el procedimiento descrito en el artículo 348 bis y siguientes resulte imposible por las desavenencias surgidas entre las partes, el socio podrá solicitar la tutela judicial de su derecho de separación ante los juzgados de lo mercantil del partido judicial del domicilio social, quienes serán los competentes para conocer tal materia salvo que concurra algún tipo de cláusula de sumisión expresa o de arbitraje en los estatutos sociales que modifique tal competencia. Tal y como expone Cerdá Albero (2021), la vía correcta será instar una acción declarativa por la que se reconozca la desvinculación del socio en virtud de lo dispuesto por el artículo 348 bis, junto a una pretensión de condena por la que se imponga a la sociedad el abono de la cantidad reconocida como valor razonable de las acciones o participaciones sociales. En caso de que las desavenencias hayan surgido a raíz de este último extremo (la valoración), lo lógico sería continuar el procedimiento previsto en el RRM consistente en la impugnación del informe del experto independiente; el cual, como ya se ha explicado anteriormente, podrá recurrirse en alzada ante la DGRN, y más tarde, ante los juzgados de lo mercantil. No obstante, cabe señalar que de igual manera es posible instar al juez que conozca la acción a que nombre un experto independiente.

Como es lógico, la sociedad también tiene la capacidad de ejercer la acción negatoria, consistente en una acción declarativa que niegue la existencia del derecho de separación por no concurrir los requisitos de fondo o forma dispuestos por el artículo 348 bis. En estos casos, la acción deberá ser interpuesta ante los juzgados de lo mercantil del domicilio del socio, a excepción de los casos en los que concurra algún tipo de cláusula que modifique la competencia, o cuando el socio tenga su domicilio en el extranjero, en cuyo caso habrá de interponerse ante los juzgados del domicilio social de la sociedad por ser este el lugar en que debe cumplirse la obligación, es decir, el reembolso[29].

En relación con esto último, cabe señalar que, para aquellos casos en los que el socio haya interpuesto la acción en un primer lugar, lo procesalmente correcto será que la sociedad se oponga a través de la contestación a la misma, y no a través de la figura de la reconvención. Así lo resolvía la sección decimoquinta de la Audiencia Provincial de Barcelona, en su sentencia 23/2019, de 13 de febrero:

> La posición de la sociedad, tanto en su pretensión principal de negar a la socia el derecho a separarse, como la pretensión subsidiaria, de ajustar o revisar la valoración, no son propias de una demanda reconvencional, no son pretensiones autónomas, aunque conexas a la demanda principal; se trata, más bien, de excepciones o motivos de oposición a la pretensión principal [...].

---

29 Cerdá Albero justifica la aplicación del artículo 7.1.a) del Reglamento de Bruselas I BIS, y del artículo 22 quinquies. a) de la LOPJ, que ceden la competencia al juzgado del lugar donde se ha de cumplir la obligación, con base en que resultaría un absurdo acudir a un juzgado del extranjero para que resuelva sobre disputas originadas en territorio español por el foro del domicilio del demandado. Desde luego, resulta mucho más lógico que quien conozca tenga nociones en materia de derecho societario español; más teniendo en cuenta la trayectoria del artículo 348 bis con sus múltiples modificaciones y matizaciones por el Tribunal Supremo.

Tanto durante el ejercicio del derecho de separación en virtud de lo dispuesto por el 348 bis y siguientes, como durante la tutela jurisdiccional del mismo, se han identificado casos en los que las intenciones del socio no son del todo legítimas. Y es que, desde la entrada en vigor de este precepto, el ejercicio abusivo del derecho de separación por falta de distribución de dividendos ha sido una constante; no es coincidencia, de hecho, que su aplicación haya quedado suspendida en varias ocasiones debido a las presiones ejercidas por las empresas.

Es común observar ocasiones en las que el socio minoritario, guiado por los propios intereses y faltando al principio de lealtad que le compele para con la empresa, amenaza con el ejercicio de este derecho de forma coactiva, ya sea para lograr el reparto de dividendos, la disolución de la sociedad, o cualquier otro motivo oscurantista. Ejemplo de ello es el caso que se estudiaba con anterioridad, conocido por el Tribunal Supremo, en su sentencia 38/2022, de 25 de enero, en el cual el socio de una sociedad limitada, bajo la apariencia de querer ejercer su derecho de separación con el fin de obtener los márgenes que esperaba, buscaba desvincularse de la sociedad en todo caso y liquidar sus participaciones, eludiendo así sus responsabilidades. En este caso, el socio ejercía su derecho a pesar de estar en conocimiento de que la sociedad, que en un primer momento había denegado la distribución de dividendos, había convocado nueva junta para acordar lo contrario. El socio, en lugar de actuar consecuentemente, decide comunicar igualmente a la sociedad su intención de separarse y obtener la liquidación de sus participaciones sociales. El Alto Tribunal, ante los hechos descritos, observa una manifiesta mala fe por parte del socio, entendiendo que sus intenciones no eran legítimas ni debían encontrar respaldo en lo dispuesto por el artículo 348 bis.

La realidad es que casos como el anterior se repiten con asiduidad. Otro muy similar es el conocido por la Audiencia Provincial de Teruel, quien en su sentencia núm. 239/2019, de 4 de noviembre, reiteraba la decisión del juzgado de primera instancia por entender que el socio de una sociedad limitada ejercía su derecho de separación de forma abusiva contra la sociedad. En este caso, la junta general ordinaria reunida el día 4 de junio de 2018 había acordado la no distribución de dividendos; sin embargo, 4 días después, se convoca nueva junta extraordinaria para revocar esta decisión y realizar el reparto de los mismos. El socio, a pesar de conocer la convocatoria, ejerce, al igual que en el caso anterior, su derecho de separación, lo que es observado como una muestra patente de que, en realidad, su intención no es obtener la parte de los beneficios distribuibles que le corresponden, sino eludir sus obligaciones como socio y obtener liquidez rápida a través del reembolso de su participación.

Tanto en uno como en otro supuesto, el mensaje es el mismo. Cuando se estudiaba la fundamentación del derecho de separación por falta de distribución de dividendos en el capítulo cuarto, se insistía en la idea en que el 348 bis no busca habilitar una vía rápida de salida para el socio disidente, ese no es su objetivo. El 348 bis se concibió como una forma de proteger los intereses de aquellos socios minoritarios que estuvieran viendo su propósito negocial truncado de forma injusta e irrazonable por parte de la mayoría societaria. El hecho de que de su aplicación se derive semejante litigiosidad solo puede estar diciendo una cosa: el artículo 348 bis no está funcionando como debería funcionar. Y esta es una idea sobre la que quiero reflexionar en este tramo final del capítulo.

¿Cuál es la razón por la que el artículo 348 bis no funciona? A mi modo de ver, el 348 bis es otro ejemplo más en el que las buenas intenciones del legislador se han visto opacadas por los malos resultados. Velar por los derechos de las minorías ha de ser un imperativo en todo ordenamiento jurídico; sin embargo, ha de ir acompañado de un exhaustivo cálculo de los posibles efectos que puedan derivarse de su aplicación, pues de lo contrario las consecuencias pueden ser bien distintas a las esperadas.

En este caso, creo que el legislador se ha excedido en su postura de garante, buscando introducir nuevas herramientas para proteger los derechos del socio minoritario

163

en una situación para la que, quizás, la ley ya disponía de mecanismos efectivos, como es la impugnación de los acuerdos sociales en virtud del artículo 204 de la LSC. El dotar al socio de esta «sobreprotección» lo único que ha provocado es que aquel que busca actuar con mala fe disponga de más herramientas para entorpecer la vida de la sociedad guiado por sus intereses individuales, pues el 348 bis se constituye como una vía muy efectiva para ejercer el derecho de separación al no tener que pasar el examen de abusividad por parte de un juez. Tal y como apuntan J. Jiménez Sánchez y Peinado Gracia (2021) el artículo 348 bis «sustrae al control judicial la valoración de la intencionalidad y las razones que asisten a la sociedad en su acuerdo mayoritario», lo que invita a pensar que, quizás, el camino trazado por el artículo 204 era, en realidad, el más garantista para los derechos de todos, no solo de las minorías.

La tiranía de la minoría es una realidad, y el problema principal que observo es la confianza que pone el artículo 348 bis en el ejercicio del derecho según las exigencias de la buena fe. Cuando se habla de intereses políticos y económicos, no se puede ser tan inocente de pensar que la buena fe rige la voluntad de los individuales. La buena fe es un elemento subjetivo, lo que requiere un examen sujeto a esos términos, el examen de un juez. Eliminarlo y someter el ejercicio del derecho a un procedimiento objetivo en el que reunir una serie de requisitos es suficiente como para que el socio se desvincule de la sociedad y abandone las responsabilidades que le compelen me parece que deja en una situación de tremenda indefensión a la empresa.

Con esto no quiero transmitir que no crea en la existencia de situaciones en las que la sociedad produce un atesoramiento excesivo e injustificado, y en las que el 348 bis se pueda postular como un buen mecanismo para proteger los intereses del socio minoritario. Desde el comienzo de este capítulo he dejado claro que observo el dividendo como un derecho del socio y que entiendo que es del todo esperable cuando se inicia una inversión con tal objetivo. Estoy de acuerdo con que las sociedades se organizan por grupos de control y que el interés de la mayoría no siempre casa con el interés social. No obstante, también es cierto que el artículo 348 bis no está recolectando los triunfos que cabría esperar, sino todo lo contrario. Se están viendo problemas en su aplicación; supuestos en los que se utiliza para interponer obstáculos en el normal funcionamiento de las sociedades; socios minoritarios guiados por intereses oscurantistas que solamente buscan obtener liquidez rápida y abandonar el contrato social, o coaccionar a la mayoría para que la empresa distribuya el dividendo a pesar de que, quizás, esta puede no ser la decisión que mejor case con los intereses sociales. Todo ello bajo el respaldo del artículo 348 bis.

Hay que entender que los efectos negativos que puede provocar el coaccionar a una empresa a distribuir el dividendo pueden ir más allá de lo que se imagina. Si una sociedad se ve forzada a repartir dividendos de manera recurrente, su capacidad de retención de beneficios para fondos propios se reduce considerablemente, lo que significa un menor fortalecimiento de su estructura financiera. Las entidades financieras y otros acreedores valoran la solidez patrimonial de las empresas a la hora de conceder líneas de financiación, por lo que un reparto excesivo de dividendos puede interpretarse como una señal de menor capacidad para afrontar compromisos a largo plazo, dando como resultado un incremento en el coste de la financiación para la empresa o, directamente, la imposibilidad de acceder a la línea crediticia. Esto es un factor clave para la competitividad y el desarrollo empresarial.

Por otro lado, la percepción de los inversores también puede verse afectada, pues un historial de reparto de dividendos que responda más a presiones que a una planificación financiera estratégica puede hacer que la sociedad pierda atractivo.

La conclusión a la que quiero llegar es que hay que tener cuidado con los efectos directos e indirectos de normas que pueden ser utilizadas como armas de doble filo. En mi opinión, la ley disponía en su artículo 204 de un método más garantista para impugnar los acuerdos que solo favorecieran a unos pocos, siendo el juez quien debiera tener la última palabra sobre la concurrencia o no de la buena fe en la actuación de quien ejercía esta acción. El artículo 348 bis elimina este elemento, lo que implica una mayor desprotección para aquel contra quien se ejerce, convirtiéndolo en un mecanismo menos garantista de derechos y cuya vigencia resta más que suma en el ordenamiento jurídico.

VI. Conclusiones

Llegados a este punto del capítulo es momento de elaborar las conclusiones. Cuando se introducía la materia en el primer punto, entender el espíritu del artículo 348 bis y averiguar si este cumplía con él se constituía como uno de los objetivos principales. Considero que este debe ser el *modus operandi* cuando se trata de analizar normas. Primero, se ha de entender la motivación que ha llevado al legislador a introducirla en el ordenamiento jurídico; qué problemas viene a solucionar. En segundo lugar, se ha de observar cuáles son los resultados arrojados con su aplicación y si son satisfactorios o no, cuestionando si la norma realmente soluciona el problema o si, por el contrario, genera otros nuevos, no cumpliendo así con su cometido.

El artículo 348 bis ha tenido una vida complicada, seguramente porque se sabía cuál era el problema que venía a solucionar, pero los resultados no han sido del todo satisfactorios, lo que ineludiblemente debe llevar a cuestionar el sentido de su vigencia. Durante el capítulo se ha analizado el sentido de la norma, procedimiento a seguir, efectos inmediatos, derechos y obligaciones que se despliegan, etc. Incluso en el final del capítulo quinto he avanzado mi opinión sobre si el 348 bis cumple o no con su cometido. Ahora, en las conclusiones, fijo los puntos que quiero dejar en claro en este capítulo y contesto a las preguntas que me hacía al principio del mismo.

Primera. -El derecho de separación se articula como una herramienta al servicio del socio minoritario cuando este se ve atrapado en las decisiones de la mayoría. Ese debe ser siempre el sentido del ejercicio de este derecho. La sociedad ha de ser entendida como un contrato, y a los socios como las partes contratantes. Este contrato es contraído con base en unos términos específicos, pactados consensualmente y fijados en la ley de la sociedad, los estatutos sociales. Cuando se produce un cambio en los términos en virtud de la voluntad de la mayoría, el socio minoritario queda atrapado en sus decisiones. Sin poder de decisión suficiente, la voz del socio minoritario queda relegada en el proceso decisorio. Es en ese momento cuando entra en juego el derecho de separación. De esta manera, el socio tiene la capacidad de desvincularse de la sociedad y liquidar su participación en ella, obteniendo el valor razonable de la misma y recuperando de esta manera su inversión. No obstante, cabe destacar que divorciarse de la sociedad es un proceso complejo y que se prevé para situaciones muy concretas, lo que implica que el socio que quiera ejercerlo deberá cumplir explícitamente con lo dispuesto por la LSC.

Segunda. -El fundamento del artículo 348 bis no es establecer una nueva vía de salida rápida de la sociedad. El legislador, fruto de una postura excesivamente garantista a la que nos tiene más acostumbrados de lo que el que suscribe el presente capítulo desearía, introdujo el 348 bis en el ordenamiento jurídico con el fin de proteger el derecho de participación en las ganancias del socio. De esta forma, aquellos socios que se encontraran en el seno de sociedades cuyas mayorías estuvieran negando de forma periódica e injustificada la distribución del dividendo, podrían ejercer esta derecho de separación contenido en el 348 bis, siempre y cuando se cumpliera con las circunstancias que en él se prevén: el no reparto de, al menos, el 25 % de los beneficios distribuibles del presente ejercicio, habiendo obtenido beneficios durante los tres ejercicios anteriores y siempre que no se haya distribuido, al menos, el 25 % de los beneficios distribuibles en los últimos 5 años.

De esta forma, el legislador introducía este precepto con la mejor de las intenciones: dar protección al propósito negocial de aquel socio que lo estuviera viendo truncado por los designios de la mayoría. Sin embargo, no cayó en la cuenta de que el 348 bis mal utilizado podía servir como una gran herramienta para, o bien coaccionar a la empresa, amenazando con separarse en caso de no distribuir el dividendo, lo que podría llevar a la sociedad a incurrir en causa de disolución en caso de que el capital social quedara reducido por debajo del mínimo legal con la salida del socio; o bien utilizarse como vía de escape de la empresa, abandonando los deberes legales que la posición de socio le confiere y faltando al deber de lealtad. Por más que pueda parecer enrevesado, estas situaciones se están viviendo día tras día en la vida societaria española, lo que lleva a la tercera conclusión.

Tercera. -Los resultados derivados de la aplicación del 348 bis demuestran que no está funcionando como debería funcionar, y uno de los problemas principales es la confianza desmedida en el cumplimiento de las exigencias de la buena fe. Como decía en el punto anterior, la intención del artículo es del todo legítima. Dar protección a la minoría es un principio del derecho en sí y lo vemos reflejado en todo el ordenamiento jurídico, desde la Constitución hasta la Ley de Sociedades de Capital. La vida en sociedad requiere un trato en igualdad de condiciones, y dar voz al que no tiene es un paso imprescindible para ello.

Sin embargo, soy un poco más escéptico que eso, y considero que cuando se trata de intereses económicos o políticos, la realidad es que las exigencias de la buena fe quedan a un lado. En la práctica, todo el mundo rema a favor de sus intereses. Si estos se ven identificados con el interés social, los socios remarán en ese sentido. Pero hay que ser lo suficientemente maduros como para entender que cuando esto no sea así, el socio va a llevar su propia lucha. Por eso cuando hablaba de las sociedades de capital las identificaba con un paraguas y no con un vehículo, porque al final el socio se vale de la sociedad para ejercer la actividad económica y lograr el propio beneficio sin manchar su patrimonio personal. Pensar que la sociedad es un vehículo conducido por el interés social puede resultar una visión algo idealizada del funcionamiento empresarial. Las empresas se conforman por grupos de poder que toman decisiones en torno al interés particular de ese grupo, el cual puede (o no) coincidir con el interés social, pues existen inversores a corto y a largo plazo. Pero, al final, todo se resume en eso, intereses económicos particulares.

El hecho de que el 348 bis no exija el examen de un juez del cumplimiento de los requisitos de la buena fe lo convierte en un instrumento susceptible de ejercitarse con mala fe. Esto no es una teoría; se ha comprobado a lo largo del capítulo en casos como el conocido por la Audiencia Provincial de Teruel en los que el socio decidía ejercer su derecho aún incluso cuando la sociedad le ofrecía participar en las ganancias a través de la distribución del dividendo, lo que lleva a cuestionarse si le interesa realmente la obtención del dividendo, o si simplemente busca desvincularse de la sociedad y obtener la liquidez de sus participaciones. Que exista un solo caso en el que sucede esto indica lo que exponía al principio: el artículo 348 bis no funciona.

La ley siempre debe adaptarse a la realidad, y no al revés. Si se observa que se está dando una conducta en abuso de derecho, el legislador debe adaptar el ordenamiento jurídico a esa realidad para que no siga sucediendo. De lo contrario, se da cabida a situaciones que, si bien pueden ser revertidas más tarde ante un juez, por el camino están causando un enorme perjuicio a las sociedades, las cuales se ven sumidas en un procedimiento que lo único que genera es gastos e inseguridad jurídica; combinación que, por otro lado, no es la preferida por los inversores.

La conclusión lógica a la que se podría llegar es que, entonces, incluyendo un requisito por el que se debiera someter el ejercicio del 348 bis al examen de un juez sería suficiente para resolver el problema. Pero, entonces, la cuestión a plantearse sería cuál es la diferencia que marca la vigencia del 348 bis con respecto a lo que ya existía en el ordenamiento jurídico. Esto último lleva directamente a la conclusión cuarta.

Cuarta. -El artículo 204 de la LSC se constituye como una herramienta mucho más garantista de los derechos tanto de la sociedad como del socio para dar solución a conflictos sobre acuerdos abusivos por la vía mercantil. Si el artículo 348 bis se introdujo en el ordenamiento jurídico con la finalidad de proteger el derecho del socio a participar en las ganancias sociales y evitar los abusos de la mayoría, lo cierto es que esta protección ya podía lograrse a través de otros mecanismos que la propia LSC reconoce. El artículo 204 de la LSC, relativo a la impugnación de acuerdos sociales perjudiciales para la sociedad o los socios minoritarios, ofrece una solución mucho más equilibrada, permitiendo que un juez valore si una decisión de la mayoría ha sido tomada en abuso de derecho y en perjuicio de la minoría. A diferencia del 348 bis, que permite la separación del socio de manera casi automática en cuanto se cumplan determinados requisitos formales, el artículo 204 somete la resolución del conflicto a un análisis judicial, lo que introduce un control efectivo sobre la existencia de un abuso real. De esta manera, se evita que el socio minoritario utilice el derecho de separación como una simple vía de escape o como un medio de presión indebido sobre la sociedad.

El artículo 204 permite al socio impugnar acuerdos de aplicación de resultados que le priven injustificadamente de su derecho a participar en las ganancias, lo que, en la práctica, ofrece una protección equivalente a la que supuestamente brinda el 348 bis, pero sin generar los problemas de inseguridad jurídica y abuso que este último ha provocado. Además, el procedimiento de impugnación no pone en riesgo la estabilidad de la sociedad, pues no obliga a la liquidación de la participación del socio disconforme, lo que sí ocurre con la separación.

Por tanto, la existencia del 348 bis no solo resulta innecesaria, sino que su vigencia amenaza la seguridad jurídica de las empresas y el equilibrio entre los intereses sociales y particulares que debe imperar en la LSC. La conclusión lógica de esta afirmación lleva directamente a la quinta conclusión.

Quinta. -Derogar el artículo 348 bis puede significar un paso importante hacia la justicia social. Si una norma genera más problemas de los que soluciona, su permanencia en el ordenamiento jurídico debe ser cuestionada. La experiencia ha demostrado que el 348 bis no cumple con la función para la que fue diseñado y que, lejos de proteger eficazmente al socio minoritario, ha generado conflictos societarios, incertidumbre, y situaciones de abuso de derecho.

El legislador ya ha intentado corregir sus defectos mediante sucesivas modificaciones, pero los problemas persisten. Se han añadido requisitos formales, se ha matizado su aplicación y se han limitado sus efectos en ciertos casos, pero su naturaleza sigue propiciando que se utilice más de una forma estratégica que como un «salvavidas» por el socio minoritario. Si para evitar estos abusos fuera necesario incluir un control judicial previo, entonces el artículo 348 bis dejaría de tener sentido, pues el propio artículo 204 de la LSC ya ofrece esa vía de control sin necesidad de recurrir a la separación del socio como mecanismo de solución.

La LSC debe contar con normas que garanticen un equilibrio entre los intereses de la mayoría y la minoría, pero sin poner en peligro la vida de las empresas ni propiciar estrategias oportunistas. En este sentido, el artículo 348 bis es una norma mal concebida, cuyos términos incitan o favorecen actitudes que, como mínimo, levantan la sospecha de que pueden estar guiadas por intereses oscurantistas y, en definitiva, la mala fe.

Por todo ello, la conclusión final de este capítulo es clara: la derogación del artículo 348 bis debe ser seriamente considerada. En su lugar, el legislador debería reforzar las vías de impugnación de acuerdos abusivos y clarificar los mecanismos que permitan garantizar una distribución justa de los beneficios sin amenazar la viabilidad económica de las sociedades. Solo así se podrá garantizar un marco normativo equilibrado y eficaz, que proteja los derechos de socio y sociedad por igual.

Bibliografía

BRENES CORTÉS, J. (2021). «Eficacia de la declaración de separación, pérdida de la condición de socio y clasificación concursal del crédito de reembolso del socio que se separa ex artículo 348 bis LSC». *Revista de Derecho de Sociedades,* n.º 62.

CAMPUZANO, A. B. (2011). «El derecho a participar en el reparto de las ganancias sociales». En Á. J. ROJO FERNÁNDEZ RÍO, & E. M. BELTRÁN SÁNCHEZ, *Comentario a la Ley de Sociedades de Capital.* Thomson Reuters-Civitas.

CERDÁ ALBERO, F. (2021). «Separación y exclusión de socios». En J. A. GARCÍA-CRUCES, & I. SANCHO GARGALLO, *Comentario a la Ley de Sociedades de Capital* (págs. 4631-4711). Tirant lo Blanch.

CHULIÁ, F. V. (2024). *Introducción al Derecho Mercantil 25.ª Edición .* Valencia: Tirant lo Blanch.

DONOSO SÁNCHEZ, A. (1 de agosto de 2020). *Economipedia.* Obtenido de ttps://economipedia.com/definiciones/sociedad-cotizada.html

GARCÍA-CRUCES GONZÁLEZ, J. A., & LEÓN SANZ, F. J. (2021). *Comentario de la Ley de Sociedades de Capital.* Tirant lo Blanch.

GARCÍA-VILLARRUBIA, M. (2020). *Boletín mercantil n.º 83.* Obtenido de Uría Menéndez: https://www.uria.com/es/publicaciones/6904-derecho-de-separacion-y-conflicto- entre-el-registro-mercantil-y-los-tribunales

GARRIDO DE PALMA, V. M. (2021). «La causa del contrato de sociedad y su continuada influencia: la separación y la exclusión de socios». En M. B. GONZÁLEZ FERNÁNDEZ, P. MÁRQUEZ LOBILLO, & M. T. OTERO COBOS, *El derecho de separación y la exclusión de socios en las sociedades de capital.* (págs. 53-158). Tirant lo Blanch.

GARRIGUES, J. (1933). «Nuevos hechos, nuevo Derecho de sociedades anónimas». Madrid: *Revista de Derecho Privado*.

GÓMEZ-BEZARES, F., & APRAIZ, A. (2012). «Política de dividendos». *Revista de Contabilidad y Dirección*, 166-183.

GONZÁLEZ FERNÁNDEZ, M. B. (2021). «El artículo 348 bis LSC más allá del derecho de separación del socio». En M. B. GONZÁLEZ FERNÁNDEZ, P. MÁRQUEZ LOBILLO, & M. T. OTERO COBOS, *El derecho de separación y la exclusión de socios en las sociedades de capital* (págs. 977- 1016). Tirant lo Blanch.

GUTIÉRREZ GILSANZ, J. (2021). *Comentario a la Ley de Sociedades de Capital.* Tirant lo Blanch. Hamilton, A. (1791). Report on the Subject of Manufacturers. Estados Unidos.

ISEFI. (s.f.). *ISEFi.* Obtenido de Sistema de Negociación Multilateral (SMN): https://isefi.es/glosario/sistema-de-negociacion-multilateral-smn/

J. JIMÉNEZ SÁNCHEZ, G., & PEINADO GRACIA, J. I. (2021). Reflexiones sobre el art. 348 bis de la Ley de Sociedades de Capital. *Revista de Derecho Mercantil, n.º 321.*

JIMÉNEZ SÁNCHEZ, G. J., & Peinado Gracia, J. I. (2021). Reflexiones sobre el artículo 348 bis LSC en el contrato de la sociedad (¿Y si se derogara el artículo 348 bis LSC?). En M.

B. GONZÁLEZ FERNÁNDEZ, P. MÁRQUEZ LOBILLO, & M. T. OTERO COBOS, *El derecho de separación y la exclusión de socios en las sociedades de capital* (págs. 921-971). Valencia: Tirant lo Blanch.

MASCAREÑAS, J. (2002). *La política de dividendos.* Madrid.

ORTEGA PARRA, S. (2015). «El derecho de participación del socio en las ganancias sociales y su inserción en el derecho de sociedades: aspectos conceptuales y sistemáticos». En S. ORTEGA PARRA, *La participación del socio en las ganancias sociales. Contribución al estudio del régimen jurídico del dividendo.* Valencia: Tirant lo Blanch.

PONCE VÁZQUEZ, B. (1977). «La unidad de cuenta europea». *Revista de Instituciones Europeas*, 435-444.

RECALDE CASTELLS, A., & PÉREZ MILLÁN, D. (2021). «Participaciones sociales y acciones». En J. A. GARCÍA-CRUCES, & I. SANCHO GARGALLO, *Comentario a la ley de sociedades de capital* (págs. 1277-1292). Tirant lo Blanch.

ROJO FERNÁNDEZ RÍO, Á. J. (2018). *Lecciones de derecho mercantil.* Thomson Reuters-Civitas.

SÁNCHEZ GONZÁLEZ, J. C. (2017). «La separación de socios». En L. BALLESTER AZPITARTE, P. PRENDES CARRIL, A. MARTÍNEZ-ECHEVARRÍA Y GARCÍA DE DUEÑAS, & R. CABANAS TREJO, *Tratado de sociedades de capital: comentario judicial, notarial, registral y doctrinal de la Ley de Sociedades de Capital* (vol. 2) (págs. 123-161). Thomson Reuters Aranzadi.

SARAZÁ JIMENA, R. (2021). «Los derechos del socio». En J. A. GARCÍA-CRUCES, & I. SANCHO GARGALLO, *Comentario de la Ley de Sociedades de Capital.* Tirant lo Blanch.

VAQUERIZO ALONSO, A. (2011). *Comentario a la Ley de Sociedades de Capital.* Thomson Reuters- Civitas.

CAPÍTULO 5

LA JUSTICIA SOCIAL EN LA CONTRATACIÓN FINANCIERA: RESPUESTA JURÍDICA ANTE EL ABUSO EN EL CRÉDITO REVOLVING

BURILLO BERTOL, Sandra

I. Contextualización

La justicia social constituye uno de los pilares fundamentales sobre los que debe asentarse cualquier ordenamiento jurídico orientado al bienestar colectivo. Este principio, estrechamente vinculado a los ideales de equidad y redistribución, exige que las instituciones públicas velen por la igualdad de oportunidades y por la reducción de las desigualdades estructurales que afectan a los sectores más vulnerables de la sociedad. En este sentido, no se trata únicamente de reconocer derechos en abstracto, sino de garantizar su ejercicio efectivo en contextos reales de desigualdad material, social y económica. Dentro de este marco, la protección de los consumidores frente a prácticas contractuales abusivas se erige como una manifestación concreta de justicia social, especialmente cuando dichas prácticas afectan con mayor intensidad a colectivos en situación de vulnerabilidad o con menor capacidad de negociación.

En los últimos años, la comercialización de tarjetas de crédito en modalidad revolving ha puesto de manifiesto graves deficiencias en materia de transparencia y protección al consumidor. La configuración jurídica y económica de este producto financiero ha sido objeto de creciente atención tanto por parte de los tribunales como de los organismos reguladores, debido a su potencial para generar situaciones de sobreendeudamiento persistente. La complejidad del contrato, la opacidad de las condiciones aplicadas, la capitalización de intereses y la facilidad con la que se concede y amplía el crédito han contribuido a que muchos usuarios —frecuentemente con escasos conocimientos financieros— contraten estos productos sin comprender plenamente sus implicaciones económicas.

En este contexto, la actuación de los poderes públicos no solo debe orientarse a corregir desequilibrios contractuales o a sancionar cláusulas abusivas, sino a proteger el derecho de todos los ciudadanos a participar en el sistema económico en condiciones de dignidad, comprensión y equidad. La justicia social, por tanto, ofrece el marco teórico y ético desde el cual interpretar y justificar las medidas de protección del consumidor en el ámbito financiero.

1. Instrumentos financieros de pago: aproximación jurídica a las tarjetas bancarias y singularidades del modelo de pago aplazado

En el actual sistema financiero, las tarjetas bancarias se han convertido en un instrumento esencial para la gestión de pagos y financiación. Sin embargo, no todas operan bajo los mismos principios ni generan las mismas implicaciones legales y económicas para los consumidores. Entre las más utilizadas se encuentran las tarjetas de débito, de crédito y de pago aplazado, cada una de ellas con características particulares que afectan tanto a los derechos y obligaciones del titular como a la relación contractual con la entidad emisora.

El aumento en el uso de estos instrumentos de pago refleja una tendencia que requiere un análisis detallado desde una perspectiva jurídica. Según los datos publicados por el Banco de España en febrero de 2025, relativos a las estadísticas de pagos en España durante el primer semestre de 2024, el número de operaciones realizadas con instrumentos distintos del efectivo aumentó en un 11,4 % en comparación con las cifras obtenidas en el ejercicio anterior. Dentro de este contexto, las tarjetas bancarias representaron el 64,2 % del total de pagos efectuados sin dinero en efectivo, lo que confirma su papel principal en el sistema financiero actual. Otros instrumentos, como las transferencias bancarias (16,3 %), los adeudos directos (12,9 %) y el dinero electrónico (1,5 %) mantienen una presencia significativa, pero en menor medida[1].

En consecuencia, queda reflejada no solo la relevancia económica de estos instrumentos, sino también la necesidad de una regulación adecuada que garantice la protección de los consumidores, la transparencia en la contratación y la prevención de prácticas abusivas en el uso de los productos financieros asociados a las tarjetas. En particular, el crecimiento de las tarjetas de pago aplazado o *revolving* ha generado un especial interés, pues la expansión del uso de tarjetas bancarias no solo responde a cambios en los hábitos de pago de la sociedad, sino también a factores tecnológicos y regulatorios que han impulsado su adopción masiva.

Desde una perspectiva jurídica y económica, el análisis de las tarjetas bancarias resulta imprescindible para comprender la evolución del crédito al consumo, la configuración de los derechos y obligaciones de los usuarios y los mecanismos de protección que ofrece el ordenamiento jurídico frente a eventuales abusos o prácticas desleales.

---

1   BANCO DE ESPAÑA: «Estadísticas sobre pagos en España (primer semestre de 2024)». Disponible en https://www.bde.es/wbe/es/noticias-eventos/actualidad-banco-espana/estadisticas-sobre-pagos-en-espana-primer-semestre-de-2024.html [Consulta: 26 de marzo 2025].

Para comenzar a abordar esta materia debemos comprender el funcionamiento de las tarjetas mayormente empleadas. En este sentido, a la vista de la información proporcionada por el Banco de España[2], se comprende que las tarjetas de débito permiten a los usuarios que cuenten con una cuenta corriente o de ahorro asociada a dicha tarjeta, la posibilidad de utilizar los fondos depositados en las mismas para realizar pagos en comercios, para sacar dinero en oficinas y cajeros automáticos y para consultar saldos y movimientos de la cuenta. A diferencia de lo que ocurre con las tarjetas de crédito, en las tarjetas de débito la operación se registra instantáneamente en la cuenta.

Por otro lado, las tarjetas de crédito constituyen un instrumento de financiación ampliamente utilizado en el ámbito bancario, permitiendo a sus titulares efectuar pagos o disponer de fondos hasta un límite previamente acordado con la entidad emisora. El límite de crédito disponible debe figurar expresamente en el contrato suscrito entre las partes, pudiendo ser objeto de modificación tanto por la entidad emisora como por el titular. Además, su naturaleza crediticia implica la existencia de una obligación de restitución del capital dispuesto en los plazos y condiciones establecidos contractualmente.

A diferencia de las tarjetas de débito, cuya operativa está directamente vinculada a una cuenta corriente, las tarjetas de crédito pueden ser emitidas sin necesidad de que el titular mantenga una cuenta abierta en la entidad emisora. En estos casos, los cargos derivados de su uso pueden domiciliarse en una cuenta externa designada por el usuario. Esta característica resulta especialmente relevante en las tarjetas expedidas por establecimientos financieros de crédito o entidades de pago, las cuales, conforme a la normativa vigente, no están habilitadas para la apertura de cuentas corrientes al público.

---

2   BANCO DE ESPAÑA: «Tipos de tarjetas» Disponible en https://cliente-bancario.bde.es/pcb/es/menu-horizontal/productosservici/servicios-pago/tarjetas/guia-textual/tipos-de-tarjeta/# [Consulta: 26 de marzo 2025].

En cuanto a la restitución de los fondos utilizados a través de tarjetas de crédito, el contrato deberá establecer las condiciones y plazos aplicables. Generalmente, la liquidación de la deuda se efectúa en los primeros días de cada mes, existiendo distintas modalidades de pago. Una de las más habituales es el pago total o en un único plazo, que permite abonar la totalidad de las disposiciones efectuadas a final de mes sin la generación de intereses ni comisiones adicionales, siempre que se cumplan las condiciones pactadas con la entidad emisora.

En último lugar, las tarjetas de crédito *revolving*, también conocidas como tarjetas de pago aplazado o revolventes, constituyen un tipo específico de tarjeta bancaria en la que el titular elige una modalidad de pago flexible[3].

A diferencia de las tarjetas de crédito tradicionales, en las que el saldo dispuesto se liquida en su totalidad a final de mes sin generar intereses, las tarjetas *revolving* permiten fraccionar el pago en cuotas periódicas, cuyo importe puede determinarse como un porcentaje sobre la deuda pendiente —generalmente entre el 3 % y el 5 %— o como una cuota fija[4]. Estas cuotas pueden modificarse dentro de unos márgenes establecidos por la entidad emisora, permitiendo al usuario ajustar el ritmo de amortización del crédito.

Una de las características fundamentales de estas tarjetas es la reconstitución automática del crédito. Con cada pago realizado, el saldo disponible vuelve a incrementarse, lo que permite al usuario disponer nuevamente del capital amortizado sin necesidad de una nueva autorización por parte del banco. Este mecanismo otorga una gran flexibilidad en la gestión del crédito, pero a su vez puede dar lugar a un efecto de capitalización de la deuda,

---

3   BANCO DE ESPAÑA: «Tarjetas Revolving» Disponible en https://cliente-bancario.bde.es/pcb/es/menu-horizontal/podemosayudarte/criterios/Tarjetas_revolving.html [Consulta: 27 de marzo 2025].

4   TENAS, M. Á. (2020). «A propósito de las tarjetas de crédito revolving». *Diario La Ley*, 9612 (Sección Tribuna), 1-6.

prolongando el periodo de amortización y encareciendo el coste financiero total.

La particularidad principal de este tipo de financiación radica en que la deuda se renueva mensualmente. Esto implica que, aunque las cuotas abonadas reduzcan el importe pendiente, el saldo adeudado puede incrementarse nuevamente a través del uso continuado de la tarjeta, así como por la aplicación de intereses, comisiones y otros gastos asociados. En este contexto, si la cuota mensual abonada es insuficiente en relación con el importe de la deuda, la amortización del capital principal se extenderá durante un periodo prolongado, generando un volumen considerable de intereses.

Desde el punto de vista financiero y jurídico, las tarjetas de crédito *revolving* presentan una complejidad significativa que se manifiesta, especialmente, cuando las entidades emisoras permiten de forma sencilla la ampliación del crédito a clientes que ya han agotado su límite disponible. En estos casos, la naturaleza jurídica del contrato se transforma, y deja de operar como un instrumento de pago para convertirse en un mecanismo de financiación, cuyo propósito principal es aplazar el pago de las compras mediante su fraccionamiento en cuotas periódicas.

Ante esta situación, y en línea con la doctrina establecida por el Tribunal Supremo en la sentencia núm. 693/2019, de 18 de diciembre[5], los contratos deben ser interpretados conforme a su naturaleza jurídica y funcional, más allá de la denominación del contrato, *nomen iuris*.

En este sentido, BENTANCOR SÁNCHEZ expone que el contrato pierde su naturaleza de tarjeta de crédito —como medio de pago— y se convierte en un crédito al consumo vinculado cuando las condiciones de pago pactadas no permiten realizar una reducción efectiva del saldo dispuesto, ni una recuperación razonable del crédito en el

---

5   TRIBUNAL SUPREMO. Sala de lo Civil. Sentencia 693/2019 (18 de diciembre).

tiempo, debido al diseño de las cuotas mínimas y al límite de disponibilidad[6].

A este análisis se suma otra dificultad relevante: a diferencia de los préstamos convencionales, en los que se establece un cuadro de amortización con cuotas fijas y un plazo de devolución determinado, en las tarjetas de pago aplazado el saldo pendiente y las cuotas mensuales pueden variar en función de las disposiciones realizadas y de la cantidad amortizada en cada periodo. Como consecuencia de esta particularidad, no es posible emitir un cuadro de amortización previo, lo que puede dificultar que el consumidor tenga una visión clara del tiempo necesario para liquidar su deuda.

Ante estos riesgos, el compendio de criterios de buenas prácticas bancarias expedido por el Banco de España en el año 2024[7], advertía la necesidad de reforzar los principios de transparencia y diligencia en la comercialización y gestión de este tipo de productos financieros. En garantía del cumplimiento del artículo 33 ter de la Orden 2899/2011, se establece que las entidades deberán proporcionar a sus clientes en documento separado y con la debida antelación a la suscripción del contrato, información precontractual acerca de la modalidad de pago establecida, señalando expresamente el término *revolving*, la posibilidad de modificar la modalidad de pago establecida, la posible previsión de capitalización de cantidades vencidas, exigibles y no satisfechas y la inclusión de un ejemplo representativo de crédito con dos o más alternativas de financiación.

En este contexto, es especialmente relevante que el consumidor evalúe la Tasa Anual Equivalente (TAE), ya que se trata de un indicador clave que refleja, en un solo

---

6   BENTANCOR, V. E. (2020). «Tarjetas revolving: ¿medio de pago o crédito al consumo?» *Diario La Ley*, 9580, 1-11.

7   BANCO DE ESPAÑA: «Compendio de criterios de buenas prácticas bancarias». Disponible en https://www.bde.es/f/webbe/SES/Secciones/Publicaciones/PublicacionesAnuales/Compendio/24/CCBPBJunio2024.pdf [Consulta: 27 de marzo 2025].

porcentaje, el coste total del crédito en un año. De esta forma, la TAE no solo incluye el tipo de intereses, sino que también incorpora las comisiones y otros posibles gastos asociados. Este dato resulta esencial para poder distinguir de manera real y transparente otras ofertas, algo que no sería posible si la entidad financiera se dedicara a informar únicamente del tipo de interés mensual aplicable o de la comisión de apertura.

Asimismo, conforme al artículo 35 *quinquies* de la mencionada orden, deberá garantizarse información trimestral sobre el importe del crédito dispuesto, el tipo deudor y la modalidad de pago establecida, la cuota fijada en ese momento para la amortización del crédito y la fecha en la que terminaría de pagar el crédito dispuesto si no se realizasen más disposiciones ni se modificase ningún otro elemento del contrato y la cuantía total, desglosando principal e intereses, que acabaría pagando por el crédito dispuesto si no se realizasen más disposiciones ni se modificase la cuota.

Sin perjuicio de lo expuesto anteriormente, el consumidor podrá solicitar adicionalmente y de manera gratuita, obteniendo respuesta en un plazo máximo de cinco días hábiles, información relativa las cantidades abonadas y la deuda pendiente y el cuadro de amortización sobre el saldo dispuesto.

Para concluir, aunque es innegable que estas tarjetas ofrecen ciertas ventajas —como una mayor disponibilidad de crédito respecto a otras tarjetas bancarias y una flexibilidad considerable en las condiciones de pago—, también presentan serías desventajas como el volumen considerable de intereses generado por la prolongación de la amortización del capital acordado.

A pesar de que existen criterios de buenas prácticas bancarias orientados a garantizar la transparencia y la diligencia en su comercialización, lo cierto es que aún persiste una falta de seguridad jurídica efectiva. Esta situación de desprotección del consumidor no solo se explica por el incumplimiento de dichos estándares por parte de las entidades financieras, sino también por cómo las grandes compañías del ámbito comercial y de servicios incentivan la contratación de estas tarjetas: de forma rápida, sencilla y sin coste aparente, vinculándolas además a descuentos u ofertas exclusivas en la adquisición de productos[8].

Como resultado, muchos consumidores acceden a estos productos sin comprender plenamente su naturaleza ni los efectos económicos que conllevan, lo que favorece decisiones poco informadas que pueden derivar en situaciones de sobreendeudamiento y perjuicio financiero.

2. Configuración jurídica y fundamentos conceptuales de las cláusulas abusivas y las condiciones generales de la contratación

La libertad contractual, consagrada en el artículo 1255 del Código Civil, ha sido tradicionalmente concebida como una manifestación de la autonomía de la voluntad, en virtud de la cual las partes pueden establecer libremente los pactos, cláusulas y condiciones que estimen oportunos. Sin embargo, esta libertad no reviste carácter absoluto en nuestro ordenamiento. Históricamente, ha estado condicionada por límites jurídicos que responden a razones de legalidad, moralidad y orden público, y, de forma más específica, por exigencias derivadas del principio de buena fe y la protección de la parte débil en la relación contractual.

No obstante, en la actualidad estos límites adquieren particular relevancia en el contexto de la contratación seriada, donde el equilibrio negocial queda desdibujado por la asimetría estructural entre el predisponente y el adherente. Esta realidad ha motivado la intervención

---

8   Una muestra evidente de esta tendencia se observa en reconocidas cadenas de supermercados y grandes compañías del sector de los combustibles, las cuales han incorporado este tipo de financiación como parte de sus estrategias de fidelización, promoviendo activamente su uso tanto a través de sus páginas web como en sus puntos de venta físicos.

activa del legislador, quien ha desplegado un sistema normativo orientado a corregir los efectos adversos de esa desigualdad estructural, especialmente cuando afecta a consumidores y usuarios.

En el ámbito internacional, la protección del consumidor se encuentra amparada en la Directiva 93/13/CEE del Consejo, de 5 de abril de 1993, sobre las cláusulas abusivas en los contratos celebrados con consumidores, un instrumento legal que ha establecido un marco común para la protección del consumidor dentro de la Unión Europea. En concreto, esta directiva refleja el esfuerzo del sistema europeo por erradicar prácticas contractuales potencialmente perjudiciales para los consumidores, otorgando a los Estados miembros la facultad de adoptar una regulación más estricta. De esta manera, cada país tiene la posibilidad de incorporar nuevas medidas que fortalezcan la protección de los derechos de los consumidores, garantizando su bienestar y la justicia en las relaciones contractuales.

Además, el Tratado de Funcionamiento de la Unión Europea (TFUE), en su artículo 169, establece claramente que la Unión Europea tiene la responsabilidad de promover los intereses de los consumidores y garantizarles un nivel elevado de protección. Este artículo subraya que la Unión contribuirá no solo a la protección de la salud y la seguridad de los consumidores, sino también a sus intereses económicos, a su derecho a la información y a la educación, y a la posibilidad de organizarse para defender sus derechos.

Por otro lado, el artículo 38 de la Carta de los Derechos Fundamentales de la Unión Europea refuerza este compromiso al prever que las políticas de la Unión deberán asegurar un nivel elevado de protección para los consumidores, contribuyendo al fortalecimiento de su posición frente a cláusulas abusivas y otras prácticas que puedan vulnerar sus derechos.

En el ámbito nacional, España también ha adoptado medidas significativas para proteger los derechos de los consumidores, comenzando con una de las primeras normativas relevantes en este ámbito, la Ley 50/1980, de 8 de octubre, de Contrato de Seguro. Aunque esta ley se centraba en regular la contratación de seguros, introdujo por primera vez el control del contenido de las condiciones generales de la contratación y expuso, en su artículo tercero, cómo debía realizarse el tratamiento de las cláusulas levisas o limitativas de los derechos de los asegurados.

Tras este primer acercamiento, en la actualidad, nuestro ordenamiento jurídico recoge el contenido relativo a las condiciones generales de la contratación y las cláusulas abusivas a través del Real Decreto Legislativo 1/2007, de 16 de noviembre por el que se aprueba el texto refundido de la Ley General para la Defensa de los Consumidores y Usuarios y otras leyes complementarias (en adelante, TRLGDCU), y mediante la Ley 7/1998, de 13 de abril, sobre Condiciones Generales de la Contratación (en lo sucesivo, LCGC).

A través de la interpretación del artículo primero de la LCGC, se comprende que las condiciones generales de la contratación pueden definirse como aquellas cláusulas que forman parte de un mecanismo de contratación en serie para las compañías, dado que han sido creadas con el objetivo de ser inmersas en una pluralidad de contratos bajo el mandato de una de las partes, con independencia de la autoría material de las mismas, de su apariencia externa, de su extensión y de cualesquiera otras circunstancias. En consecuencia, puede apreciarse que es precisamente la falta de negociación individual predispuesta en el contenido del contrato la que caracteriza esta condición general y la que justifica la necesidad de llevar a cabo un control específico para la legitimación de su contenido.

En este sentido, a través del estudio de este precepto, ALFARO ÁGUILA-REAL establece que las principales características de este concepto son la predisposición, la imposición, la naturaleza contractual y la finalidad de ser incluidas en una generalidad de contratos[9].

---

9   ALFARO, J. (2002). «Artículo 1». En A. MENÉNDEZ y L. DÍEZ-PICAZO (Dirs), *Comentarios a la Ley sobre Condiciones Generales de la Contratación, Estudio de las disposiciones generales*. Civitas, pp. 100 y 104.

No obstante, en consideración al artículo 2 LCGC, se evidencia que las condiciones generales pueden incorporarse tanto en contratos con consumidores como en los celebrados entre empresarios. Si bien es cierto, exclusivamente las relacionadas con consumidores van a poder quedar amparadas bajo la protección del TRLGDCU. Este aspecto nos permite comprender que no todas las condiciones generales podrán ser consideradas cláusulas abusivas, sino únicamente las que se inserten en contratos con consumidores y reúnan los demás elementos definitorios del concepto[10].

Por otro lado, es cierto que, aunque el término «abusivo» se concibe como una expresión genérica que puede ser empleada en diversas disciplinas jurídicas, este queda delimitado a través del artículo 82.1 TRLGDCU, pues es a partir del análisis del cumplimiento de determinados requisitos legalmente establecidos cuando puede determinarse verdaderamente si se puede considerar una cláusula como abusiva.

Por ello, la relatividad de este concepto establece la necesidad de atender a una valoración concreta de las circunstancias que concurren en el supuesto. Así, tal y como sugiere MORENO GARCÍA, «no es posible atribuir dicha cualidad únicamente al contenido de la cláusula contractual, sino que es preciso que concurran también otros presupuestos y circunstancias relacionadas con la condición de los contratantes y la formalización del contrato en el que la misma se inserta»[11].

La redacción del artículo 82.1 TRLGDCU expone que las estipulaciones que no hayan sido negociadas de manera individual, así como aquellas prácticas que no hubiesen sido consentidas de manera expresa, serán consideradas cláusulas abusivas, por causar, en contra de las exigencias de la buena fe, un desequilibrio para los derechos y

---

10　MORENO, L. (2018). *Las cláusulas abusivas: Tratamiento sustantivo y procesal.* Tirant lo Blanch, p. 143.

11　MORENO, L. (2018). *Las cláusulas abusivas: Tratamiento sustantivo y procesal*. Tirant lo Blanch, pp. 53 y 54.

obligaciones de los consumidores y usuarios. Una argumentación que coincide plenamente con la visión aportada en el artículo 3.1 de la Directiva Europea 93/13/CEE[12].

En este sentido, CARRASCO PERERA establecía que «lo relevante no es si la cláusula está redactada previamente a la formalización del contrato, sino que la negociación (si la hay) tenga lugar sobre la base inicial de una propuesta unilateral del empresario, que sea previa e independiente de toda negociación»[13]. En consecuencia, dado que no puede exigirse al consumidor que pruebe la imposibilidad de impedir la aplicación de la cláusula en cuestión, será necesario llevar a cabo un control de los elementos subjetivos, objetivos y formales, características definitorias del concepto de cláusula abusiva que se deducen del análisis del precepto 82.1 TRLGDCU.

Si atendemos a la concurrencia de un elemento subjetivo, podemos comprender que este hace referencia a la condición que han de ostentar los sujetos contratantes. A diferencia de lo que sucede en las condiciones generales, donde se admite la intervención de profesionales y consumidores en el contrato, las cláusulas abusivas engloban exclusivamente al ámbito de la contratación con consumidores y usuarios.

Por otro lado, el elemento objetivo implica la necesidad de llevar a cabo un control de contenido específico. Así, la falta de superación cuando concurran también los demás presupuestos previstos en la TRLGDCU, implicará la abusividad de la cláusula contractual. Esta idea queda justificada a través de la doctrina mayoritaria, ya que entienden que la situación de desventaja y de desigualdad negociadora e informativa en la que se encuentra el consumidor frente al empresario justifica el establecimiento de

---

12 La directiva expone que *«las cláusulas contractuales que no se hayan negociado individualmente se considerarán abusivas si, pese a las exigencias de la buena fe causan, en detrimento del consumidor un desequilibrio importante entre los derechos y obligaciones de las partes que se deriven del contrato».*

13 CARRASCO, Á. (2021). *Derecho de contratos.* Aranzadi, p. 1416.

un régimen de protección especial. Por ello, es una cuestión innegable que el consumidor es un sujeto vulnerable a situaciones situación de inferioridad con respecto a la parte contraria del contrato, no solo en lo que respecta a la información recopilada, sino también en cuanto a nivel de negociación, así lo expone el Tribunal de Justicia en reiteradas ocasiones.

Finalmente, para determinar si una cláusula puede ser abusiva, debemos atender al elemento formal. Un signo a través del cual se mide el procedimiento contractual empleado por los empresarios, y en el que se analiza la predisposición de las estipulaciones no negociadas individualmente o prácticas no consentidas expresamente por el consumidor por resultar existentes con anterioridad a la formalización del contrato. En este procedimiento resulta fundamental la idea de no exigir a los consumidores la necesidad de probar que no hubiese podido evitar la aplicación de la cláusula objeto de análisis.

No obstante, el control de las cláusulas establecidas en los contratos con consumidores no será necesario en los casos en los que las estipulaciones hayan sido objeto de negociación. En estos casos, corresponde al profesional que afirme que una disposición ha sido negociada demostrarlo, asumiendo la carga de la prueba. Si bien es cierto, cabe señalar que, aunque el consumidor haya podido influir en determinados aspectos, esto no impide que se aplique la normativa de protección a otras partes del clausulado no negociadas, tal como establece el artículo 3.2 de la Directiva 93/13/CEE[14].

Además, las declaraciones incluidas en el contrato que afirmen que una cláusula ha sido negociada no tienen

---

14   Adicionalmente, el Tribunal de Justicia de la Unión Europea manifiesta que no puede considerarse como hecho probado la negociación de las cláusulas, incluso en el supuesto de que aparezca reflejada en el contrato una mención escrita del puño y letra del consumidor indicando que comprende el mecanismo de funcionamiento de una cláusula. Véanse los apartados 38 y 39 de la sentencia del Tribunal de Justicia de la Unión Europea de 9 de julio de 2020, C-452/18 (ECLI; EU: C: 2020:536).

valor probatorio. Estas declaraciones, que intentan eludir la protección del consumidor, deben considerarse abusivas, ya que alteran la carga de la prueba en perjuicio del consumidor. De acuerdo con la legislación aplicable, tales cláusulas serán tratadas como «indiciariamente» abusivas, ya que violan el principio de equidad en las relaciones contractuales y la normativa sobre cláusulas abusivas.

Para concluir con este apartado, debemos comprender que existen determinados supuestos en los que el legislador manifiesta la necesidad de restringir, en todo caso, determinadas situaciones desfavorecedoras para los consumidores. En concreto, en su artículo 82.4 TRLGDCU expone que tendrán la condición de abusivas las estipulaciones previstas en los artículos 85 a 90 de la mencionada ley. Estos preceptos distinguen cláusulas de contenido sustantivo que el legislador considerará abusivas en todo momento (las correspondientes al artículo 85 a 89 y el artículo 90.3 TRLGDCU) y cláusulas de contenido procesal relacionadas a la atribución de carga de la prueba, la competencia de los tribunales y a la sumisión a arbitrajes (artículo 88.2, 88.3, 90.1 y 90.2 TRLGDCU).

3. Evolución del concepto de consumidor desde la perspectiva del marco europeo y el ordenamiento jurídico español: de agente económico a sujeto de especial protección

En las últimas décadas, la figura del consumidor ha pasado de ser considerada un mero agente económico a convertirse en un sujeto de especial protección dentro del ordenamiento jurídico pues se ha identificado que no existe un equilibrio en el mercado entre la posición del consumidor y la empresa organizada. En este contexto, la jurisprudencia del Tribunal de Justicia de la Unión Europea (TJUE) ha declarado reiteradamente que la persona consumidora se encuentra en situación de inferioridad en un mercado caracterizado por una notable asimetría y desequilibro[15]. En consecuencia, la necesidad de establecer mecanismos jurídicos destinados a equilibrar la relación entre consumidores y empresas ha impulsado la creación de normativas, tanto a nivel nacional como en el marco europeo.

Desde la perspectiva del marco europeo, el principio de primacía del Derecho Europeo justifica que la política comunitaria de protección de consumidores y usuarios, así como la jurisprudencia dictada por el TJUE, prevalezcan sobre los ordenamientos jurídicos nacionales de los Estados miembros. De este modo, las disposiciones emanadas del Derecho de la Unión Europea serán de obligado cumplimiento para los tribunales españoles, sin perjuicio de que, en virtud del principio de autonomía procesal, cada Estado miembro pueda establecer normas propias, siempre que no contravengan los derechos conferidos a los consumidores por el Derecho de la Unión (principio de efectividad) ni sean menos favorables que aquellas aplicables a situaciones similares de carácter interno (principio de equivalencia)[16].

Desde la perspectiva del ordenamiento jurídico nacional, el artículo 51 de la Constitución española de 1978 impone a los poderes públicos el deber de garantizar la defensa de los consumidores y usuarios, asegurando mediante procedimientos eficaces la protección de su seguridad, salud y legítimos intereses económicos. A este respecto, BERCOVITZ RODRÍGUEZ-CANO, A. y BERCOVITZ RODRÍGUEZ-CANO, R. manifiestan que, al formar parte del

---

15 Sentencia del Tribunal de Justicia de la Unión Europea de 14 de junio de 2012, C-618/10 (ECLI:EU:C:2012:349); Sentencia del Tribunal de Justicia de la Unión Europea de 14 de marzo de 2013, C-415/11 (ECLI:EU:C:2013:164); Sentencia del Tribunal de Justicia de la Unión Europea de 21 de marzo de 2013, C-92/11 (ECLI:EU:C:2013:180); Sentencia del Tribunal de Justicia del Tribunal de Justicia de la Unión Europea de 30 de abril de 2014 , C-280/13, (ECLI:EU:C:2014:279); Sentencia del Tribunal de Justicia de la Unión Europea de 26 de enero de 2017, C-421/14 (ECLI:EU:C:2017:60).

16 Sentencia del Tribunal de Justicia de la Unión Europea de 14 de marzo de 2013, C-415/11 (ECLI:EU:C:2013: 164); Sentencia del Tribunal de Justicia de la Unión Europea de 10 de septiembre de 10 de septiembre de 2014, C-34/13 (ECLI:EU:C:2014:2189).

Capítulo Tercero del Título, se configura como uno de los principios fundamentales de la política social y económica, sirviendo de fundamento para la legislación vigente, la práctica judicial y la actuación de los poderes públicos. No obstante, advierten que el consumidor no puede invocar directamente dicho precepto ante los tribunales, salvo en la medida en que haya sido desarrollado mediante normas infraconstitucionales[17].

En virtud de este mandato constitucional, se ha desarrollado un entramado normativo destinado a garantizar la tutela efectiva de los consumidores, con base en principios, criterios, obligaciones y derechos específicos. Asimismo, los numerosos cambios en el desarrollo legislativo reflejan una evolución en el término consumidor, adaptándolo a las distintas normativas vigentes y consolidando un sistema de protección acorde con las necesidades y circunstancias sociales y jurídicas de cada etapa.

La primera norma que comenzó su tratamiento fue la Ley 26/1984, de 19 de julio, General para la Defensa de los Consumidores y Usuarios (LGDCU), cuyo artículo primero ya establecía que los usuarios debían ser considerados como destinatarios finales de los bienes y servicios[18]. En esta línea, la jurisprudencia del TJUE comprende que los «destinatarios finales de los bienes o servicios fuera del establecimiento mercantil» deben ser aquellos que atiendan a las necesidades personales o familiares, siempre que tales bienes o servicios estén destinados al consumo privado, excluyendo su vinculación con actividades comerciales o profesionales[19].

---

17   BERCOVITZ, A., y BERCOVITZ, R. (1987). *Estudios jurídicos sobre protección de los consumidores*. Tecnos, pp. 144 y 145.

18   En concreto, se dispone que *«a los efectos de esta Ley, son consumidores o usuarios las personas físicas o jurídicas que adquieren, utilizan o disfrutan como destinatarios finales, bienes muebles o inmuebles, productos, servicios, actividades o funciones, cualquiera que sea la naturaleza pública o privada, individual o colectiva de quienes los producen, facilitan, suministran o expiden».*

19   Sentencia del Tribunal de Justicia (Sala Primera) de 14 de marzo de 1991, C-361/89 (ECLI:EU:C:1991:118); Sentencia del Justicia de 19 de enero de 1993, C-101/91 (ECLI:EU:C: 1993:16); Sentencia del Justicia

Posteriormente, dicha norma fue derogada y sustituida por el Real Decreto Legislativo 1/2007, de 16 de noviembre, que aprobó el TRLGDCU, con el objetivo de consolidar y armonizar la legislación vigente en la materia. Esta norma es de gran relevancia para la cuestión analizada ya que en su exposición de motivos (III § 2) se subraya la necesidad de llevar a cabo una nueva definición del término «consumidor» conforme a la terminología comunitaria, respetando al mismo tiempo las particularidades de nuestro ordenamiento jurídico.

La principal diferencia entre la delimitación del concepto en el marco europeo y en el ordenamiento jurídico español se encuentra en que, ni la Directiva 93/13, la Directiva 97/7 o la Directiva 99/44, reconocían la posibilidad de que el consumidor fuera una persona jurídica, limitando tal condición exclusivamente a las personas físicas.

En este sentido, CÁMARA LAPUENTE afirma que, aunque no es habitual considerar consumidores a las personas jurídicas, España no es el único Estado miembro que ha optado por esta vía legislativa. Además, según ha ratificado el TJUE en la sentencia de 2 de abril de 2020, la inclusión de personas jurídicas no vulnera el Derecho de la Unión Europea, al tratarse de una materia no armonizada, quedando fuera del ámbito de aplicación de las directivas[20].

Por ello, el artículo 3 TRLGDCU establece que deben ser considerados consumidores o usuarios tanto las personas físicas como las personas jurídicas que actúen en un ámbito ajeno a una actividad empresarial o profesional.

(Sala Quinta) de 3 de julio de 1997, C-269/95 (ECLI: EU:C: 1997:337); Sentencia del Justicia (Sala Quinta) de 17 de marzo de 1998, C-45/96 (ECLI: EU: C:1998:111); Sentencia del Tribunal de Justicia (Sala Sexta) de 11 de julio de 2002, C-96/00 (ECLI:EU:C: 2002:436); Sentencia del Tribunal de Justicia (Sala Segunda) de 20 de enero de 2005, C-27/02 (ECLI:EU:C:2005:33).

20   CÁMARA, S. (2022). «Conceptos de consumidor y usuario y de persona consumidora vulnerable». En A. CAÑIZARES Y L. ZUMAQUERO (Dirs.), *Comentarios al texto refundido de la Ley de consumidores y usuarios.* Tirant lo Blanch, p, 148.

En la misma línea, el preámbulo del citado Real Decreto Legislativo (III, § 3) establece que, para ser considerado consumidor, será necesario que la persona afectada intervenga en relaciones de consumo con un propósito exclusivamente personal, en calidad de destinataria final. En consecuencia, los bienes o servicios contratados no deberán ser incorporados, ya sea de forma directa o indirecta, a procesos productivos, de transformación, comercialización o de prestación de servicios a terceros.

Asimismo, la trasposición de la Directiva 2011/83 sobre derechos de los consumidores motivó una transformación del artículo 3 TRLGDCU. Dicha modificación introdujo cinco cuestiones fundamentales; (i) segregó en dos párrafos e identificó el concepto de consumidor para las personas físicas y para las personas jurídicas; (ii) incorporó junto a las personas jurídicas la posibilidad de considerar usuarios a las entidades sin personalidad jurídica; (iii) exigió a las personas jurídicas y a las entidades sin personalidad jurídica que actúen sin ánimo de lucro; (iv) determinó la necesidad de llevar a cabo una actuación con un propósito ajeno a su actividad comercial, e (v) indicó que el propósito debe ser ajeno a su actividad comercial, empresarial, oficio o profesión.

Finalmente, el Real Decreto-Ley 1/2021, de 19 de enero, de protección de los consumidores y usuarios frente a situaciones de vulnerabilidad social y económica, y posteriormente la Ley 4/2022, de 25 de febrero, introdujeron en el artículo 3, apartado segundo, la figura de las «personas consumidoras vulnerables», como una subcategoría de consumidor persona física. Así, el concepto de «consumidor vulnerable» surge como una respuesta a las limitaciones inherentes a la noción de «consumidor medio», el cual, si bien ha sido ampliamente utilizada en el ámbito jurídico, no refleja adecuadamente la diversidad de circunstancias que pueden afectar la capacidad de los individuos para interactuar en el mercado. Esta concepción clásica, que define al consumidor medio como una persona normalmente informada, razonablemente atenta y perspicaz, excluye a sectores de la población que, debido

193

a factores económicos, educativos, sociales o de salud, se encuentran estructuralmente en una posición de desventaja frente a los operadores económicos.

En consecuencia, el empleo de la figura del «consumidor vulnerable» representa una ampliación del marco protector del ordenamiento jurídico. En concreto, incorpora mecanismos específicos para garantizar el ejercicio efectivo de sus derechos en condiciones de igualdad. Así lo dispone el artículo 3.2 de la citada ley[21].

II. Garantías para la protección de los derechos del consumidor

En el actual contexto de contratación en masa, caracterizado por el uso generalizado de condiciones generales predispuestas por parte del profesional, el equilibrio contractual entre partes puede verse comprometido. En consecuencia, ante la posible existencia de un desequilibrio estructural, se exigen mecanismos jurídicos eficaces que garanticen los derechos del consumidor.

En este sentido, se observa que, entre los mecanismos existentes, los controles de abusividad y de transparencia destacan por ser aquellos que operan de manera exclusiva en los contratos celebrados con consumidores[22], interviniendo como herramientas esenciales para el restablecimiento del justo equilibrio contractual y la efectividad de los derechos reconocidos a los mismos en el ordenamiento jurídico europeo y nacional.

---

21 En virtud del artículo 3.2 de la Ley 4/2022 se establece que «*tienen la consideración de personas consumidoras vulnerables respecto de relaciones concretas de consumo, aquellas personas físicas que, de forma individual o colectiva, por sus características, necesidades o circunstancias personales, económicas, educativas o sociales, se encuentran, aunque sea territorial, sectorial o temporalmente, en una especial situación de subordinación, indefensión o desprotección que les impide el ejercicio de sus derechos como personas consumidoras en condiciones de igualdad*».

22 ROMÁN, S. (2020). «El control de las condiciones generales de contratación en contratos celebrados con consumidores y usuarios». *Revista de Derecho vLex*, 198, 1-10.

1. Control de abusividad

El control de abusividad constituye uno de los mecanismos esenciales del ordenamiento jurídico europeo y español para la protección de los consumidores frente a las prácticas contractuales desequilibradas. Su raíz se encuentra en la Directiva 93/13/CEE del Consejo, de 5 de abril de 1993, sobre cláusulas abusivas en los contratos celebrados con consumidores, transpuesta en España por el Texto Refundido de la Ley General para la Defensa de los Consumidores y Usuarios y otras leyes complementarias, y desarrollada mediante la Ley de Condiciones Generales de la Contratación.

El mencionado control, también conocido como control de contenido, tiene como objetivo garantizar un equilibrio contractual entre las partes, protegiendo especialmente a la parte más débil —el consumidor— ante situaciones de superioridad técnica, jurídica o económica del predisponente profesional.

Por lo tanto, al realizar un análisis de la negociación individual y del equilibrio que caracteriza la relación contractual, si se concluye que no ha existido un verdadero acuerdo entre las partes y que hay una falta significativa de compensación, podrá afirmarse que estamos ante una cláusula que genera, en perjuicio del consumidor, un desequilibrio sustancial entre los derechos y obligaciones de las partes. En consecuencia, esta situación sería contraria a los principios de buena fe que deben regir en toda relación contractual[23].

A estos efectos, el requerimiento de la buena fe se precisa como parte esencial del análisis de abusividad de una cláusula. Por ello, aun no existiendo una definición numérica o cerrada de este concepto, no puede negarse la posibilidad de analizar una disposición por el hecho de que se presuma que el empresario actuó de buena fe.

---

23 Así lo disponen los artículos 3.1 de la Directiva 93/13/CEE y 82 TRLGDCU.

Si bien es cierto, según lo previsto en el artículo 4.2 de la Directiva 93/13/CEE y 4.2 LCGC, se comprende que este control no es absoluto, puesto que no resulta aplicable a las cláusulas que reflejen disposiciones legales imperativas ni a las cláusulas negociadas individualmente. Asimismo, se excluye su empleo para aquellas cláusulas que versen sobre el objeto principal del contrato o aquellas que estén destinadas a la adecuación entre precio y prestación, siempre que estas cláusulas estén redactadas de forma clara y comprensible.

No obstante, el Tribunal Supremo, en aplicación de la doctrina establecida por el TJUE[24], ha reconocido que la falta de transparencia puede permitir que incluso una cláusula esencial del contrato sea sometida al control de abusividad. En consecuencia, aunque el tipo de interés remuneratorio pactado en los contratos de tarjetas *revolving* constituya un elemento esencial al referirse al precio del servicio ofrecido, su contenido podría ser objeto de revisión si se acredita que no fue incorporado de manera clara y comprensible para el consumidor[25].

Para concluir, cabe destacar que, a diferencia de otras formas de nulidad contractual, el control de abusividad se distingue por su carácter tuitivo y corrector del desequilibrio estructural en las relaciones de consumo. Esto se

---

24 Sentencia del Tribunal de Justicia de la Unión Europea (Sala Cuarta), de 30 de abril de 2014, C-26/13 (ECLI:EU:C:2014: 282) y sentencia del Tribunal de Justicia de la Unión Europea (Sala Primera), de 26 de enero de 2017, C-421/14 (ECLI:EU:C:2017: 60). En este sentido, el tribunal declara que «*en caso de que el órgano jurisdiccional remitente considere que una cláusula contractual relativa al modo de cálculo de los intereses ordinarios, como la controvertida en el litigio principal, no está redactada de manera clara y comprensible a efectos del artículo 4, apartado 2, de la citada Directiva, le incumbe examinar si tal cláusula es abusiva en el sentido del artículo 3, apartado 1, de esa misma Directiva*».

25 Adicionalmente, el Tribunal Supremo a través de la sentencia de 22 de abril de 2015 (ROJ STS 1723/2015), advirtió que es posible llevar a cabo un control de contenido respecto de las cláusulas de intereses de demora, pues se comprende que estas no definen el objeto principal del contrato ni la adecuación entre el precio y la prestación., sino que hacen referencia a un elemento accesorio del contrato al establecer la indemnización que debe abonar el prestatario en caso de retraso en el pago de las cuotas.

debe a que el artículo 83 TRLGDCU manifiesta que deberán ser nulas de pleno derecho y se tendrán por no puestas las cláusulas que sean calificadas como abusivas, sin necesidad de que el consumidor la impugne de manera expresa[26].

2. Control de transparencia

La consagración de la transparencia como un principio general del Derecho surge con vocación de afianzar la defensa del Estado social y democrático, especialmente en el ámbito de las relaciones contractuales predispuestas. En este sentido, el control de transparencia se configura como un complemento necesario al control de abusividad, al tener por objeto garantizar que el consumidor comprenda de forma real y efectiva el contenido del contrato, así como sus implicaciones jurídicas y económicas[27].

En concreto, este control se caracteriza por su evolución que ha sido ampliada desde sus orígenes basada en una perspectiva formalista —limitada a verificar la claridad gramatical de la cláusula— hacia una dimensión material, en la que se analiza si el consumidor medio pudo conocer y entender el significado económico y funcional de la cláusula y del contrato en su conjunto.

---

26 Esto se debe a que la Directiva 93/13/ CEE confiere al juez nacional la posibilidad de declarar de oficio el carácter abusivo de las mismas, así como la facultad de conceder medidas cautelares u otras consecuencias derivadas de esa apreciación, sin necesidad de que el consumidor interponga una declaración para anular dicha disposición. Además, en virtud al artículo 6 de la mencionada directiva, se comprende que las cláusulas abusivas que figuren en el contrato no serán vinculantes al consumidor.·

27 Efectivamente, CASTILLO señala en su obra que «*la transparencia debe concebirse como un valor transversal —de la ciudadanía, de las Instituciones, y del sistema normativo— que nos incorpora plenamente en la Agenda de la Unión Europea, singularmente en la llamada "Europa de los ciudadanos" y en el desarrollo de su modelo de protección genérica de los consumidores*». Castillo, C. del C. (2021*). Protección y defensa del consumidor frente a la abusividad y la usura en el tránsito hacia la asimilación del Derecho de la Unión.* Tirant lo Blanch., p. 63.

Como resultado de la interpretación conjunta de los artículos 5.5 y 7 LCGC, se comprende que el control de transparencia se articula en dos niveles distintos, aunque complementarios entre sí; la transparencia formal —que supone que la cláusula sea legible, comprensible y no ambigua, aislada de tecnicismos innecesarios que dificulten su interpretación o se oculten entre el resto del clausulado— y la transparencia material —que permite verificar si el consumidor ha recibido información clara y suficiente sobre el producto contratado, así como si ha sido capaz de comprender, antes de llevar a cabo la contratación, las consecuencias jurídicas y económicas de la pretensión[28]—.

Además, conviene destacar que, conforme a lo establecido en la sentencia del Tribunal Supremo de 9 de mayo de 2013[29], el control de transparencia se aplica a las cláusulas que, en los contratos celebrados con consumidores, definen el objeto principal del contrato[30]. Asimismo, la sentencia de 27 de octubre de 2020 recuerda que el grado de claridad y sencillez exigido a dichas cláusulas dependerá tanto del tipo de contrato de que se trate como de la complejidad de la relación jurídica que de él se derive[31].

Finalmente, es importante destacar que la falta de transparencia en una cláusula contractual no implica, por sí sola, su nulidad automática. Sin embargo, conlleva su sometimiento al control de abusividad, permitiendo que el juez valore si, pese a no haber sido negociada individualmente, la cláusula genera un desequilibrio importante en

---

28 La doctrina del TJUE considera que la correcta aportación de información precontractual es determinante para que el consumidor pueda decidir si desea quedar vinculado por las condiciones redactadas con carácter previo a la relación contractual. Véase la sentencia de 21 de marzo de 2013, C92/11 (ECLI:EU:C:2013: 180).

29 Tribunal Supremo. Sala Civil. Sentencia 241/2013 (9 de mayo).

30 Queda a su vez consolidado por la doctrina jurisprudencial de TJUE a través de la sentencia de 23 de abril de 2015, C96/14 (ECLI:EU:C:2015: 2062).

31 Tribunal Supremo. Sala Civil. Sentencia 564/2020 (27 de octubre).

perjuicio del consumidor, en contra de las exigencias de la buena fe contractual[32].

Este pronunciamiento supone una importante consolidación del principio de protección del consumidor, en tanto que impide que los profesionales puedan ampararse en una apariencia de formalidad contractual para blindar cláusulas que, en realidad, el consumidor no pudo entender ni valorar adecuadamente al momento de contratar.

No obstante, el TJUE también introduce una importante matización doctrinal: no toda cláusula que adolezca de falta de transparencia ha de considerarse automáticamente abusiva[33]. Esto implica que, aunque el consumidor no haya comprendido cabalmente el alcance económico o jurídico de determinadas disposiciones, ello no implica necesariamente que dichas cláusulas sean perjudiciales o desequilibradas.

Por tanto, la ausencia de transparencia activa el control de abusividad, pero no lo resuelve por sí sola. Es el órgano jurisdiccional quien debe analizar si, en el caso concreto, la cláusula cuestionada —además de no ser transparente— ocasiona un perjuicio real y desproporcionado al consumidor.

---

32 Esta argumentación se encuentra ratificada por medio de la sentencia del TJUE de 26 de enero de 2017, C– 421/14 (ECLI:EU:C:2017: 60) donde se sostuvo que la ausencia de transparencia no excluye la aplicación del juicio de abusividad, sino que habilita al juez para extender dicho control incluso sobre elementos esenciales del contrato, que, en principio, estarían excluidos si fuesen transparentes.

33 En este contexto, la sentencia del Tribunal de Justicia de la Unión Europea, de 12 de enero de 2023, C-395/21 (ECLI:EU:C:2023: 14). Así, en su apartado 52 se dispone que *una cláusula de un contrato de prestación de servicios jurídicos celebrado entre un abogado y un consumidor que establece el precio de esos servicios según el principio de la tarifa por hora, y que, por tanto, forma parte del objeto principal de ese contrato, no debe considerarse abusiva por el mero hecho de que no cumple el requisito de transparencia establecido en el artículo 4, apartado 2, de esa Directiva, a menos que el Estado miembro cuyo Derecho nacional se aplique al contrato de que se trate haya previsto expresamente, de conformidad con el artículo 8 de dicha Directiva, que la calificación de «cláusula abusiva» se deriva de ese mero hecho».*

III. Estudio de jurisprudencia entorno a las tarjetas *revolving*

En el contexto jurídico español, la legislación sobre la usura cuenta con más de cien años de vigencia, siendo su principal referente la Ley de 23 de julio de 1908, sobre nulidad de los contratos de préstamos usurarios, en adelante Ley de Usura. Lejos de establecer límites cuantitativos específicos, esta norma se caracteriza por una formulación abierta, que confiere al juez un amplio margen de valoración respecto a la fijación de una tasa o un límite específico a los tipos de interés aplicables, siempre bajo un enfoque restrictivo y excepcional, en el que deben atenderse a las circunstancias particulares del contrato. Ello se justifica por cuanto nuestro ordenamiento jurídico se fundamenta en el principio de libertad de mercado, razón por la cual los poderes del Estado no pueden, con carácter general, ejercer un control directo sobre los precios.

No obstante, el Tribunal Supremo, a través de la sentencia de 25 de noviembre de 2015[34], adoptó un enfoque interpretativo que supuso un giro significativo en la aplicación de la Ley de Usura, especialmente en lo relativo a los créditos concedidos mediante tarjetas *revolving*. Esta nueva orientación jurisprudencial dio lugar a una intensa producción de sentencias, marcadas por la intención de delimitar el alcance y los efectos de este tipo de operaciones dentro del marco del control de usura.

En este sentido, la sentencia mencionada —conocida como caso Sygma— supuso un punto de inflexión en la interpretación del artículo 1 de la Ley de Usura, al permitir declarar la usura con base exclusivamente en elementos objetivos del contrato, rompiendo así con la tradición jurisprudencial previa, que exigía una valoración conjunta de aspectos tanto objetivos como subjetivos[35].

---

34 Tribunal Supremo. Sala Civil. Sentencia 628/2015 (25 de noviembre).

35 A este respecto, el Tribunal Supremo argumenta que *«cuando en las sentencias núm. 406/2012, de 18 de junio, y 677/2014 de 2 de diciembre , exponíamos los criterios de "unidad" y "sistematización" que*

En concreto, esta resolución hace referencia a un contrato de crédito *revolving* suscrito en 2001, entre un consumidor y el Banco Sygma, en el que se aplicaba un interés remuneratorio del 24,6 % TAE y un interés de demora superior en 4,5 puntos superior al tipo remuneratorio. Así, en aras de determinar la nulidad del contrato, se llevó a cabo un análisis del artículo 1 de la Ley de Usura.

Este precepto dispone que el contrato será nulo cuando se haya pactado un interés «notablemente superior al normal del dinero» y dicho interés resulte «manifiestamente desproporcionado con las circunstancias del caso». En este contexto, se introduce una de las principales novedades doctrinales: la eliminación del requisito subjetivo contenido en el inciso segundo del mencionado artículo. En consecuencia, se estipula que ya no constituye un requisito para la calificación de la usura, la apreciación de una situación angustiosa, de inexperiencia o de debilidad del prestatario.

Adicionalmente, el Alto Tribunal manifiesta que el interés a considerar debe ser la TAE y no el Tipo de Interés Nominal (TIN)[36], y establece que el «interés normal del dinero» debe extraerse de las estadísticas del Banco de España sobre el crédito al consumo, descartando como referencia el interés legal del dinero. Esta elección plantea, sin embargo, un doble problema metodológico.

---

debían informar la aplicación de la Ley de Represión de la Usura, nos referíamos a que la ineficacia a que daba lugar el carácter usurario del préstamo tenía el mismo alcance y naturaleza en cualquiera de los supuestos en que el préstamo puede ser calificado de usurario, que se proyecta unitariamente sobre la validez misma del contrato celebrado. Pero no se retornaba a una jurisprudencia dejada atrás hace más de setenta años, que exigía, para que el préstamo pudiera ser considerado usurario, la concurrencia de todos los requisitos objetivos y subjetivos previstos en el párrafo primero del art. 1 de la Ley» (FD 3.º 3).

36 A los efectos del artículo 6.e) de la Ley de Contratos de Crédito al Consumo, se define el Tipo de Interés Nominal (TIN) como «el tipo de interés, expresado como porcentaje fijo o variable, aplicado con carácter anual al importe del crédito utilizado».

En primer lugar, se ignora la existencia de una categoría específica del producto *revolving*, utilizando como comparativa el término genérico de créditos al consumo[37].

En segundo lugar, se efectúa una comparación entre magnitudes no equivalentes, ya que se contrasta la TAE contractual[38] con el Tipo Efectivo de Definición Restringida (TEDR) medio del Banco de España[39]. Aunque es cierto que la TAE resulta imprescindible para que una cláusula de interés pueda considerarse transparente —pues permite al prestatario conocer de forma clara la carga económica real de la operación, así como compararla con otras ofertas del mercado—, también lo es que el Boletín Estadístico del Banco de España no publica la TAE media para créditos *revolving*, sino el TEDR. Por tanto, no resulta técnicamente adecuado equiparar ambos conceptos[40].

De esta forma, la sentencia transforma el control de usura en una operación aritmética, desconectada del análisis de la realidad del contrato y sus circunstancias con-

---

37 En concreto, la sala argumenta que *«la flexibilidad de la regulación contenida en la Ley de Represión de la Usura ha permitido que la jurisprudencia haya ido adaptando su aplicación a las diversas circunstancias sociales y económicas. En el caso objeto del recurso, la citada normativa ha de ser aplicada a una operación crediticia que, por sus características, puede ser encuadrada en el ámbito del crédito al consumo»* (FD 3.º 1).

38 Por su parte, el artículo 6.d) de la Ley de Contratos de Crédito al Consumo establece que la TAE representa el coste total del crédito para el consumidor, expresado como un porcentaje anual sobre el importe total del crédito concedido. En particular, se señala que dicho coste total incluye *«todos los gastos, incluidos los intereses, las comisiones, los impuestos y cualquier otro tipo de gastos que el consumidor deba pagar en relación con el contrato de crédito y que sean conocidos por el prestamista, con excepción de los gastos de notaría»*. De este modo, se entiende que la TAE incorpora no solo el TIN, sino también los gastos y comisiones vinculados al producto financiero.

39 Según las estadísticas del Banco de España se comprende que el TEDR equivale a la TAE sin incluir comisiones. Esto implica que el TEDR es el equivalente al TIN.

40 En el caso concreto, la TAE pactada en el contrato asciende al 24,6 %, mientras que el TEDR se sitúa en un rango comprendido entre el 12,24 % y el 13,49 %. Esta disparidad evidencia que ambos indicadores no pueden ser utilizados de forma indistinta como parámetros de comparación.

cretas. Asimismo, establece que se considerará usurario todo interés cuya TAE supere el doble del interés medio de los préstamos al consumo[41], lo cual, implica, en la práctica, un control indirecto de precios, en posible contradicción con principios fundamentales del Derecho de la Unión Europea, como el previsto en el artículo 4.2 de la Directiva 93/13/CEE[42].

Además, el tribunal concluye determinando que la entidad financiera no justificó adecuadamente la aplicación de un tipo de interés tan elevado, y niega como argumento válido el riesgo inherente a los créditos sin garantías. En este sentido, se comprende que la «concesión irresponsable de créditos al consumo a tipos de interés muy superiores a los normales [...] no puede ser objeto de protección por el ordenamiento jurídico» (FD 3.º.5).

Posteriormente, la sentencia de 4 de marzo de 2020[43], en el caso Wizink, trató de corregir algunas de las cuestiones suscitadas en el fallo anterior. En ella, el Tribunal estableció que, para llevar a cabo una correcta valoración de la usura, debía utilizarse como referencia el tipo medio específico del producto financiero contratado, pues el empleo de las categorías generales —como el crédito al consumo— no refleja adecuadamente el coste medio de las tarjetas de pago aplazado, cuyas características particulares —riesgo, duración, flexibilidad— afectan de forma determinante al tipo de interés.

Adicionalmente, se abandonó el criterio del doble del interés medio y se adoptó uno nuevo: los intereses se con-

---

41   Este límite encuentra su raíz en el Derecho romano clásico, donde se establecía que los intereses devengados no podían superar el doble del capital prestado, conforme al principio *usurare supra duplum*.

42   En este contexto, el artículo 4.2 de la Directiva 93/13/ CEE manifiesta que «*la apreciación del carácter abusivo de las cláusulas no se referirá a la definición del objeto principal del contrato ni a la adecuación entre precio y retribución, por una parte, ni a los servicios o bienes que hayan de proporcionarse como contrapartida, por otra, siempre que dichas cláusulas se redacten de manera clara y comprensible*».

43   Tribunal Supremo. Sala Civil. Sentencia 149/2020 (4 de marzo de 2020).

siderarán usurarios cuando superen más de un tercio el tipo medio del producto comparable[44].

No obstante, pese a la mejora del criterio de referencia, persistía un problema metodológico: el Tribunal Supremo continuaba comparando la TAE contractual, que incluye comisiones y otros gastos, con el TEDR del Banco de España, que representa exclusivamente el tipo de interés puro[45].

Por su parte, la sentencia de 4 de mayo de 2022[46] tampoco logró delimitar un criterio específico en términos numéricos claros y uniformes para determinar cuándo un interés debe considerarse usurario. No obstante, la resolución se mantuvo en la senda jurisprudencial que propugnaba el abandono definitivo del criterio que identificaba automáticamente la usura con la superación del doble del tipo medio de interés. En su lugar, reiteró la necesidad de emplear como parámetro de comparación el tipo medio de interés correspondiente a la categoría específica del producto crediticio afectado, vigente en el momento de la celebración del contrato.

La decisión del tribunal en esta sentencia constituye una reiteración de la doctrina establecida en la sentencia 149/2020, de 4 de marzo[47]. En este contexto, se determina que «el índice que debe ser tomado como referencia es el tipo medio aplicado a las operaciones de crédito mediante tarjetas de crédito y revolving con las que más específicamente comparte características la operación de

---

44 La decisión adoptada por el tribunal se asemeja a la línea legislativa adoptada en Francia, donde a través de la interpretación del Code la Consommation (artículos L-314-6 y ss.) y del Code Monéterie et financiere (artículos L-315-5 y ss.) se aplica la regla < 30 %. Esta técnica implica que la usura se producirá cuando se supere el diferencial del 30 % del precio medio de mercado.

45 En este sentido, el Tribunal Supremo concluyó que, si bien el TEDR publicado por el Banco de España para las tarjetas de crédito en mayo de 2012 se situaba en el 20,64 %, y la TAE pactada en el contrato alcanzaba el 26,82 %, dicha diferencia no determina, por sí sola y de forma automática, el carácter usurario del contrato.

46 Tribunal Supremo. Sala Civil. Sentencia 367/2022 (4 de mayo).

47 Tribunal Supremo. Sala Civil. Sentencia 149/2020 (4 de marzo).

crédito objeto de la demanda. No puede aceptarse la tesis de la recurrente de que el interés de referencia que debe emplearse para decidir si el interés del contrato cuestionado es "notablemente superior al normal del dinero y manifiestamente desproporcionado con las circunstancias del caso" es el general de los créditos al consumo y no el más específico de las tarjetas de crédito y revolving que es utilizado en la sentencia *recurrida»* (FD 3.º 5).

Para concluir, tratando de erradicar la persistencia de la inseguridad jurídica producida por la ausencia de fijación de un criterio numérico claro para establecer cuándo un interés debe considerarse usurario, la sentencia de 15 de febrero de 2023[48] reconoce que hasta el momento se había adoptado un enfoque casuístico basado en la justicia del caso concreto, si bien la litigación masiva en materia de tarjetas *revolving* exigía una respuesta de forma expresa y directa en la que se estableciera un umbral cuantitativo uniforme. En consecuencia, se determinó que un interés será considerado usurario si supera en más de 6 puntos porcentuales el tipo medio de mercado correspondiente a tarjetas de pago aplazado[49].

1. Consolidación del control de transparencia: estudio de las sentencias núm. 154/2025 y 155/2025, de 30 de enero

Las Sentencias del Tribunal Supremo núm. 154/2025 y núm. 155/2025, dictadas en Pleno el 30 de enero de 2025, representan un hito en la evolución jurisprudencial en materia de contratación financiera, específicamente

---

48   Tribunal Supremo. Sala Civil. Sentencia 442/2023 (15 de febrero).

49   En este contexto, la sentencia afirma que *«consideramos más adecuado seguir el criterio de que la diferencia entre el tipo medio de mercado y el convenido sea superior a 6 puntos porcentuales»* (FD 4.º 4). Además, en su aplicación al caso concreto, justifica que *«de acuerdo con este criterio, si el tipo medio al tiempo de la contratación sería ligeramente inferior al 20 %, el interés pactado (23,9 % TAE) no supera los 6 puntos, por lo que no se considera notablemente superior al tipo medio»* (FD 5.º).

en los contratos de tarjetas *revolving*. Estas resoluciones refuerzan y consolidan una línea interpretativa iniciada años atrás, pero que alcanza ahora una mayor densidad argumental.

En este contexto, ambas sentencias abordan el control de transparencia aplicado a cláusulas que fijan intereses remuneratorios en el contexto de productos complejos, como los créditos *revolving*, donde el diseño contractual puede ocultar los verdaderos costes y riesgos para el consumidor. Aunque cada caso concreto presenta matices, las resoluciones reflejan una doctrina común que refuerza la tutela del consumidor y delimita, con precisión, los estándares que deben cumplir las entidades financieras en términos de información precontractual y comprensión del producto ofertado.

Bajo esta perspectiva, las mencionadas sentencias coinciden en afirmar que el control de transparencia exige algo más que una redacción clara o gramaticalmente correcta. De este modo, la cláusula debe permitir que el consumidor comprenda el funcionamiento económico del contrato y sus consecuencias jurídicas, particularmente en productos que, como las tarjetas *revolving*, presentan una elevada complejidad estructural y un alto riesgo de sobreendeudamiento[50].

En este contexto, comprender el funcionamiento económico del contrato resulta fundamental. Tal y como señaló el Tribunal Supremo en su sentencia de 4 de marzo de 2020[51], uno de los principales riesgos de este tipo de crédito radica en que, al estar dirigido a personas con escasa solvencia o sin garantías suficientes —que no pueden acceder a opciones de financiación más asequibles—, estas pueden no ser plenamente conscientes de que, aun-

---

50   En este sentido, ambas resoluciones citan como referencia obligada la jurisprudencia del TJUE para sostener que el control de transparencia debe garantizar una comprensión real del producto financiero ofrecido. Lo que implica conocer sus costes, la amortización del capital, la evolución de la deuda y la estructura de pagos. Véase la sentencia del TJUE, de 30 de abril de 2014, C-280/13, (ECLI:EU:C:2014:279).

51   Tribunal Supremo. Sala Civil. Sentencia 149/2020 (4 de marzo).

que las cuotas mensuales no suelen parecer elevadas en relación con la deuda total, ese diseño implica un largo período de pagos, durante el cual se abona una elevada proporción de intereses y se amortiza muy poco capital.

En otras palabras, el Banco de España advierte que la característica distintiva del crédito *revolving* es lo que denomina el «efecto de bola de nieve»: el riesgo de entrar en una dinámica de deuda indefinida, que nunca se termina de pagar[52]. Por ello, es imprescindible que el consumidor reciba una información sobre estas características y estos riesgos, con un contenido y presentación adecuada y en el momento oportuno.

Asimismo, se determina que la información que permite al consumidor comprender el alcance del contrato debe ser suministrada antes de su formalización, de forma detallada y adaptada a la complejidad del producto. Ambos fallos destacan que no basta con entregar documentación estandarizada —como el folleto Instituto Nacional de Estadística (INE)— si esta no incluye simulaciones realistas o no explica, con claridad, el sistema de amortización, los efectos del pago mínimo o el posible carácter perpetuo de la deuda.

Adicionalmente, se reafirma que el control de transparencia requiere una doble valoración judicial. En primer lugar, se analiza si la cláusula supera el examen de inteligibilidad y comprensibilidad. Y, en segundo lugar, el control de abusividad permite determinar si existe un desequili-

---

52   En este contexto, la sentencia núm. 154/2025 (30 de enero) dispone que *«estas consecuencias negativas para el consumidor pueden producirse por la conjunción de varios factores: el carácter indefinido o prorrogable automáticamente del crédito; el límite del crédito se va recomponiendo constantemente; el elevado tipo de interés; la escasa cuantía de las cuotas, bien porque han sido establecidas por defecto en el contrato, bien porque han sido elegidas por el consumidor por el atractivo de ser asumibles en el corto plazo pero que van acrecentando un problema que se hará cada vez más serio a largo plazo pues suponen que se amortice muy poco capital; y, en su caso, el anatocismo en caso de impago de alguna cuota, comisión o indemnización de modo que el interés de demora se calcula sobre la totalidad de la cantidad adeudada, incluyendo capital, intereses, indemnizaciones y comisiones»* (FD 3.º 4).

brio relevante y una actuación en contra de la buena fe por parte del predisponente.

De este modo, se observa que el Tribunal Supremo actúa como intérprete protector del consumidor, estableciendo una doctrina estructurada que compensa las carencias legislativas y responde al incremento de la litigiosidad en esta materia. No obstante, pese a compartir doctrina, cada sentencia presenta particularidades en cuanto al supuesto de hecho, planteamiento procesal, fundamentación jurídica y enfoque del análisis de transparencia.

En lo que respecta al supuesto de hecho, la sentencia número 154/2025, de 30 de enero de 2025[53], analiza lo ocurrido tras la celebración de un contrato presencial con la entidad denominada «Oney Servicios Financieros», en el que el consumidor utilizó la tarjeta el mismo día de su contratación. Esta actuación fue determinante, ya que llevó al alto Tribunal a concluir que no hubo tiempo suficiente para analizar la documentación previa, lo que implicó una anulación de la sentencia de 17 de diciembre dictada por la Sección Sexta de la Audiencia Provincial de Oviedo.

En este contexto, el tribunal toma en consideración las exigencias previstas en el artículo 5.1 de la Directiva 2008/48/CE del Parlamento Europeo y del Consejo, de 23 de abril de 2008, relativa a los contratos de crédito al consumo, así como en el artículo 10.1 de la Ley 16/2011, de 24 de junio, de contratos de crédito al consumo, en la redacción vigente en el momento de los hechos. Ambas disposiciones establecen que «el prestamista y, en su caso, el intermediario de crédito deberá facilitar de forma gratuita al consumidor, con la debida antelación y antes de que el consumidor asuma cualquier obligación en virtud de un contrato u oferta de crédito, la información necesaria basada en las condiciones del crédito ofrecidas por el prestamista» (FD 3.º 5).

---

53   Tribunal Supremo. Sala Civil. Sentencia 154/2025 (30 de enero).

Sin embargo, la sentencia número 155/2025, también de 30 de enero de 2025[54], analiza un contrato a distancia con la entidad «Servicios Prescriptor y Medios de Pago». En este caso concreto, se evidenció una falta total de explicación del producto, ya que no constaba la entrega de documentos informativos previos. En este sentido, aunque la cláusula presentaba una redacción clara, fue anulada por la falta de información precontractual.

Efectivamente, en la sentencia se manifiesta que «más allá de una información general de esta modalidad de tarjeta, no consta que hubiera sido informada con carácter previo del riesgo derivado de una lenta amortización, de que se forme una *"bola de nieve"*». Como consecuencia de ello, afirma que «con *la información contenida en el contrato y en la ficha INE, un consumidor medio, normalmente informado, razonablemente atento y perspicaz, no es capaz de tomar conciencia de la naturaleza y consecuencias del mecanismo de amortización revolving, los elevados costes que pueden suponerle y los riesgos de terminar siendo un "deudor cautivo" que tal sistema puede implicar*» (FD 2.º 6).

Ahora bien, desde un enfoque procesal, también se observan diferencias. En la sentencia relativa a «Oney Servicios Financieros», el recurso interpuesto manifiesta la existencia de una infracción procesal por errónea valoración de la prueba, al constatar que el tribunal de instancia no había tenido en cuenta el uso inmediato de la tarjeta. En cambio, la sentencia sobre «Servicios Prescriptor y Medios de Pago» abordó únicamente un recurso de casación, centrado en el análisis jurídico de la cláusula y la legalidad del procedimiento de contratación online.

Por los motivos anteriormente expuestos, procede concluir determinando que las citadas sentencias constituyen un avance jurisprudencial decisivo en la consolidación del control de transparencia como herramienta de tutela efectiva del consumidor, pues ambas consolidan criterios que hoy pueden considerarse doctrina estable: la trans-

---

54   Tribunal Supremo. Sala Civil. Sentencia 155/2025 (30 de enero).

parencia no se agota en la redacción clara; exige comprensión real del funcionamiento económico del contrato; la información previa debe ser suficiente, comprensible y entregada con antelación efectiva; y, en caso de opacidad, procede el control de contenido, donde el desequilibrio significativo y la mala fe predisponente conducen a la nulidad de la cláusula.

En este contexto, sus diferencias muestran que el Tribunal Supremo está dispuesto a adaptar el análisis a las particularidades del caso concreto, reforzando con ello la dimensión casuística del principio de transparencia. Mientras la sentencia 154/2025 acentúa el valor del tiempo y la prueba sobre la información previa, la sentencia 155/2025 se adentra en los aspectos estructurales y económicos del diseño del producto financiero.

Por este motivo, estas sentencias dotan al sistema jurídico de parámetros sólidos para examinar la validez de las cláusulas en los contratos *revolving*, pero también evidencian la necesidad urgente de una regulación normativa integral, que garantice de manera efectiva los derechos del consumidor en el ámbito de la contratación financiera.

2. Prescripción de la acción restitutoria en contratos usurarios de tarjetas *revolving*: análisis de la sentencia del Tribunal Supremo de 5 de marzo de 2025

La prescripción de la acción restitutoria derivada de la nulidad de contratos de crédito *revolving* ha adquirido una relevancia creciente en la doctrina y jurisprudencia reciente, especialmente ante el aumento de litigios promovidos por consumidores. En este contexto, el eje del debate ha sido determinar si dicha acción está sujeta a prescripción y, de ser así, establecer cuál es el momento inicial para su cómputo, *dies a quo*.

Tanto el Tribunal de Justicia de la Unión Europea como el Tribunal Supremo han distinguido con claridad entre la acción de nulidad, de carácter imprescriptible, y la acción restitutoria, que tiene por objeto la devolución de las cantidades indebidamente abonadas como consecuencia de una cláusula o contrato nulo.

El punto de partida en España se remonta a la sentencia de 25 de julio de 2018 de la Sección 15.ª de la Audiencia Provincial de Barcelona[55], que fijó por primera vez la imprescriptibilidad de la acción de nulidad de cláusulas predispuestas, pero reconoció la prescripción de la acción de restitución de cantidades. En este sentido, esta doctrina se consolida con apoyo en el artículo 1964 del Código Civil[56], cuyo plazo fue reducido de quince a cinco años por la Ley 42/2015, de 5 de octubre[57].

Además, en relación con la Ley de Usura[58], el artículo 3 dispone que, declarado nulo el contrato, el prestatario solo debe devolver el capital recibido, mientras que el prestamista ha de reintegrar lo cobrado en exceso. Esta redacción originó interpretaciones doctrinales que abogaban por la imprescriptibilidad de la restitución, tesis que ha sido descartada de forma concluyente por el Tribunal Supremo.

Una vez admitida la prescripción de la acción de restitución en los supuestos de nulidad de cláusulas abusivas en préstamos hipotecarios, la cuestión clave pasó a ser la determinación del *dies a quo*. El TJUE, en diversas resoluciones[59], ha reiterado que el cómputo del plazo debe ini-

---

55 Audiencia Provincial de Barcelona. Sala Civil. Sección n.º 15. Sentencia 547/2018 (25 de julio).

56 SÁNCHEZ, J. M. (2020). «La acción de restitución de los intereses remuneratorios si se declara usurario un crédito revolving está sujeta al plazo de prescripción del artículo 1964 del Código Civil». *Diario La Ley*, 9713, 1-14.

57 Ley 42/2015, de 5 de octubre, de reforma de la Ley 1/2000, de 7 de enero, de Enjuiciamiento Civil (BOE núm. 239, de 6 de octubre de 2015).

58 Ley de 23 de julio de 1908 sobre nulidad de los contratos de préstamos usuarios (Gaceta de Madrid núm. 206, de 24 de julio de 1908).

59 Véase la sentencia del Tribunal de Justicia de la Unión Europea, de 21 de abril de 2021, C- 485/19 (ECLI:EU:C:2021: 313) y la sentencia del Tribunal de Justicia de la Unión Europea, de 24 de abril de 2024, asuntos acumulados C- 484/21 y C-561/21 (ECLI:EU:C:2024: 360 y

ciarse cuando el consumidor tenga conocimiento efectivo del carácter abusivo de la cláusula y de las consecuencias jurídicas de su nulidad, en aplicación de la Directiva 93/13/CEE[60].

Frente a los mencionados pronunciamientos, el Tribunal Supremo en su sentencia de 14 de junio de 2024[61], asumió esta doctrina, fijando que, salvo prueba de conocimiento previo por parte del consumidor, el plazo comenzará a contar desde la firmeza de la sentencia que declare la nulidad de la cláusula. Así lo recoge expresamente el fundamento de derecho séptimo, dejando abierta la posibilidad de que el prestamista demuestre que el consumidor estaba en condiciones de conocer con anterioridad la abusividad de la cláusula[62].

ECLI:EU:C:2024: 362, respectivamente). Ambas resoluciones plantean la necesidad de evaluar si el consumidor presenta un conocimiento de los efectos jurídicos que regula la Directiva 93/13 y si dispone de tiempo suficiente para ejercitar sus derechos en aras de fijar el *dies a quo* del inicio del plazo de prescripción.

60   SÁNCHEZ, J. M., Y VALLEJO, C. (2020). «La Sentencia del TJUE de 16 de julio de 2020 y la prescripción de la acción de restitución de una cláusula contractual declarada abusiva». *Revista Jurídica sobre Consumidores y Usuarios*, Número especial, 72-82.

61   Tribunal Supremo. Sala civil. Sentencia 857/2024 (14 de junio).

62   De esta manera, se comprende que la jurisprudencia del TJUE sobre esta materia y especialmente la STJUE de 25 de abril de 2024, C-561/21 (ECLI:EU:C:2024: 362) da respuesta a la petición de decisión prejudicial estableciendo, resumidamente, que: *«(i) La Directiva 93/13 no se opone a que la prescripción de la acción de reclamación de gastos hipotecarios comience el día en que adquirió firmeza la sentencia que declaró el carácter abusivo de la cláusula de gastos, por ser el momento en que el consumidor tiene un conocimiento cierto de la irregularidad de la cláusula; y sin que esto atente al principio de seguridad jurídica, pues es el propio profesional el que, prevaliéndose de su posición de superioridad, ha generado una situación que la Directiva 93/13 prohíbe y pretende evitar. (ii) (iii) Ello, sin perjuicio de que el profesional tenga la facultad de probar, en cada caso, que ese consumidor tenía o podía razonablemente tener conocimiento de la abusividad de la cláusula antes de dictarse una sentencia que declare su nulidad, aportando al efecto pruebas concretas sobre sus relaciones con ese consumidor, de conformidad con el régimen nacional de la prueba que resulte de aplicación. De hecho, en la formulación realizada por el TJUE, esta facultad del profesional se erige como el único límite a que las acciones restitutorias sean imprescriptibles»* (FD 7.º 2).

Esta interpretación fue reafirmada en el fundamento de derecho octavo, donde se establece que, la fecha de la firmeza no es un criterio absoluto y que el conocimiento efectivo puede producirse antes, si así se acredita mediante la mencionada prueba[63].

Sin embargo, quedaba pendiente pronunciamiento sobre la prescripción en los contratos *revolving* declarados usurarios, y en particular, sobre el momento inicial del plazo para reclamar la restitución de intereses remuneratorios.

La sentencia de 5 de marzo de 2025, del Pleno de la Sala 1.ª del Tribunal Supremo[64], aborda por primera vez de manera definitiva esta cuestión. Tras analizar el artículo 3 de la Ley de Usura, junto con los artículos 1930 y siguientes del Código Civil, el Alto Tribunal concluye que la acción de restitución también está sujeta a prescripción en estos casos, y no puede considerarse imprescriptible.

A este respecto la sentencia permite distinguir dos supuestos: por un lado, la excepción procesal que puede oponerse en cualquier momento a una reclamación del prestamista[65], y por otro, la acción principal o reconvencional del prestatario para reclamar lo pagado en exceso, que sí está sujeta a plazo[66]. En este sentido, rechaza la

---

63 Expresamente se manifiesta que «*al no haber probado la parte demandada que los consumidores tuvieran conocimiento de la abusividad de la cláusula de gastos antes de la firmeza de la sentencia que declaró su nulidad, no cabe considerar que la acción de restitución estuviera prescrita*».

64 Tribunal Supremo. Sala Civil. Sentencia 350/2025 (5 de marzo).

65 En efecto, el Tribunal Supremo dispone que «*la excepción prevista en la primera parte del art. 3 de la Ley de Usura (que el prestatario puede oponer, frente a la acción de reclamación del prestamista que incluye capital, intereses y comisiones, que solo está obligado a entregar la suma recibida) puede ser opuesta por el prestatario cualquiera que sea la fecha en que el prestamista formula su demanda (quae temporalia sunt ad agendum, perpetua sunt ad excipiendum)*» (FD 2.º 5).

66 En oposición, se comprende que «*la acción prevista en la última parte del precepto (que el prestatario exija al prestamista, en una demanda principal o reconvencional, que le devuelva lo que, tomando en cuenta el total de lo percibido, exceda del capital prestado) está sometida a prescripción*» (FD 2.º 5).

pretensión de que la restitución por usura goce de imprescriptibilidad absoluta.

En cuanto al *dies a quo*, el Tribunal Supremo aclara que la doctrina del TJUE no resulta aplicable, ya que la usura es una cuestión ajena al Derecho de la Unión[67]. Así, establece que la acción de restitución nace con cada pago realizado, no con la firma del contrato, ni con su declaración de nulidad. En los contratos de tracto sucesivo como los *revolving*, cada cuota mensual genera una acción independiente de restitución. En consecuencia, el consumidor podrá reclamar las cantidades abonadas en exceso dentro de los cinco años anteriores a la reclamación judicial o extrajudicial. Además, podrá aplicarse un aumento de 82 días como consecuencia de la suspensión de plazos de prescripción acordada en el Real Decreto 463/2020, de 14 de marzo[68].

Este nuevo enfoque ha suscitado críticas doctrinales. Autores como VILLARUBIA GONZÁLEZ[69] advierten que esta doctrina favorece los intereses de las entidades financieras en detrimento de la protección del consumidor, y cuestionan su alineación con los principios del Derecho de la Unión, especialmente el de primacía. Esta disonancia podría motivar futuras cuestiones prejudiciales por parte de los tribunales nacionales, a fin de determinar si la doctrina jurisprudencial española vulnera el principio de efectividad en materia de protección al consumidor.

---

67   En este sentido, la sala justifica su argumentación con base al apartado 26 del auto del TJUE de 25 de marzo de 2021, asunto C-593/20 (ECLI:EU:C:2021: 535), donde se expresa que *«procede hacer constar que ninguna disposición de esta Directiva recoge normas de armonización sobre la cuestión del coste máximo admisible del crédito o la del importe de la TAE, de modo que los Estados miembros siguen siendo competentes para fijar dicho coste o dicho importe»* (FD 2.º 6).

68   Real Decreto 463/2020, de 14 de marzo, por el que se declara el estado de alarma para la gestión de la situación de crisis sanitaria ocasionada por el COVID-19 (BOE núm. 67, de 14 de marzo de 2020). Cuya vigencia actualmente se encuentra agotada.

69   VILLARRUBIA, J. (2025). «Insólita Sentencia del Tribunal Supremo de 5 de marzo de 2025 resolviendo la prescripción de la acción restitutoria por aplicación de interés usurario a través de las denominadas tarjetas revolving». *Diario La Ley*, 10697, 1-12.

En conclusión, la sentencia del Tribunal Supremo de 5 de marzo de 2025 representa un cambio relevante en la interpretación del régimen de prescripción de las acciones restitutorias derivadas de la nulidad por usura en contratos *revolving*. Si bien ofrece seguridad jurídica al delimitar el plazo y el momento inicial para su cómputo, también plantea una potencial controversia respecto a su compatibilidad con el marco comunitario, por lo que no puede descartarse una futura revisión por parte del TJUE a través del planteamiento de nuevas cuestiones prejudiciales.

IV. Conclusiones

La contratación financiera contemporánea, particularmente en lo que respecta a los productos de pago aplazado como las tarjetas revolving, ha evidenciado importantes desafíos en materia de equilibrio contractual, transparencia informativa y protección efectiva del consumidor. Este tipo de instrumentos, aun siendo válidos desde la lógica de mercado, han generado dinámicas económicas y jurídicas que, con frecuencia, reproducen situaciones de desequilibrio estructural y colocan al consumidor en una posición de desventaja sustancial.

A lo largo del presente estudio se ha demostrado cómo el Derecho de consumo, sustentado tanto en el ordenamiento jurídico nacional como en el marco europeo, ha evolucionado desde una concepción formalista de la autonomía contractual hacia una visión funcional y correctora, que incorpora principios como la buena fe, el control de abusividad, la transparencia material y la protección del consumidor vulnerable. Esta evolución no responde únicamente a criterios técnicos, sino que se fundamenta en exigencias materiales de justicia social, entendida esta como la obligación de los poderes públicos de garantizar la igualdad real de oportunidades y corregir los efectos jurídicamente relevantes de las desigualdades económicas y sociales.

En este sentido, la protección del consumidor frente a las cláusulas abusivas y la opacidad en la contratación revolving se erige como una manifestación concreta del mandato constitucional contenido en el artículo 51 CE y en el principio de función social del contrato. Asimismo, la jurisprudencia más reciente del Tribunal Supremo ha consolidado líneas doctrinales que refuerzan este enfoque, introduciendo parámetros interpretativos cada vez más exigentes en cuanto al control de transparencia y a la delimitación del carácter usurario de los intereses pactados.

No obstante, la realidad jurídica muestra que subsisten zonas de inseguridad normativa y lagunas interpretativas que exigen una respuesta legislativa más clara, especialmente en lo relativo al régimen de prescripción de acciones restitutorias y al establecimiento de umbrales objetivos para calificar una cláusula como abusiva o un tipo de interés como usurario. La litigiosidad creciente en esta materia no solo refleja la dificultad de los consumidores para comprender el alcance económico de sus contratos, sino también la necesidad de reforzar los mecanismos institucionales que hagan efectiva la tutela de sus derechos.

Por este motivo, la intervención del Derecho en la contratación financiera no puede limitarse a salvaguardar la legalidad formal de los contratos, sino que debe orientarse a garantizar relaciones contractuales justas, equilibradas y comprensibles.

Bibliografía básica

ALFARO, J. (2002). «Artículo 1». En A. MENÉNDEZ y L. DÍEZ-PICAZO (Dirs), *Comentarios a la Ley sobre Condiciones Generales de la Contratación*, *Estudio de las disposiciones generales* (pp. 97-141). Civitas.

BENTANCOR, V. E. (2020). «Tarjetas revolving: ¿medio de pago o crédito al consumo?» *Diario La Ley*, 9580, 1-11.

BERCOVITZ, A., y BERCOVITZ, R. (1987). *Estudios jurídicos sobre protección de los consumidores.* Tecnos.

CÁMARA, S. (2022). «Conceptos de consumidor y usuario y de persona consumidora vulnerable». En A. CAÑIZARES y L. ZUMAQUERO (Dirs.), *Comentarios al texto refundido de la Ley de consumidores y usuarios* (pp. 103-158). Tirant lo Blanch.

CARRASCO, Á. (2021). *Derecho de contratos*. Aranzadi.

CASTILLO, C. DEL C. (2021). *Protección y defensa del consumidor frente a la abusividad y la usura en el tránsito hacia la asimilación del Derecho de la Unión*. Tirant lo Blanch.

MORENO, L. (2018). *Las cláusulas abusivas: Tratamiento sustantivo y procesal*. Tirant lo Blanch.

ROMÁN, S. (2020). *El control de las condiciones generales de contratación en contratos celebrados con consumidores y usuarios*. Revista de Derecho vLex, 198, 1-10.

SÁNCHEZ, J. M. (2020). «La acción de restitución de los intereses remuneratorios si se declara usurario un crédito revolving está sujeta al plazo de prescripción del artículo 1964 del Código Civil». *Diario La Ley*, 9713, 1-14.

SÁNCHEZ, J. M., y VALLEJO, C. (2020). «La Sentencia del TJUE de 16 de julio de 2020 y la prescripción de la acción de restitución de una cláusula contractual declarada abusiva». *Revista Jurídica sobre Consumidores y Usuarios, Número especial*, 72-82.

TENAS, M. Á. (2020). «A propósito de las tarjetas de crédito revolving». *Diario La Ley*, 9612 (Sección Tribuna), 1-6.

VILLARRUBIA, J. (2025). «Insólita Sentencia del Tribunal Supremo de 5 de marzo de 2025 resolviendo la prescripción de la acción restitutoria por aplicación de interés usurario a través de las denominadas tarjetas revolving». *Diario La Ley, 10697*, 1-12.

Bibliografía complementaria

CARRASCO, Á., y AGÜERO, A. (2015). «Sobre la usura en contratos de crédito al consumo: «Sygma Mediatis», un mal precedente, una pésima doctrina, un nefasto augurio». *Revista CESCO de Derecho de Consumo*, 16, 73-94.

CARRASCO, Á., y CORDÓN, F. (2019). *Intereses de usura y tarjetas de crédito revolving: La superación de la jurisprudencia «Sygma Mediatis»*. Civitas-Thomson Reuters.

SÁNCHEZ, J. M., y ORDUÑA, J. (2022). *Aspectos prácticos del crédito revolving*. Tirant lo Blanch.

GARCÍA, J. A. (2023). *De Iure Mercatus: Libro homenaje al Prof. Dr. h. c. Alberto Bercovitz Rodríguez Cano*. Tirant lo Blanch.

Legislación citada

– Ley de 23 de julio de 1908 sobre nulidad de los contratos de préstamos usuarios (Gaceta de Madrid núm. 206, de 24 de julio de 1908) https://www.boe.es/buscar/act.php?id=BOE-A-1908-5579

– Constitución española (BOE núm. 331, de 29 de diciembre de 1978). https://www.boe.es/buscar/act.php?id=BOE-A-1978-31229

– Ley 50/1980, de 8 de octubre, de Contrato de Seguro (BOE núm. 250, de 17 de octubre de 1980) https://www.boe.es/buscar/act.php?id=BOE-A-1980-22501

– Ley 26/1984, de 19 de julio, General para la Defensa de los Consumidores y Usuarios (BOE núm. 176, de 24 de julio de 1984) https://www.boe.es/buscar/doc.php?id=BOE-A-1984-16737

– Directiva 93/13/CEE del Consejo, de 5 de abril de 1993, sobre las cláusulas abusivas en los contratos celebrados con consumidores (DOCE núm. 95, de 21 de abril de 1993) https://www.boe.es/buscar/doc.php?id=DOUE-L-1993-80526

– Directiva 97/7/CE del Parlamento Europeo y del Consejo, de 20 de mayo de 1997, relativa a la protección de los consumidores en materia de contratos a distancia (DOCE núm. 144, de 4 de junio de 1997) https://www.boe.es/buscar/doc.php?id=DOUE-L-1997-81010

– Ley 7/1998, de 13 de abril, sobre condiciones generales de la contratación (BOE núm. 89, de 14 de abril de 1998) https://www.boe.es/buscar/act.php?id=-BOE-A-1998-8789

– Directiva 1999/44/CE del Parlamento Europeo y del Consejo, de 25 de mayo de 1999, sobre determinados aspectos de la venta y las garantías de los bienes de consumo (DOCE núm. 171, de 7 de julio de 1999). https://www.boe.es/buscar/doc.php?id=-DOUE-L-1999-81346

– Real Decreto Legislativo 1/2007, de 16 de noviembre, por el que se aprueba el texto refundido de la Ley General para la Defensa de los Consumidores y Usuarios y otras leyes complementarias (BOE núm. 287, de 30 de noviembre de 2007) https://www.boe.es/buscar/act.php?id=BOE-A-2007-20555

– Carta de los Derechos Fundamentales de la Unión Europea (DOUE núm. 83, de 30 de marzo de 2010). https://www.boe.es/doue/2010/083/Z00389-00403.pdf

– Ley 16/2011, de 24 de junio, de contratos de crédito al consumo (BOE núm. 151, de 25 de junio de 2011) https://www.boe.es/buscar/act.php?id=-BOE-A-2011-10970

– Orden EHA/2899/2011, de 28 de octubre, de transparencia y protección del cliente de servicios bancarios (BOE núm. 261, de 29 de octubre de 2011) https://www.boe.es/buscar/act.php?id=BOE-A-2011-17015

– Directiva 2011/83/UE del Parlamento Europeo y del Consejo, de 25 de octubre de 2011, sobre los derechos de los consumidores, por la que se modifican la Directiva 93/13/CEE del Consejo y la Directiva 1999/44/CE del Parlamento Europeo y del Consejo y se derogan la Directiva 85/577/CEE del Consejo y la Directiva 97/7/CE del Parlamento Europeo y del Consejo (DOUE núm. 304, de 22 de noviembre de 2011) https://www.boe.es/doue/2011/304/L00064-00088.pdf

– Ley 42/2015, de 5 de octubre, de reforma de la Ley 1/2000, de 7 de enero, de Enjuiciamiento Civil (BOE núm. 239, de 6 de octubre de 2015) https://www.boe.es/buscar/doc.php?id=BOE-A-2015-10727

– Real Decreto 463/2020, de 14 de marzo, por el que se declara el estado de alarma para la gestión de la situación de crisis sanitaria ocasionada por el COVID-19 (BOE núm. 67, de 14 de marzo de 2020) https://www.boe.es/buscar/doc.php?id=BOE-A-2020-3692

– Real Decreto-ley 1/2021, de 19 de enero, de protección de los consumidores y usuarios frente a situaciones de vulnerabilidad social y económica (BOE núm. 17, de 20 de enero de 2021) https://www.boe.es/buscar/act.php?id=BOE-A-2021-793

– Ley 4/2022, de 25 de febrero, de protección de los consumidores y usuarios frente a situaciones de vulnerabilidad social y económica (BOE núm. 51, de 1 de marzo de 2022) https://www.boe.es/diario_boe/txt.php?id=BOE-A-2022-3198

Jurisprudencia referenciada

Tribunal de Justicia de la Unión Europea

– Sentencia del Tribunal de Justicia (Sala Primera) de 14 de marzo de 1991, C-361/89 (ECLI:EU:C:1991:118).

– Sentencia del Justicia de 19 de enero de 1993, C-101/91 (ECLI:EU:C:1993:16).

– Sentencia del Justicia (Sala Quinta) de 3 de julio de 1997, C-269/95 (ECLI:EU:C:1997:337).

- Sentencia del Justicia (Sala Quinta) de 17 de marzo de 1998, C-45/96 (ECLI:EU:C:1998:111).
- Sentencia del Tribunal de Justicia (Sala Sexta) de 11 de julio de 2002, C-96/00 (ECLI:EU:C:2002:436).
- Sentencia del Tribunal de Justicia (Sala Segunda) de 20 de enero de 2005, C-27/02 (ECLI:EU:C:2005:33).
- Sentencia del Tribunal de Justicia de la Unión Europea, de 14 de junio de 2012, C-618/10 (ECLI:EU:C:2012:349).
- Sentencia del Tribunal de Justicia de la Unión Europea, de 14 de marzo de 2013, C-415/11 (ECLI:EU:C:2013:164).
- Sentencia del Tribunal de Justicia de la Unión Europea, de 21 de marzo de 2013, C-92/11 (ECLI:EU:C:2013:180).
- Sentencia del Tribunal de Justicia del Tribunal de Justicia de la Unión Europea, de 30 de abril de 2014, C-280/13, (ECLI:EU:C:2014:279).
- Sentencia del Tribunal de Justicia de la Unión Europea, de 10 de septiembre de 10 de septiembre de 2014, C-34/13 (ECLI:EU:C:2014:2189).
- Sentencia del Tribunal de Justicia de la Unión Europea, de 23 de abril de 2015, C96/14 (ECLI:EU:C:2015:2062).
- Sentencia del Tribunal de Justicia de la Unión Europea, de 26 de enero de 2017, C-421/14 (ECLI:EU:C:2017:60).
- Sentencia del Tribunal de Justicia de la Unión Europea, de 9 de julio de 2020, C-452/18 (ECLI; EU:C:2020:536).
- Sentencia del Tribunal de Justicia de la Unión Europea, de 25 de marzo de 2021, C- 593/20 (ECLI:EU:C:2021:535).
- Sentencia del Tribunal de Justicia de la Unión Europea, de 21 de abril de 2021, C- 485/19 (ECLI:EU:C:2021:313).
- Sentencia del Tribunal de Justicia de la Unión Europea, de 12 de enero de 2023, C-395/21 (ECLI:EU:C:2023:14).
- Sentencia del Tribunal de Justicia de la Unión Europea, de 24 de abril de 2024, C- 484/21 (ECLI:EU:C:2024:360).
- Sentencia del Tribunal de Justicia de la Unión Europea, de 25 de abril de 2024, C-561/21 (ECLI:EU:C:2024:362).

Tribunal Supremo

- Tribunal Supremo. Sala de lo Civil. Sentencia 693/2019 (18 de diciembre).
- Tribunal Supremo. Sala Civil. Sentencia 406/2012 (18 de junio).
- Tribunal Supremo. Sala Civil. Sentencia 241/2013 (9 de mayo).
- Tribunal Supremo. Sala Civil. Sentencia 677/2014 (2 de diciembre).
- Tribunal Supremo. Sala de lo Civil. Sentencia 265/2015 (22 de abril).
- Tribunal Supremo. Sala Civil. Sentencia 628/2015 (25 de noviembre).
- Tribunal Supremo. Sala Civil. Sentencia 149/2020 (4 de marzo).
- Tribunal Supremo. Sala Civil. Sentencia 564/2020 (27 de octubre).
- Tribunal Supremo. Sala Civil. Sentencia 367/2022 (4 de mayo).
- Tribunal Supremo. Sala Civil. Sentencia 442/2023 (15 de febrero).
- Tribunal Supremo. Sala civil. Sentencia 857/2024 (14 de junio).
- Tribunal Supremo. Sala Civil. Sentencia 154/2025 (30 de enero).
- Tribunal Supremo. Sala Civil. Sentencia 350/2025 (5 de marzo).

Audiencia Provincial

- Audiencia Provincial de Barcelona. Sala Civil. Sección n.º 15. Sentencia 547/2018 (25 de julio).

CAPÍTULO 6

LA PRUEBA NEUROCIENTÍFICA EN EL PROCESO PENAL ESPAÑOL: TENSIONES ENTRE VERDAD PROCESAL Y JUSTICIA SOCIAL

Roldán Castillón, Martina

Introducción

El avance de la neurociencia y su progresiva incorporación al ámbito jurídico han dado lugar a un nuevo tipo de prueba: la prueba neurocientífica, entendida como aquella que se vale de técnicas y conocimientos derivados de la neurociencia para aportar información relevante sobre el funcionamiento cerebral y su relación con el comportamiento humano. Estas herramientas —como las imágenes por resonancia magnética funcional (fMRI), el electroencefalograma (EEG) o los potenciales evocados— pueden tener un notable valor probatorio en el proceso penal.

Más allá de las implicaciones técnicas y jurídicas, la utilización de la prueba neurocientífica plantea cuestiones esenciales desde la perspectiva de la justicia social, entendida, en términos generales, como el principio según el cual una sociedad debe garantizar la equidad en el acceso a los derechos fundamentales, eliminando desigualdades estructurales y protegiendo de manera especial a los sectores más vulnerables. Tal como la define la Real Academia Española (s.f.), la justicia social comporta la «obligación que tiene el Estado de procurar el equilibrio entre la población a favor de las personas desfavorecidas».

En este marco, la introducción de pruebas neurocientíficas en el proceso penal debe analizarse no únicamente desde su validez jurídica o eficacia técnica, sino también desde su impacto en el equilibrio procesal y la igualdad efectiva entre las partes. Las exigencias técnicas y económicas asociadas a este tipo de prueba pueden acentuar las diferencias entre quienes cuentan con recursos suficientes y quienes no, generando una nueva forma de desigualdad procesal. De ahí que sea necesario abordar su integración en clave de justicia social, evaluando si estas herramientas contribuyen realmente a un sistema más justo o si, por el contrario, consolidan exclusiones preexistentes bajo una apariencia de objetividad científica.

En definitiva, la presente investigación parte de esta doble dimensión —procesal y social— para examinar en qué medida el uso de pruebas neurocientíficas puede ser compatible con un modelo de justicia penal alineado con los principios propios de un Estado democrático de derecho y con los estándares de equidad que exige la justicia social contemporánea.

I. ¿Es posible usar la neurociencia como prueba en los tribunales españoles?

1. Neurociencia y derecho

1.1. ¿Qué es la neurociencia y cómo cambia la comprensión del derecho?

La neurociencia puede definirse como una disciplina de carácter transversal que se encarga del estudio sistemático del sistema nervioso en sus múltiples dimensiones estructurales y funcionales (Real Academia Española, s.f.). Esta área del conocimiento se construye a partir de la convergencia de diversas ciencias —tales como la biología, la psicología, la anatomía, la informática y la neurología, entre otras— con el propósito de ofrecer explicaciones científicas, sustentadas empíricamente, acerca del funcionamiento cerebral y su influencia sobre la conducta humana. En este sentido, la neurociencia aspira a proporcionar fundamentos sólidos que permitan comprender el funcionamiento del cerebro y su relación directa con fenómenos como la conciencia, las emociones, las percepciones o los procesos cognitivos (Cavada, 2017, p. 1).

En las últimas décadas, los avances en neurociencia han sido particularmente significativos, propiciando un salto cualitativo en la comprensión de los mecanismos que sustentan la conducta. Como advierte Marinaro (2022, p. 38), asistimos a una progresiva expansión y diversificación de las tecnologías aplicadas al estudio del cerebro humano. Este desarrollo ha dado lugar al progreso de herramientas cada vez más sofisticadas como electrodos, sistemas computacionales o prótesis inteligentes, que permiten establecer una interacción directa con el sistema nervioso central, ampliando de manera notable tanto el alcance teórico de la investigación como sus posibles aplicaciones prácticas (Müller & Rotter, 2017, p. 1). En definitiva, las técnicas neurocientíficas, destacan por su capacidad para identificar patrones neuronales con un alto grado de precisión y, en su mayoría, son mínimamente invasivas.

Dentro del marco de la neurociencia, adquiere especial relevancia para el derecho la neurotecnología, entendida como una rama aplicada de la neurociencia. A través del uso de herramientas tecnológicas avanzadas, permite registrar e interpretar la actividad cerebral mediante algoritmos capaces de decodificar señales neuronales. Esta rama se ocupa de estudiar cómo el cerebro procesa la información, integrándola y transformándola en actividad mental observable (Pla, 2025, p. 633).

Las técnicas neurotecnológicas emplean dispositivos y sistemas, en ocasiones basados en inteligencia artificial, que se conectan directamente con el sistema nervioso

central. Esta sinergia ha permitido progresos sorprenden-
tes. Actualmente, no solo es posible decodificar patrones
de pensamiento, sino también interferir en los procesos
mentales y, por tanto, influir en la conducta. Ejemplos
ilustrativos de estos avances incluyen experimentos como
el realizado en 2013, en el que se logró transmitir señales
cerebrales humanas a una rata, provocando movimientos
voluntarios del animal por impulso externo. Más recientemente, en 2021, la compañía *Kernel* presentó unos dispositivos denominados *Flux y Flow*, que permiten monitorear
en tiempo real la actividad cerebral a través del análisis de
impulsos eléctricos y flujo sanguíneo. En la misma línea, la
empresa *Neuralink*, ha desarrollado implantes cerebrales
capaces de traducir señales neuronales para interactuar
con máquinas, con el objetivo de tratar trastornos neuro-
lógicos o discapacidades motoras (Pla, 2025, p. 634).

Una vez contextualizada la naturaleza, evolución y
estado actual de la neurociencia, resulta oportuno trasla-
dar la reflexión al ámbito jurídico. En efecto, si se acepta
que la neurociencia tiene como objetivo fundamental el
estudio y la comprensión integral del ser humano, sobre
todo lo que respecta a su dimensión conductual, se hace
evidente su estrecha conexión con el derecho, entendido
este como el sistema normativo destinado a regular la conducta humana en sociedad. La doctrina jurídica ha coinci-
dido, de forma prácticamente unánime, en afirmar que el
derecho se orienta esencialmente a ordenar la conducta
de las personas. Bajo esta premisa, el saber neurocientífico ofrece al derecho una herramienta para profundizar
en el conocimiento de las motivaciones, capacidades cognitivas y procesos decisionales de los individuos.

Por ello, no resulta sorprendente que el interés por las
aportaciones de la neurociencia en el ámbito jurídico haya
experimentado un notable incremento, tanto en la teoría
como en la práctica, consolidándose como un campo de
estudio interdisciplinar en plena expansión. Fruto de esta
interrelación ha surgido el denominado neuroderecho[1]

---

1   El término neuroderecho ha sido objeto de múltiples definiciones y
     acepciones en las distintas lenguas y tradiciones jurídicas. En el mar-

(*neurolaw* en el ámbito anglosajón), un campo emergente que estudia las implicaciones jurídicas derivadas de los descubrimientos neurocientíficos.

1.2. Neurociencia y derecho penal

En el ámbito del derecho penal, la relación con la neurociencia reviste una especial trascendencia, habida cuenta de que la conducta humana constituye el eje nuclear sobre el que gira toda la teoría jurídico-penal. Como acertadamente sostiene Muñoz Conde (2022),

«Es, pues, la conducta humana el punto de partida de toda reacción jurídico-penal y el objeto al que se agregan determinados predicados (tipicidad, antijuricidad y culpabilidad), que convierten esa conducta en punible» (p. 27).

Pese a que como se afirma, la conducta humana se erige como el centro de la teoría penal, no han faltado posiciones escépticas que cuestionan la posibilidad de una integración efectiva entre el derecho penal y las neurociencias, aduciendo que se trata de disciplinas inconexas o incluso incompatibles. Una de las objeciones recurrentes es que la neurociencia no resulta vinculante para la ciencia penal, en la medida en que no se ve afectada de manera determinante por los conocimientos científicos en sentido estricto. En esta línea, Hassemer (2009a, pp. 829 y ss.), ha defendido que el derecho penal no se construye sobre la base de una verdad científica, sino que persigue una verdad formal, alcanzada a través de un procedimiento reglado cuyo objetivo último no es la verificación empírica de los hechos, sino la resolución normativa del conflicto social conforme a principios de legalidad, garantías procesales y seguridad jurídica.

Desde esta postura escéptica, también se ha argumentado que la comprensión de la conducta humana no

---

co del presente apartado, y siguiendo igualmente el planteamiento propuesto por García López (2022, p. 721), se entiende por neuroderecho la rama del conocimiento que estudia el derecho y la justicia desde la perspectiva que ofrecen los avances de la neurociencia.

puede agotarse en su mera dimensión neurológica. Desde esta óptica, la atribución de responsabilidad penal a determinadas conductas exige la consideración de criterios normativos que van más allá de la actividad neuronal que posibilita dicha conducta. Los estados mentales como la intención, el conocimiento o los efectos que estos tienen sobre el dolo o la imprudencia y, que fundamentan la imputación penal no se derivan exclusivamente de la observación empírica del funcionamiento cerebral, sino que responden a valoraciones jurídicas orientadas por el principio de responsabilidad personal y la necesidad de preservar la autonomía del individuo como sujeto de imputación (Pardo & Patterson, 2010, p. 1216).

Frente a estas reticencias, desde una perspectiva integradora, múltiples voces doctrinales, como se va a exponer a continuación, han sostenido que el derecho penal no puede ni debe permanecer ajeno a los avances científicos que incidan de manera directa o indirecta sobre su objeto primario de regulación: la conducta humana. En este sentido, Feijoo Sánchez (2011) afirma que «el Derecho Penal no tiene más remedio que estar atento a las aportaciones de las neurociencias» (p. 8). Desde esta concepción integradora, se plantea que los conocimientos generados por las neurociencias, en cuanto disciplina orientada al estudio del funcionamiento cerebral y de los procesos cognitivos que subyacen a las acciones humanas, deben ser valorados y tenidos en cuenta en la construcción dogmática de los fines y medios del *ius puniendi*.

A los efectos del presente estudio se sostiene que el conocimiento derivado de la neurociencia podría constituirse en una fuente de especial relevancia para la eventual configuración de un derecho penal potencialmente más racional, proporcionado y eficaz. Si bien esta posibilidad no está exenta de controversias, parece razonable presumir que una comprensión más profunda de los procesos cerebrales podría enriquecer la fundamentación de ciertas categorías jurídico-penales, abriendo así nuevas vías para su desarrollo teórico y su aplicación práctica.

No obstante, se considera que es igualmente imprescindible advertir que el ser humano no puede ser reducido exclusivamente a una entidad biológica. La dimensión social del individuo, su capacidad de interacción, comunicación y autoconstrucción dentro de un entorno colectivo exige que el derecho penal también atienda a los saberes provenientes de otras disciplinas de las ciencias del comportamiento. La psicología, la sociología y, de manera particular, la criminología, ofrecen marcos analíticos que enriquecen el estudio del fenómeno delictivo al incorporar variables contextuales, estructurales y culturales.

Del mismo modo, no debe olvidarse que la conducta humana no se explica únicamente desde parámetros causales de carácter empírico. Uno de sus rasgos más distintivos es su orientación racional y es que, el obrar humano se fundamenta en razones, en decisiones valorativas que trascienden la mera reacción neurológica. Por ello, la aproximación científica, aun siendo valiosa, no resulta suficiente por sí sola para una comprensión integral del comportamiento. Es aquí donde se hace necesario recurrir a instrumentos conceptuales provenientes de la filosofía de la mente, la ética normativa y la filosofía social, los cuales permiten captar las dimensiones intencional, moral y normativa del actuar humano. Talavera (2022), destaca con claridad la importancia que la filosofía del derecho tiene para la práctica jurídica, al considerar que la labor del jurista no puede limitarse a un ejercicio técnico de aplicación normativa. Muy por el contrario, sostiene que:

> «El jurista no es un hombre que simplemente interpreta leyes —esto es secundario—: es un hombre que resuelve problemas humanos de relación, tan agobiantes o más que los que pueden presentarse ante un cirujano cardiovascular» (pp. 17-19).

En definitiva, el derecho penal no puede desarrollarse al margen de los avances provenientes tanto de las ciencias empíricas como de las ciencias sociales y humanísticas. En este contexto, la neurociencia se configura como una fuente particularmente relevante para el perfeccionamiento técnico del sistema penal, en cuanto permite una comprensión más profunda y precisa de los procesos mentales y conductuales que inciden en la conducta delictiva. No obstante, su incorporación al ámbito jurídico no debe llevarse a cabo de forma aislada ni automática, sino en el marco de un diálogo interdisciplinario riguroso con aquellas otras disciplinas que también se ocupan del estudio del ser humano.

Esta cautela se justifica, entre otras razones, porque el proceso penal no se rige por una noción de verdad objetiva o empírica, sino por la verdad procesal (Hassemer, 2009b, pp. 19-20), construida conforme a principios y garantías propias del procedimiento penal. En este sentido, el papel de las neurociencias debe orientarse a favorecer una aproximación entre ambas concepciones de la verdad, sin perder de vista que se trata de planos epistemológicos distintos. Así, solo a partir de una perspectiva verdaderamente interdisciplinaria, será posible articular un modelo de imputación y sanción que resulte coherente, racional y legítimo dentro del Estado de derecho. Este enfoque interdisciplinario queda vinculado con la idea de justicia social, ya que, a partir de esta articulación entre diversas disciplinas, presumiblemente, es posible construir un sistema penal verdaderamente equitativo, informado y humano.

Así pues, aunque se reconoce el potencial explicativo de las neurociencias y su contribución al análisis jurídico-penal, ello no implica que sus hallazgos deban traducirse de forma inmediata en transformaciones normativas ni en una incorporación sistemática y obligatoria dentro del ordenamiento penal. Al contrario, su aplicación exige una evaluación rigurosa, caso por caso, que permita identificar con precisión los desafíos teóricos y prácticos que plantea su uso en contextos jurídicos concretos. Solo a través de esta aproximación prudente se podrá evitar incurrir en reduccionismos científicos y promover una justicia social genuina que garantice igualdad y equidad en su aplicación.

2. La prueba neurocientífica en el proceso penal

La influencia de la neurociencia en el derecho penal se proyecta de forma cada vez más visible sobre el ámbito procesal[2]. En este terreno, la neurociencia ha comenzado a desempeñar un papel relevante como medio de prueba, generando un conjunto de interrogantes sobre su admisibilidad, fiabilidad y compatibilidad con las garantías del proceso penal.

Como señala Puerta Luis (1995),

«[l]a prueba, como es sabido, es la actividad procesal que tiene por objeto conseguir la convicción del juzgador sobre la realidad de los hechos en que se fundamentan las pretensiones de las partes a las que aquél debe dar una respuesta fundada en Derecho» (p. 47).

En este contexto, la denominada prueba neurocientífica se caracteriza por valerse de técnicas de medición o visualización de la actividad cerebral con el fin de acreditar hechos jurídicamente relevantes.

Desde el punto de vista procesal, este tipo de pruebas plantea hoy un campo de intenso debate doctrinal y jurisprudencial, sobre todo por las implicaciones prácticas que conlleva su introducción y por las tensiones que genera con respecto a los derechos y garantías procesales. A continuación, se estudiará esta problemática, para, en el capítulo siguiente, poder analizar las implicaciones de su uso desde la perspectiva de la justicia social y su impacto en la equidad del sistema penal.

2.1. Cuestiones preliminares

2.1.1. Prueba neurocientífica y derechos fundamentales

Resulta esencial efectuar una reflexión introductoria acerca de las implicaciones jurídicas y éticas derivadas del empleo de la prueba neurocientífica en relación con

---

2   La prueba neurocientífica ha tenido escasa presencia en el proceso penal español, limitada hasta 2013 a valoraciones sobre el polígrafo.

los derechos fundamentales. Esta aproximación preliminar es necesaria para contextualizar adecuadamente los posibles conflictos que puedan surgir con motivo de su utilización.

El proceso judicial, más allá de ser un mecanismo destinado únicamente a resolver conflictos particulares, cumple una función más amplia y esencial, actuando como un instrumento imprescindible para la aplicación del derecho (Vera, 2017, p. 844). En este sentido, y siguiendo la perspectiva ofrecida por Taruffo (2018), para cumplir sus funciones, el proceso judicial establece un control riguroso sobre la correspondencia existente entre los hechos concretos y la descripción abstracta de dichos hechos contenida en las normas jurídicas. No obstante, es imprescindible subrayar que los hechos, en su calidad de acontecimientos empíricos, acceden al proceso necesariamente reconstruidos mediante las pruebas aportadas y valoradas conforme a las reglas procesales.

Por tanto, la verdad que emana del proceso penal no debe entenderse como una verdad objetiva, sino como una construcción procesal condicionada por las particularidades y garantías del procedimiento judicial. En este contexto, las neurociencias pueden desempeñar un papel relevante al ofrecer herramientas que ayuden a aproximar la verdad procesal a la verdad empírica o «real». No obstante, tal y como advierte con rigor Hassemer (2009b), la aspiración a alcanzar la verdad empírica no puede erigirse en el objetivo exclusivo —ni siquiera principal— del proceso penal, ya que dicha pretensión podría colisionar con los derechos fundamentales del investigado, los cuales actúan como límites legítimos a dicha búsqueda.

En esta línea, si bien la incorporación de técnicas neurocientíficas puede contribuir significativamente a la opti-

---

No obstante, tres resoluciones judiciales (los casos de Antonio Losilla, Miguel Carcaño y Fernando Silva Sande) marcaron un punto de inflexión al autorizar el uso del potencial evocado P300 (y N400 en el último caso), configurándose como los precedentes relevantes en la aplicación forense de técnicas neurocientíficas en España.

mización en la obtención de elementos probatorios, su empleo debe estar sujeto a una escrupulosa observancia de los derechos fundamentales comprometidos. Ello se justifica en la medida en que la neurociencia tiene por objeto de estudio el cerebro humano, órgano que representa uno de los aspectos más íntimos y personalísimos de la persona.

En efecto, no puede desconocerse que las pruebas neurocientíficas, por la propia naturaleza del objeto sobre el que recaen, comportan una intromisión potencialmente significativa en esferas altamente sensibles de la persona, tales como la memoria, los pensamientos o la conciencia (Ienca & Andorno, 2021, p. 703). El grado de afectación varía en función de la técnica utilizada y del objetivo que se persiga con su aplicación. Así, la evaluación del impacto de las pruebas neurocientíficas debe realizarse necesariamente en función del caso concreto, dado que el grado de afectación variará en atención a las circunstancias de cada supuesto. Sin embargo, con independencia de dicha variabilidad, su utilización implica, en mayor o menor medida, de forma potencial, la posible afectación de derechos fundamentales, tales como la dignidad de la persona, la integridad física y moral, el derecho a no declarar contra uno mismo, la libertad personal o el derecho a la intimidad (Sánchez Vilanova, 2022, p. 69 y ss.).

Además, resulta pertinente reflexionar sobre el hecho de que, si bien en la práctica la realización de una prueba neurocientífica no siempre deriva en la obtención de datos relevantes, lo cierto es que este tipo de técnicas posee, por su propia naturaleza, un potencial intrínseco para revelar información con trascendencia en el proceso penal. Esta posibilidad, aun cuando no se materialice en todos los casos, cuenta con especial importancia si se considera que el proceso penal está estructurado como un proceso de garantías, orientado a la protección de los derechos fundamentales del imputado (Gómez Colomer, 1984, p. 463). Por ello, la mera eventualidad de que estas pruebas puedan arrojar resultados que comprometan la posición jurídica del investigado, exige una consideración rigurosa y reforzada respecto de su legitimidad. Por ello, su incorporación al proceso penal exige un escrutinio especialmente estricto desde la perspectiva de los derechos fundamentales, a fin de preservar los límites que impone el respeto a la condición humana.

En definitiva, el debate en torno al impacto de la prueba neurocientífica sobre los derechos fundamentales presenta una complejidad y amplitud que justifica por sí misma una investigación independiente. No obstante, a los efectos de este estudio, estas técnicas poseen, en potencia, capacidad para afectar gravemente derechos fundamentales y, en consecuencia, deben ser abordadas desde una perspectiva que garantice en todo momento el respeto absoluto a estos derechos.

2.1.2. Prueba neurocientífica como prueba científica

La prueba científica, de forma preliminar, podría definirse como aquella que, «partiendo de un hecho demostrado, utiliza una ley científica para acreditar la existencia de un hecho posterior» (Tonini & Conti, 2023, p. 300). Surge como respuesta a la necesidad de los órganos jurisdiccionales de acudir a conocimientos provenientes de disciplinas ajenas al derecho para poder valorar o interpretar hechos que, por su complejidad técnica, exceden la comprensión de quien no posee formación especializada.

Pese a la creciente utilización de medios probatorios de base científica en el proceso penal, resulta necesario advertir que la delimitación conceptual de lo que debe entenderse propiamente como prueba científica continúa siendo una cuestión controvertida en el ámbito doctrinal. Esta dificultad responde, en gran medida, a la complejidad inherente a su naturaleza híbrida, en la que confluyen de forma inseparable elementos jurídicos y conocimientos técnicos que condicionan su definición. Tal es así que, hoy en día, el ordenamiento jurídico español no cuenta con una definición legal o jurisprudencial unívoca sobre esta categoría probatoria.

A pesar de las discrepancias existentes en torno a su delimitación, Gómez Colomer (2018, p. 3) apunta que es un concepto que si bien, se desconoce cómo delimitar su significado es, con todo, útil y cuenta con una plasticidad incuestionable. Con ello se quiere poner de manifiesto que se trata de un concepto de naturaleza flexible, cuyo contenido no puede fijarse de manera rígida. El autor señala que, en el ámbito jurídico, suele entenderse comúnmente como un conjunto de hechos cuya comprensión se sustenta en hallazgos científicos avanzados, fruto del desarrollo de tecnologías especializadas, y cuya adecuada interpretación excede, al menos en una primera aproximación, los conocimientos técnicos del juzgador.

Por su parte, Taruffo (2002), advierte sobre la imposibilidad de alcanzar una definición idónea de lo que debe entenderse por prueba científica, en tanto «no existe una total coincidencia entre juez y científico, entre proceso y laboratorio, ni entre prueba y experimento» (p. 331). El autor pone en relieve las profundas diferencias epistemológicas y metodológicas que separan el ámbito judicial del científico, lo que dificulta la traslación directa de conceptos, procedimientos y estándares de un contexto al otro.

A pesar de las divergencias doctrinales y de la ausencia de una definición uniforme sobre qué debe entenderse por prueba científica, a los efectos del presente escrito, resulta satisfactorio poder afirmar que, dentro de la pluralidad conceptual existente, las pruebas neurocientíficas pueden ser consideradas como integrables en esta categoría. Esta afirmación se justifica en la medida que tales pruebas, empíricas, aportan un conocimiento técnico especializado que facilita la comprensión de hechos o fenómenos relevantes para el proceso penal, los cuales no podrían ser aprehendidos adecuadamente a través de los métodos probatorios tradicionales. De hecho, considerando que la neurociencia está basada en métodos científicos, resulta necesario para una correcta administración de justicia que sean consideradas como pruebas científicas, en tanto, este tipo de pruebas, requieren criterios específicos a la hora de ser admitidas y valoradas en el proceso, tal y como será analizado en apartados posteriores de este estudio.

2.1.3. Prueba neurocientífica como prueba pericial

Determinado el hecho de que la prueba neurocientífica se encuadra dentro de la categoría de prueba científica, se plantea en la doctrina un debate en torno a su naturaleza procesal y su ubicación dentro del elenco clásico de medios de prueba. En particular, la controversia gira en torno a si debe considerarse como una modalidad específica de prueba pericial —por su dependencia de conocimientos técnicos especializados— o si, por el contrario, prueba científica y prueba pericial responden a categorías conceptuales diferenciadas, con finalidades, estructuras y criterios de valoración propios.

En el marco de este debate, una parte de la doctrina sostiene que la prueba científica debe subsumirse dentro del ámbito de la prueba pericial. Esta es la posición defendida, entre otros, por Gómez Colomer (2018, p. 8), quien argumenta que el fundamento de ambas figuras radica en la necesidad de acudir a conocimientos técnicos especializados para valorar hechos que exceden la comprensión del juzgador. Desde esta perspectiva, la esencia de la prueba pericial —y, por ende, también de la prueba científica— es suplir la falta de conocimientos científicos del tribunal mediante la intervención de expertos. Esta postura encuentra además un respaldo normativo en el artículo 456 de la Ley de Enjuiciamiento Criminal (Real Decreto de 14 de septiembre de 1882), —a partir de ahora LECrim—, que encuadra expresamente la prueba científica dentro del capítulo dedicado al dictamen pericial.

Frente a esta concepción integradora, otros autores, como Gozaíni (2012, p. 170), defienden una clara distinción conceptual entre prueba científica y prueba pericial. Este autor afirma que la prueba científica se define por su sujeción a métodos objetivos, verificables y reproducibles conforme a los estándares del conocimiento empírico, mientras que la prueba pericial se basa esencialmente en la formulación de juicios técnicos u opiniones especializadas que, en muchas ocasiones, carecen de la rigurosidad metodológica exigible en el ámbito científico. El autor sostiene la importancia de mantener diferenciadas ambas categorías para evitar que se atribuya a la prueba pericial un grado de fiabilidad epistémica que solo corresponde a la prueba científica.

Pese a la línea argumentativa de estos autores, se debe reconocer que la identificación de las pruebas neurocientíficas como científicas no impide que sean introducidas en el proceso mediante un informe pericial. No obstante, tal como advierte Gozaíni, resulta necesario no asimilar ambas categorías probatorias, puesto que pertenecen a planos conceptuales distintos: la prueba pericial es una diligencia de investigación y un medio de prueba, mientras que la prueba científica debe entenderse como un método probatorio.

Esta distinción permite afirmar que no toda prueba pericial es científica, ni toda prueba científica es pericial. La prueba pericial abarca cualquier conocimiento especializado externo al derecho, sea artístico, técnico, práctico o científico, mientras que la prueba científica, aunque frecuentemente canalizada a través de expertos, puede también acceder al proceso mediante otros medios procesales. Por ejemplo, es posible introducir conocimiento científico a través de documentos, conforme lo permite el artículo 788.2.II de la LECrim, o excepcionalmente mediante testigos-peritos, quienes, además de declarar sobre hechos percibidos, aportan conocimiento especializado.

No obstante, en el contexto procesal español, la vía ordinaria para la incorporación de la prueba neurocientífica en el proceso penal continúa siendo el informe pericial «por motivos de raigambre judicial» (Silvestri, 2021, p. 180). A este respecto, el artículo 456 de la LECrim, establece expresamente que será procedente el dictamen de peritos cuando el conocimiento o la valoración de un hecho o circunstancia relevante requiera la aplicación de saberes científicos, artísticos o técnicos especializados.

Un caso emblemático en el que se evidencia la irrupción de la prueba neurocientífica en el proceso penal español es la STS, de 5 de mayo de 2020 (ROJ STS 814/2020), que resolvió el conocido como crimen de Píoz. En esta resolución, se admitió por primera vez en España el uso de técnicas de neuroimagen funcional —específicamente el PET/TAC[3]— como prueba pericial destinada a valorar la imputabilidad penal del acusado. La defensa presentó imágenes cerebrales, cuyo objetivo era acreditar la existencia de posibles alteraciones cognitivas y volitivas que pudieran incidir en su capacidad de culpabilidad. No obstante, el TS, tras contrastar dicha pericial con los informes presentados por los peritos de la acusación, concluyó que las anomalías cerebrales alegadas no alcanzaban la entidad suficiente para considerar afectada su capacidad penalmente relevante. Si bien en este caso concreto la prueba no fue determinante por no haber sido ratificada por un especialista en neurología, la Sala reconoció el alto grado de fiabilidad de esta metodología, dotándola de una legitimidad científica justificativa de su admisión como medio probatorio.

En definitiva, aunque la prueba neurocientífica se introduce habitualmente en el proceso penal a través del informe pericial, ello no implica que su naturaleza se agote en dicha categoría, pues su fundamento científico permite su incorporación por otras vías procesales.

2.2. ¿Existe cobertura legal para las pruebas neurocientíficas?

2.2.1. Pruebas neurocientíficas como inspección corporal

Una vez expuestas las cuestiones preliminares que permiten contextualizar el estudio procesal de esta investigación, resulta necesario abordar la cobertura legal vigente respecto de la obtención de la prueba neurocientífica y

---

3   El PET/TAC es una herramienta de neuroimagen avanzada que integra información funcional y estructural del cerebro, facilitando la detección precisa de alteraciones neuroquímicas y anatómicas.

su compatibilidad con las garantías del proceso penal. En este marco, el eje del debate se va a centrar en determinar si dichos procedimientos, al incidir directa o indirectamente sobre el cuerpo o la mente del investigado, pueden ser jurídicamente asimilados a las intervenciones corporales, máxime cuando no existe en la actualidad una regulación específica que ampare este tipo de actuaciones.

Antes de proceder al análisis de la cuestión, resulta necesario advertir que no existe, hasta la fecha, una posición jurisprudencial unificada en cuanto al precepto de la LECrim que pudiera ofrecer respaldo legal al uso de pruebas neurocientíficas. En determinados pronunciamientos, —como los emitidos por el Juzgado de Violencia sobre la Mujer de Zaragoza (Auto de 4 de diciembre de 2013, número 721/2012) y la Audiencia Provincial de Zaragoza (Auto de 19 de febrero de 2014, número 135/2014) en el caso del crimen de Ricla—, se ha considerado aplicable el artículo 363 LECrim, precepto que regula de forma expresa las intervenciones corporales relativas a la obtención de ADN. Sin embargo, esta interpretación ha sido cuestionada tanto por votos particulares dentro de la propia Audiencia Provincial como por el Tribunal Superior de Justicia de Aragón (Consejo General del Poder Judicial de Aragón, 2015), que se inclinan por equiparar esta clase de pruebas a una declaración del investigado, con las implicaciones procesales que ello conlleva.

Partiendo de esta premisa, conviene detenerse en el concepto de intervención corporal. El Tribunal Constitucional, —a partir de ahora TC—, mediante la STC 207/1996, de 16 de diciembre, ha definido las intervenciones corporales como aquellas actuaciones, restrictivas de derechos, destinadas a la extracción o examen de elementos externos o internos del cuerpo del sujeto investigado, orientadas a elaborar informes periciales sobre su posible vinculación con el hecho delictivo[4]. Ejemplos clásicos de esto serían

---

4   El tribunal, hace referencia en su definición a la prueba pericial, no obstante, se recuerda, que a efectos de este trabajo se sostiene que la prueba neurocientífica puede incorporarse al proceso a partir de otras figuras procesales. Se considera como se desarrollará más ade-

la obtención de sangre, orina o elementos como pelos y uñas, así como la exposición del cuerpo a radiaciones de rayos X.

Además, en esta resolución se señala que este tipo de actuación incide, por regla general, en el derecho fundamental a la integridad física, consagrado en el artículo 15 de la Constitución Española (1978), en adelante CE. Esto se debe a que estas intervenciones implican, necesariamente, una injerencia en la integridad corporal del investigado, aun cuando se reduce a alteraciones mínimas en su apariencia externa (Fiscalía General del Estado, 2009). En este sentido, el Alto Tribunal, en el fundamento jurídico segundo, establece una importante distinción entre intervenciones corporales leves y graves, basándose en el grado en que se ve afectado este derecho fundamental a la integridad física y moral.

El tribunal diferencia por un lado las intervenciones leves, que no comprometen significativamente la salud ni producen un sufrimiento relevante, incluyendo generalmente la extracción de elementos externos o análisis rutinarios, y de otro lado, las intervenciones graves que implican procedimientos invasivos que pueden causar perjuicios considerables, tales como las punciones lumbares o la extracción de líquido cefalorraquídeo. Partiendo de estas premisas jurisprudenciales, resulta pertinente analizar si las pruebas neurocientíficas pueden encuadrarse en la categoría procesal de intervenciones corporales y, en su caso, determinar a qué clasificación pertenecen, si a las de carácter leve o grave.

En términos generales, las pruebas neurocientíficas comprenden un conjunto de técnicas dirigidas a acceder, de forma directa o indirecta, a información relativa al funcionamiento del sistema nervioso central, proporcionando datos relevantes sobre procesos mentales tales como la memoria, la percepción, la atención o la toma de decisio-

---

lante que lo definitorio de las intervenciones corporales no radica en tratarse de prueba pericial sino más bien en resultar restrictivas de derechos fundamentales.

nes. Lo singular de estas técnicas es que no solo implican una intervención física sobre el cuerpo del individuo, por ejemplo, mediante la aplicación de campos magnéticos o la colocación de electrodos, sino que, además, inciden de forma directa sobre la esfera más íntima del sujeto, al permitir inferencias acerca de contenidos mentales que, por su propia naturaleza, pertenecen a la dimensión más reservada de la persona. Si bien es cierto, las técnicas neurocientíficas, en su mayoría, resultan mínimamente invasivas en lo que se refiere al plano físico, ya que los tejidos corporales no se ven lesionados. Como se verá a continuación, es esta característica la que ha planteado más inconvenientes a la hora de determinar si, en efecto, se trata de intervenciones corporales.

En este sentido, una parte de la doctrina niega que las pruebas neurocientíficas puedan considerarse inspecciones corporales en sentido estricto, precisamente por no implicar una lesión de la integridad física ni la extracción de componentes biológicos del cuerpo humano. Así, se subraya la diferencia entre una extracción de sangre o ADN —que conlleva una clara intromisión corporal y la obtención de una muestra física— y técnicas como el P300, que se limitan a registrar, de forma externa y no invasiva, la actividad eléctrica del cerebro mediante electrodos colocados sobre el cuero cabelludo. Por ejemplo, para Silvestri (2021, p. 96), dicha colocación externa no puede equipararse a una extracción invasiva de muestras. La autora refiere que, en estudios empíricos, como el realizado en relación con el caso de Marta del Castillo, la aplicación del test P300 a un sospechoso se prolongó durante aproximadamente una hora y media, sin provocar, en su criterio, más molestia que la necesidad de permanecer inmóvil con un casco sensor. Desde esta perspectiva, afirma la autora, tales pruebas no comportan una intromisión corporal significativa ni comprometen la integridad física del sujeto sometido a ellas.

La afirmación de que este tipo de técnicas resultan escasamente invasivas reviste un carácter marcadamente subjetivo y, por tanto, susceptible de ser cuestionado, especialmente si se considera que su aplicación puede implicar restricciones a otros derechos fundamentales como el derecho a la libertad, consagrado en el artículo 17 de la CE. Además, la postura adoptada por esta autora parece omitir un análisis más profundo del artículo 15 de la CE, en relación con la interpretación ofrecida por el TC en la STC 120/1990, de 27 de junio, donde se subraya que el derecho fundamental a la integridad física y moral protege no sólo frente a agresiones físicas directas, sino frente a cualquier intervención realizada sin consentimiento que afecte a la integridad moral o psíquica.

En contraposición a las posiciones doctrinales que restringen el concepto de inspección corporal a aquellas actuaciones que implican una afectación física directa o la extracción de material biológico, y en línea con la tesis sostenida en este estudio, ciertos autores sostienen una concepción más amplia de esta figura procesal. En particular, Nieva Fenoll (2025, pp. 247-248), a diferencia de Silvestri, sostiene que dichas inspecciones se caracterizan no por el grado de riesgo físico que conllevan, sino por permitir el acceso a aspectos internos e íntimos del cuerpo humano. En esta misma línea se expresa la Fiscalía General del Estado (2009) al afirmar que:

> «El hecho de que la intervención coactiva en el cuerpo pueda suponer un malestar (…) o un riesgo o daño para la salud supone un plus de afectación, mas no es una condición "sine qua non" para entender que existe una intromisión en el derecho fundamental a la integridad física» (p. 4).

De hecho, para Nieva Fenoll (2025, pp. 275 y 248), cualquier procedimiento dirigido a la captación de datos mentales afecta de manera directa y profunda a derechos fundamentales como a la intimidad, ya que incide sobre la dimensión más privada y personal del individuo. En este sentido, sostiene que incluso cuando el desarrollo tecnológico permite realizar estas pruebas sin un perjuicio físico evidente, la relevancia jurídica de la intervención se mantiene intacta, puesto que representa una intrusión en el ámbito más íntimo del ser humano[5].

A la luz de lo expuesto, este escrito defiende una concepción amplia de las intervenciones corporales, entendiendo que su elemento definitorio radica en la potencial afectación a derechos fundamentales. En coherencia con lo desarrollado en el apartado relativo a los derechos fundamentales, se sostiene que las técnicas neurocientíficas, por incidir sobre aspectos profundamente íntimos de la persona, pueden comprometer, al menos de forma potencial, la integridad de dichos derechos. Por ello, las pruebas neurocientíficas deben ser consideradas, a efectos procesales, como intervenciones corporales. Así, las pruebas neurocientíficas sometidas a las garantías y requisitos propios de dicha figura podrían ser válidamente admitidas y practicadas en el proceso penal.

Una vez determinado que las técnicas neurocientíficas realizadas en el proceso con el fin de obtener alguna prueba constituyen verdaderas intervenciones corporales, es preciso delimitar si corresponden a la categoría de leves o graves.

A este efecto, para tratar de resolver la cuestión, resulta oportuno traer a colación la postura de la Fiscalía General del Estado (2009, pp. 3-4), conforme a la cual las intervenciones corporales de carácter leve, siempre que cuenten con el consentimiento expreso del sujeto afectado, no requieren autorización judicial previa. Esta posición ha

---

5   Estas dos posiciones doctrinales parecen responder al clásico debate filosófico sobre la relación entre mente y cuerpo. Por un lado, autores como Silvestri sostienen una concepción integral del cuerpo humano, entendiendo que toda intervención sobre la persona —incluidas las que afectan al ámbito neurológico— debe considerarse una intromisión física en sentido amplio. Desde esta perspectiva, no se establece una diferenciación sustancial entre el cuerpo y la mente, pues ambas dimensiones forman parte de una misma unidad biológica y jurídica. Por otro lado, doctrinas como la defendida por Nieva Fenoll adoptan una visión más diferenciada, otorgando una protección cualificada a los contenidos mentales frente a injerencias externas. Este enfoque reconoce que el pensamiento, por su íntima vinculación con la autonomía personal y la libertad individual, merece una tutela reforzada.

sido asimismo avalada por una consolidada línea jurisprudencial del TS, reflejada en la sentencia de 22 de diciembre
de 2005 (ROJ STS 7684/2005). En tales resoluciones, el TS
ha sostenido que determinadas exploraciones voluntarias,
por ejemplo, la práctica de radiografías solicitadas por la
Policía Judicial, no constituyen actos autoincriminatorios
ni requieren la asistencia letrada previa del investigado, en
tanto no comprometen derechos fundamentales como el
de no declarar contra uno mismo.

Ahora bien, cuando se examina esta doctrina a la luz de
las pruebas neurocientíficas, se considera que, a diferencia de las intervenciones corporales consideradas leves,
las técnicas neurocientíficas implican una injerencia cua-
litativamente distinta y de mayor intensidad en la esfera
jurídica del sujeto. En efecto, estas pruebas no se limitan
a explorar aspectos físicos externos, sino que penetran en
la dimensión cognitiva del individuo, permitiendo acceder,
aunque sea indirectamente, a contenidos mentales estrechamente vinculados con elementos esenciales del tipo
penal, tales como la culpabilidad, la existencia de dolo o
la imputabilidad.

Esta afectación a la esfera interna de la persona justifica
que las pruebas neurocientíficas no puedan ser asimila-
das, ni jurídica ni conceptualmente, a las exploraciones
voluntarias a las que se refiere la doctrina del TS. Por el
contrario, debe reconocerse que su práctica entraña una
injerencia de tal magnitud que obliga a calificarlas como
intervenciones corporales de carácter grave, sometidas
por tanto a un régimen de garantías reforzado.

Defendida la tesis de que las pruebas neurocientíficas
constituyen intervenciones corporales graves a efectos
procesales, cabría plantearse si todas las técnicas empleadas en este ámbito suponen realmente una afectación
relevante a los derechos fundamentales. No obstante,
resulta necesario realizar una reflexión más profunda:
con independencia del grado de invasividad de la técnica
concreta utilizada, lo cierto es que la prueba neurocientífica, por razón de su objeto —el funcionamiento cerebral—, implica al menos de forma potencial una intromi-

sión sustancial en la vida psíquica del individuo. Una vez practicada, existe el riesgo, siquiera latente, de acceder a información distinta o más amplia que la inicialmente pretendida.

En un proceso penal garantista como el español, esta potencialidad debe ser considerada como un elemento relevante que exige una actitud preventiva por parte del legislador. En esta línea, como señala con acierto Nieva Fenoll (2025, pp. 247-248), el criterio definitorio de las intervenciones corporales no reside en el nivel de riesgo físico que comportan, sino en su capacidad para penetrar en el ámbito más reservado de la persona. Por ello, resulta innecesario analizar el impacto invasivo de cada técnica específica. Basta con advertir que los procedimientos neurocientíficos actúan, directa o indirectamente, sobre los pensamientos, las conexiones neuronales o incluso sobre la conciencia del sujeto. Esta sola circunstancia permite afirmar que nos encontramos ante una afectación intensa del derecho a la intimidad, lo que justifica la exigencia de un control jurídico estricto, riguroso y proporcionado respecto a su utilización en el proceso.

Por consiguiente, es oportuno categorizar las técnicas neurocientíficas como intervenciones corporales graves. No obstante, incluso si se optara por no incluirlas formalmente en dicha categoría, ello no implicaría que carecieran de relevancia jurídica en términos de afectación a derechos fundamentales. Silvestri sostiene que, incluso en el caso de intervenciones corporales poco invasivas, es esencial que estas cuenten con respaldo legal y se ajusten a los criterios de proporcionalidad, necesidad y razonabilidad.

2.2.2. ¿Es la regulación actual suficiente?

En los apartados precedentes se ha constatado que las pruebas neurocientíficas no cuentan con una regulación autónoma, lo que implica que, en la práctica, se deben ajustar a categorías generales que no han sido concebidas para atender a sus particularidades.

En cuanto a la regulación concreta de las intervenciones corporales, se constata también la limitada regulación existente en la LECrim. En efecto, la única mención explícita a este tipo de actuaciones se encuentra en el segundo párrafo del artículo 363, referido exclusivamente a la obtención de muestras de ADN. El Anteproyecto de Ley de Enjuiciamiento Criminal de 2020[6] trató de colmar esta omisión, proponiendo una regulación más detallada en sus artículos 324 a 330, no obstante, no ha entrado en vigor. Este panorama normativo, plantea la necesidad de abordar las principales dificultades derivadas del vacío regulatorio. Aunque es cierto que estas pruebas pueden ser formalmente introducidas en el proceso penal mediante las figuras previstas en el sistema jurídico, no puede desconocerse, como ya se ha venido apuntando, que el ordenamiento carece de disposiciones expresas que las regulen de forma sistemática. Pese a la ausencia de una mención normativa expresa a estas técnicas, resulta jurídicamente razonable, como se argumentó en el epígrafe anterior, considerar que su lugar más adecuado dentro del sistema jurídico procesal se encuentra en la categoría de las intervenciones corporales. Por consiguiente, su tratamiento jurídico no puede desvincularse del régimen de garantías propio de las intervenciones corporales, a fin de asegurar el pleno respeto a los derechos fundamentales del investigado.

Precisamente por ello, resulta imprescindible traer a colación la STC 207/1996, de 16 de diciembre, anteriormente citada, en la que se establecieron los presupuestos de legitimidad constitucional que deben regir cualquier intervención corporal practicada en el marco de la investigación penal. Conforme a esta sentencia, las intervenciones corporales solo son compatibles con el orden constitucional cuando cumplen determinados requisitos

---

6   Este Anteproyecto fue aprobado el 24 de noviembre de 2020 por el Consejo de ministros, no obstante, no ha entrado en vigor. Se estableció que su entrada en vigor se produciría a los seis años desde su publicación en el BOE, sin embargo, en la actualidad, no consta su publicación.

esenciales: la existencia de una previsión legal suficiente; la necesidad de la medida para alcanzar un fin legítimo constitucionalmente reconocido, mediante actuaciones que sean idóneas, indispensables y proporcionadas en atención a las circunstancias del caso concreto; la adopción de la medida mediante resolución judicial debidamente motivada; y el pleno respeto de los derechos fundamentales afectados.

Desde esta óptica, adquiere una importancia central la exigencia de previsión legal suficiente. Tal como se ha expuesto, la única previsión expresa en la LECrim relativa a intervenciones de esta naturaleza es la contenida en su artículo 363, referido exclusivamente a las pruebas de ADN. Esta previsión resulta presumiblemente insuficiente para amparar la diversidad de técnicas propias del ámbito neurocientífico, cuya finalidad no es la obtención de información genética, sino el acceso y análisis de datos relativos al funcionamiento cerebral. En este sentido, como advierte Duart Albiol (2014, p. 548), la falta de requisitos expresos para la ordenación y ejecución de las intervenciones puede conllevar su ilicitud, dado que la ausencia de previsión legal directa supone su inadmisibilidad desde la perspectiva constitucional. No obstante, debe matizarse que, siguiendo tanto la doctrina del TC[7], como la interpretación de dicho autor, el consentimiento libre, informado y válidamente prestado por el investigado puede subsanar, en determinados casos, la ausencia de una cobertura legal específica. Sin embargo, es precisamente en aquellos casos en que el investigado se niega a someterse voluntariamente a la prueba cuando emergen

---

7 En virtud de la Sentencia del Tribunal Supremo, de 7 de julio (ROJ STS 3971/2010), cuando la obtención de determinados fluidos o muestras biológicas exige la realización de actos que implican una intervención corporal sobre el investigado —y, por ende, su cooperación activa—, el consentimiento prestado por este se erige en el fundamento jurídico que legitima la injerencia estatal derivada de dicha actuación. No obstante, para que ese consentimiento sea jurídicamente válido y eficaz, resulta imprescindible que el investigado cuente con la asistencia de su defensa letrada en caso de encontrarse detenido.

con mayor intensidad las carencias normativas, haciendo imprescindible un régimen jurídico claro que regule las condiciones y límites de una eventual imposición coactiva de estas técnicas.

Pese a la relativa operatividad que permite el consentimiento, conviene apuntar, como acertadamente sostiene Tomás-Valiente Lanuza (2009), que, a la luz de la evolución jurisprudencial, iniciada con la STS 114/1984, de 29 de noviembre, la falta de una cobertura legal específica implicaría *per se* la ilegitimidad de la prueba por vulneración de la reserva de ley que exige el artículo 53 de la CE. En virtud de este artículo, toda afectación estatal de los derechos fundamentales, que pueda limitar o condicionar su ejercicio ha de estar habilitada mediante ley. En consecuencia, en el ámbito de las pruebas neurocientíficas que, por su propia naturaleza, inciden directamente sobre derechos fundamentales, la ausencia de una habilitación legal clara y específica comporta su ilegitimidad, que solo en determinados supuestos podría quedar excepcionalmente legitimada mediante el consentimiento expreso del investigado, siempre que sea este quien, en ejercicio de su derecho de defensa reconocido en el artículo 24.2 de la CE, solicite la práctica de la prueba en su propio beneficio.

De todo lo anterior se desprende que la introducción de pruebas neurocientíficas en el proceso penal español se sostiene hoy sobre un equilibrio precario. Aunque este marco ha permitido cierta funcionalidad en la práctica judicial, resulta manifiestamente insatisfactorio desde una perspectiva garantista, al no ofrecer un grado adecuado de seguridad jurídica ni una protección suficiente de los derechos fundamentales implicados. Por ello, se hace imprescindible la elaboración de una regulación específica, clara y coherente, que integre de manera sistemática las intervenciones corporales —incluidas las pruebas neurocientíficas— dentro del ordenamiento procesal penal, en consonancia con los principios propios del Estado de derecho y los estándares exigidos por la justicia constitucional.

2.3. Prueba neurocientífica en la práctica procesal

Además de lo anterior, y con el fin de realizar un análisis integral de la cuestión, resulta igualmente necesario examinar las fases de admisión y valoración de la prueba, en tanto constituyen dos momentos procesales claramente diferenciados, cada uno con implicaciones jurídicas específicas que deben ser consideradas de manera autónoma y rigurosa en el marco del proceso penal.

Asimismo, el análisis de las fases de admisión y valoración de la prueba neurocientífica adquiere especial relevancia desde la perspectiva de la justicia social, en la medida en que los criterios jurídicos exigidos, como se expondrá a continuación, deben ser más estrictos que los exigidos para otro tipo de pruebas. Esta circunstancia presumiblemente tiene, entre otras consecuencias, el efecto de elevar significativamente los costos asociados a su obtención, lo que puede traducirse en desigualdades procesales, dado que solo las partes con mayores recursos económicos tienen acceso, en condiciones reales de igualdad, a herramientas probatorias de alta complejidad técnica.

La fase de admisión consiste en la «decisión judicial motivada por la que el juez o magistrado determina qué pruebas serán incorporadas o practicadas en un proceso penal» (Real Academia Española, 2025). En esta etapa, se examina la legalidad, pertinencia y utilidad de los medios probatorios propuestos, valorándose exclusivamente su idoneidad formal y su posible contribución al esclarecimiento de los hechos. Por su parte, la fase de valoración se define como la:

> «actividad intelectual del juez tendente a adquirir la convicción sobre la existencia o inexistencia de los hechos invocados por las partes, a través de la prueba desplegada en el proceso» (**Real Academia Española, 2025**).

En este momento, el juzgador, conforme a los principios de inmediación, contradicción y libre valoración, pondera el peso probatorio de los elementos introducidos, con el objetivo de alcanzar una conclusión fundada en derecho.

A partir de esta distinción conceptual, el presente apartado se desarrollará siguiendo la lógica procesal señalada, lo que permitirá abordar con mayor precisión las implicaciones que plantea la prueba neurocientífica en cada uno de estos estadios, tanto en lo relativo a su admisión como a su posterior valoración judicial.

2.3.1. Admisión

La introducción de técnicas neurocientíficas en el proceso penal plantea, como etapa inicial e insoslayable, la cuestión de su admisibilidad judicial. Esta fase, en la que el juez o tribunal determina qué elementos probatorios serán incorporados al proceso, reviste una importancia fundamental, ya que constituye el primer filtro que delimita qué evidencias pueden ser legítimamente valoradas en la decisión judicial. Se trata de un control que opera simultáneamente en los planos jurídico y epistémico, y que resulta decisivo para preservar la integridad del proceso penal.

No obstante, el ordenamiento jurídico español carece de un marco normativo específico que regule la admisión de pruebas científicas, incluidas las neurocientíficas. Tal y como advierte Sánchez Rubio (2019, p. 203), esta carencia obliga a aplicar de forma general los principios de pertinencia, utilidad y licitud, lo cual resulta insuficiente para diferenciar con el debido rigor entre técnicas científicamente validadas y otras que, pese a su aparente sofisticación técnica, carecen de una mínima fiabilidad empírica. En consecuencia, la ausencia de estándares metodológicos específicos genera una doble problemática: por un lado, la posibilidad de que se admitan pruebas sin el respaldo científico necesario; por otro, la posibilidad de impugnarlas eficazmente por falta de criterios estandarizados que aseguren su calidad y robustez.

En este contexto, se hace imprescindible diseñar criterios de admisibilidad propios que permitan evaluar tanto la validez epistemológica de las técnicas empleadas como la calidad metodológica de los procedimientos utilizados para obtenerlas. Así, en palabras de Gascón Abellán (2013),

> «junto al control de admisibilidad procesal debe haber otro de admisibilidad científica diferente de la fase de valoración de la prueba, es decir, de atribución a la misma de valor probatorio» (p. 191).

Dado el vacío normativo existente, la práctica judicial española ha comenzado a inspirarse en modelos comparados, especialmente en el sistema estadounidense. En este contexto, destaca el célebre caso «Daubert vs. Merrell Dow Pharmaceuticals, Inc.» (Corte Suprema de los Estados Unidos, de 28 de junio de 1993 (509 U. S. 579)), donde se establecen una serie de pautas orientadoras para determinar la admisibilidad de la prueba científica: la posibilidad de someter la teoría o técnica a contrastación empírica (testabilidad); la existencia de revisión por pares y publicación en medios científicos reconocidos; el conocimiento de su tasa de error y la existencia de controles aplicables; la calidad según estándares vigentes de las técnicas y su grado de aceptación en la comunidad científica pertinente (Nieva Fenoll, 2025, pp. 367-368).

En España, estos criterios ya habían sido considerados en algunas resoluciones[8], sin embargo, la STS 232/2022, de 14 de marzo (ROJ STS 965/2022), constituye un hito relevante en la incipiente sistematización del tratamiento de la prueba científica. Esta resolución, dictada en Pleno, aborda de manera expresa las dificultades que plantea la creciente presencia de conocimiento técnico-científico en el proceso penal, tanto en lo que respecta a su admisión como a su valoración. En su fundamento jurídico séptimo, el Alto Tribunal identifica dos obstáculos principales: por un lado, la necesidad de seleccionar técnicas científicas

---

8   Véase: Auto de la Audiencia Provincial de Valladolid, de 19 de enero (ROJ AAP VA 87/2017) y la Sentencia de la Audiencia Provincial de Cuenca, de 14 de junio (ROJ SAP CU 247/2011).

dotadas de suficiente fiabilidad, y por otro, la dificultad que entraña para el juez la correcta interpretación de dichos conocimientos en la toma de decisiones[9]. Además, se aclara que no se exige al juez una formación técnica equiparable a la del experto, pero sí una actitud crítica y racional frente a los datos científicos, evitando una recepción pasiva o acrítica. A tal efecto, y citando expresamente el caso *Daubert*, se proponen tres criterios rectores para la admisión de la prueba científica:

«a) que la conclusión científica tenga fundamento fáctico; b) que se hayan utilizado principios y metodología fiables c) que la conclusión sea aplicable a lo sucedido de manera verificablemente correcta».

De estos principios se derivan subcriterios como la adecuación del método científico, su testabilidad, el consenso académico, la tasa de error y otros aspectos de control metodológico.

Estos elementos reproducen, con las adaptaciones necesarias, el modelo *Daubert* y suponen una apertura del derecho procesal español a los criterios de racionalidad probatoria desarrollados en el ámbito comparado. La propia sentencia acoge expresamente la figura del «guardián de la puerta» —«gatekeeper» en inglés—, atribuyendo al juez la responsabilidad de excluir del proceso aquellas evidencias carentes de validez científica —lo que en la terminología estadounidense se denomina «junk science» o en español, «ciencia basura».

A pesar de su carácter incipiente, esta línea jurisprudencial constituye un avance hacia la consolidación de un marco normativo más riguroso y coherente en materia de prueba científica. Y, si bien esta evolución jurisprudencial constituye un avance positivo, la aplicación automática del modelo estadounidense resulta problemática debido

---

9   Los dos obstáculos reconocidos por el Tribunal se identifican, uno con la fase de admisión de la prueba, y otro, con la fase de valoración. Como ya se ha advertido, el presente apartado se dedica a la admisión, mientras que el siguiente a la valoración, en tanto resultan dos momentos procesales diferenciados.

a las profundas diferencias estructurales entre ambos sistemas procesales[10]. Concretamente, la atribución al juez de la tarea de evaluar, en la fase de admisión, tanto la fiabilidad del método científico como la adecuación de los resultados obtenidos resulta incompatible con la lógica funcional del proceso penal vigente en España. Exigir al juez, en este momento inicial, una doble verificación (tanto metodológica como sustantiva), supone un desplazamiento indebido de funciones propias de la fase de valoración, y también una carga excesiva para la parte que propone la prueba, al imponerle un estándar probatorio más exigente que el requerido para otros medios de prueba. Esta configuración puede resultar coherente en el sistema norteamericano, donde la valoración probatoria recae en un jurado y, por tanto, se justifica un filtro más estricto en la admisión. Sin embargo, en el proceso penal español, en el que la valoración corresponde al propio juez que decide sobre la admisión, tal exigencia previa desborda los límites propios del juicio de pertinencia. Por ello, sería recomendable que, en futuras resoluciones, se distingan con más rigor las fases de admisión y valoración de la prueba, garantizando que el control sobre la aplicabilidad concreta de las conclusiones científicas se reserve al momento oportuno del proceso.

Asimismo, con el objetivo de dotar de mayor precisión y solidez al sistema de admisión de la prueba científica, y siguiendo a Sánchez Rubio (2019, pp. 240 y ss.), se propone la incorporación de dos parámetros adicionales que refuerzan el control de fiabilidad. El primero de ellos consiste en la exigencia de una cualificación adecuada al experto que realice la prueba y al perito, en caso de que se trate de una prueba pericial[11]. El segundo, de carácter

---

10   Acerca de los rasgos distintivos del sistema procesal penal estadounidense, véase, GÓMEZ COLOMER, J. L. (2006). «Adversarial System, proceso acusatorio y principio acusatorio: una reflexión sobre el modelo de enjuiciamiento criminal aplicado en los Estados Unidos de Norteamérica». *Revista del Poder Judicial*, (número especial), 25-77.

11   Al efecto, la norma ISO 1724:2012 hace referencia a las garantías que deben observarse en los procedimientos de certificación de personas. Cumplir con los estándares fijados por esta norma implica que una

complementario, hace referencia a la homologación del laboratorio en el que se ha realizado el análisis o tratamiento de los datos probatorios[12].

Por todo lo anterior, se considera que la propuesta de criterios para la admisión de pruebas científicas que emana de la citada STS 232/2022 constituye, en líneas generales, un avance adecuado hacia un modelo más exigente y garantista. Sin embargo, y a la luz de las consideraciones expuestas, resulta necesario matizar su contenido. En particular, debería excluirse del juicio de admisibilidad el criterio relativo a la aplicabilidad de las conclusiones científicas a los hechos del caso (criterio c), pues dicho análisis corresponde a la fase de valoración de la prueba. Incorporar esta exigencia en el momento de admisión supondría distorsionar la distribución funcional de las fases procesales y sobrecargar injustificadamente a la parte proponente con un control adicional que no se exige respecto de otros medios probatorios. Asimismo, con el propósito de fortalecer la fiabilidad de las pruebas científicas admitidas, sería conveniente incorporar dos criterios complementarios: de un lado, la verificación de la cualificación técnica y profesional del experto encargado de la elaboración de la prueba; y, de otro, la homologación del laboratorio responsable. Estos elementos contribuirían a consolidar un sistema de admisión más preciso, estructurado y acorde con las exigencias del debido proceso.

2.3.2. Valoración

Una vez abordada la fase de admisión, conviene analizar la etapa siguiente: la valoración de la prueba. La valo-

---

entidad independiente ha verificado formalmente que el profesional evaluado alcanza un nivel elevado de cualificación y competencia.

12   Este enfoque se sustenta en el criterio recogido por diversas resoluciones judiciales, que otorgan mayor fiabilidad a aquellos métodos científicos que han sido desarrollados en laboratorios homologados. Un ejemplo representativo de esta línea jurisprudencial lo encontramos en la Sentencia del Tribunal Supremo, de 31 de octubre (ROJ STS 4742/2014). Nada dice al respecto la LECrim, y los criterios de homologación se encuentran en la norma ISO 17025, de 2017.

ración se configura como el momento procesal en que el órgano jurisdiccional, tras la práctica de los medios probatorios válidamente admitidos, debe pronunciarse sobre su alcance, suficiencia y credibilidad, con vistas a la construcción del relato fáctico sobre el que se fundamentará el fallo.

En este estadio adquiere especial relevancia el principio de presunción de inocencia, eje vertebrador del proceso penal[13]. Como garantía constitucional, implica que toda persona debe ser considerada inocente hasta que se acredite su culpabilidad mediante una sentencia firme dictada con todas las garantías procesales. Esta presunción no puede ceder sino ante una prueba de cargo suficiente, obtenida conforme a los principios de contradicción, inmediación, igualdad de armas y publicidad. El TC ha reiterado esta exigencia de forma constante, destacando en sentencias como la STC 31/1981, de 28 de julio, que solo una prueba de cargo válida, practicada y valorada con pleno respeto a los derechos fundamentales puede fundar legítimamente una condena. En esta lógica, la presunción de inocencia se proyecta como un auténtico estándar de prueba: si no existen pruebas válidas o si las existentes no permiten inferir de forma inequívoca la culpabilidad del acusado, el tribunal debe absolver. De esta premisa deriva el principio *in dubio pro reo*, que actúa como criterio interpretativo ante la duda razonable.

En atención a lo anterior, la prueba ha de ser valorada respetando el derecho de presunción de inocencia, y para ello, el marco normativo aplicable, principalmente, configurado por el artículo 741 de la LECrim, consagra el principio de libre valoración de la prueba. Este precepto dispone que el juez o tribunal debe apreciar las pruebas

---

13   Este principio se encuentra consagrado en el artículo 6.2 del CEDH, en el artículo 14.2 del PIDCP y en el artículo 24.2 de la CE. Asimismo, se regula en la Directiva (UE) 2016/343 del Parlamento Europeo y del Consejo, de 9 de marzo de 2016, la cual tiene como finalidad fortalecer ciertos aspectos de dicha garantía procesal y del derecho del acusado a comparecer en el juicio dentro del proceso penal (DOUE de 11 de marzo de 2016).

practicadas y los argumentos de las partes «según su conciencia». Esta libertad valorativa, no equivale a arbitrariedad: su ejercicio está sometido a un control racional que exige que la motivación de la sentencia se fundamente en criterios de lógica, experiencia común y conocimientos científicos fiables.

El principio de libre valoración de la prueba supone que no puede establecerse ninguna regla que lleve de forma automática a dictar una sentencia condenatoria. No obstante, la primera resolución judicial en España que abordó de forma directa la admisión y valoración de la prueba neurocientífica (la STS número de resolución 129/2020, de 5 de mayo)[14], suscitó importantes controversias por la forma en que el TS pareció haber comprometido la esencia del principio de libre valoración, al atribuir a determinados medios probatorios un carácter casi automático.

En los fundamentos jurídicos, el TS se refiere al PET-TAC como «certero» e «incuestionable» para evidenciar alteraciones neurológicas relevantes. Este lenguaje plantea una problemática importante: calificar una prueba como incuestionable no solo contradice el mandato de valoración crítica y racional, sino que introduce, en la práctica, un estándar probatorio objetivo que erosiona la función deliberativa del juez. La libre valoración excluye cualquier automatismo, por ello, el uso de tales calificativos debería ser objeto de revisión en futuras resoluciones, a fin de preservar la integridad del modelo procesal garantista.

Una adecuada valoración de la prueba científica —y, en particular, de la prueba neurocientífica— exige la adopción de una metodología específica que permita al juez ponderar su relevancia con respecto a los hechos sin renunciar a su función crítica e indelegable. En este contexto, resulta especialmente pertinente la reflexión de Silvestri (2021, pp. 205-209), quien, en contraste con la práctica estadounidense, defiende que los *criterios Daubert*

---

14   Sentencia del Tribunal Supremo, de 5 de mayo (ROJ STS 814/2020).

no deberían restringirse a la fase de admisión, sino aplicarse en el momento valorativo dentro del proceso penal europeo. Fundamenta esta idea en el respeto a la lógica interna del proceso continental, donde la prueba es examinada tras su práctica efectiva, mediante una valoración racional, contrastada y dialógica de los resultados aportados y debatidos por las partes.

Sin embargo, tal como se argumentó en el apartado dedicado a la admisión de la prueba, en el presente estudio se sostiene que los estándares *Daubert* sí cumplen una función útil en la fase de admisión, siempre que se limiten exclusivamente a verificar la calidad de la ciencia y la coherencia metodológica de la prueba que se pretende introducir en el proceso. Así, deben reservarse para la fase de valoración aquellos aspectos que vinculan los resultados científicos con los hechos objeto de enjuiciamiento. Esto es, mientras en la admisión interesa determinar si la prueba responde a criterios científicos aceptables, será en la fase de valoración donde el juez deba ponderar críticamente la relevancia de los datos obtenidos respecto del caso concreto. Por ello, se rechaza la tesis de Silvestri en la medida en que propugna la incompatibilidad total de los criterios *Daubert* con la fase de admisión. Tal postura vaciaría de contenido la función garantista del control previo sobre la calidad de la ciencia que ingresa al proceso. Por otra parte, como se viene exponiendo, si se exigiera al juez, en el momento inicial, no solo valorar la metodología científica, sino también su adecuación al caso concreto y sus implicaciones probatorias se estaría anticipando indebidamente el juicio valorativo que corresponde realizar tras la práctica probatoria. Ello alteraría la estructura secuencial del proceso penal y desdibujaría la distinción entre los momentos de admisión y valoración.

Así pues, se aboga por una aplicación equilibrada de los estándares *Daubert*: deben operar como filtro de calidad científica en la admisión y, posteriormente, como referencia metodológica en la valoración, en lo que respecta a la interpretación del material probatorio en relación con los hechos juzgados. En este modelo, el juez conserva su libertad valorativa, aunque se le exige una fundamentación racional y técnica, apoyada en estándares contrastables.

II. Neurociencia y justicia social: ¿una herramienta para la verdad o una fuente de desigualdad?

1. Prueba neurocientífica y desigualdad: tensiones entre innovación y equidad

A partir del análisis procesal desarrollado en las secciones anteriores, se ha podido constatar que la prueba neurocientífica, si bien enfrenta importantes desafíos, puede encontrar un espacio de integración dentro del proceso penal español, especialmente cuando su práctica se realiza de manera voluntaria y respetuosa con los derechos fundamentales.

No obstante, el uso de estas herramientas neurocientíficas en sede judicial, a pesar de la deficiente regulación que las rodea, no solo plantea interrogantes técnico-jurídicos, sino que también abre la puerta a profundas tensiones desde una perspectiva de justicia social[15]. Como se ha visto, la progresiva incorporación de pruebas neurocientíficas en el ámbito penal abre una prometedora vía para acercarse a la verdad empírica de los hechos. Sin embargo, dicha promesa plantea una tensión estructural: si bien estas herramientas pueden aportar evidencia objetiva sobre el funcionamiento cerebral, su acceso, interpretación y uso pueden agravar desigualdades en el sistema judicial.

En este sentido, el derecho penal se enfrenta a un dilema: por un lado, la necesidad de integrar los conocimientos provenientes de las ciencias empíricas; por otro, el riesgo de que estas innovaciones consoliden una justi-

---

15 La justicia social es entendida como el deber del Estado de fomentar la equidad social, prestando especial atención a los sectores más vulnerables de la población (Real Academia Española, 2025).

cia dual, donde solo quienes poseen los medios puedan acceder a una defensa tecnológicamente sofisticada. En lo sucesivo, y sobre la base del estudio procesal previamente efectuado, se abordarán las implicaciones que el uso de este tipo de prueba puede tener en términos de justicia social.

1.1. Acceso desigual a la prueba neurocientífica: ¿una justicia para ricos?

Uno de los principales desafíos que plantea la integración de la prueba neurocientífica en el proceso penal español, desde una perspectiva de justicia social, es la existencia de un desigual acceso material y económico a estas herramientas. Las técnicas como la resonancia magnética funcional (fMRI), el electroencefalograma cuantitativo (EEG), o los potenciales evocados requieren no solo dispositivos tecnológicos altamente especializados, sino también la intervención de profesionales con formación y experiencia, cuya disponibilidad y coste los convierte en cuestiones de acceso restringido.

Además, tal como se ha analizado en los apartados dedicados a la admisión y valoración de la prueba neurocientífica, los exigentes requisitos técnicos y metodológicos que condicionan su incorporación al proceso penal imponen una elevada carga probatoria que presumiblemente no todas las partes están en condiciones de asumir. Esta rigurosidad, aunque necesaria para preservar la fiabilidad y legitimidad del material probatorio, encarece significativamente el uso de estas pruebas, reservándolas a quienes cuentan con los recursos económicos suficientes para financiar informes neurocientíficos completos y técnicamente sólidos.

En la práctica procesal, esta sofisticación técnica no va acompañada de un sistema institucional que garantice su acceso universal; de este modo, los acusados que dependen del turno de oficio o de la asistencia jurídica gratuita quedan prácticamente excluidos de esta vía probatoria.

El resultado es una exclusión procesal estructural, donde los estándares de admisión y valoración, lejos de nivelar el terreno entre las partes, contribuyen a profundizar desigualdades ya existentes, afectando de forma directa a los principios de equidad, contradicción e igualdad de armas en el proceso penal.

En concreto, respecto al principio de igualdad de armas, ha sido desarrollado por el Tribunal Europeo de Derechos Humanos en casos como *Dombo Beheer B.V. c. Países Bajos* (1993)[16]. Según la jurisprudencia, ambas partes deben tener la posibilidad de presentar sus pruebas en condiciones que no coloquen a una en desventaja sustancial respecto a la otra. Si un acusado puede aportar una prueba que establece, por ejemplo, una disfunción prefrontal que afecta su capacidad volitiva, mientras otro en idéntica situación fáctica no puede hacerlo por falta de recursos, se consuma una desigualdad que no solo afecta la eficacia probatoria, sino que puede determinar el contenido mismo de la sentencia penal.

En este contexto, el proceso penal español corre el riesgo de convertirse en una estructura formalmente igualitaria pero materialmente excluyente, donde la verdad procesal se ve condicionada por la capacidad económica de las partes. A lo anterior se suma la vulneración del derecho a la tutela judicial efectiva, reconocido en el artículo 24.1 de la CE. Este derecho no se limita al acceso a los tribunales, sino que comprende el acceso a un proceso con garantías, incluyendo la posibilidad de ejercitar con plenitud el derecho de defensa. Si una prueba relevante queda fuera del alcance de una parte por razones económicas, el pro-

---

16   El caso *Dombo Beheer B.V. contra Países Bajos* (TEDH, 1993) trata sobre una vulneración del principio de igualdad de armas reconocido en el artículo 6.1 del Convenio Europeo de Derechos Humanos. Este caso refleja que el desequilibrio en las posibilidades de presentar pruebas relevantes no solo compromete la equidad del procedimiento, sino que viola el principio de igualdad de armas. Esta sentencia refleja la idea de que los tribunales tienen la obligación de garantizar que ninguna parte quede colocada en una posición de inferioridad procesal, ni siquiera de forma indirecta, como podría ocurrir, si se aplica al uso de la prueba neurocientífica, por razones económicas.

ceso pierde neutralidad y objetividad. Desde este prisma, la inexistencia de mecanismos públicos para garantizar la realización de pruebas neurocientíficas a favor de los acusados que no pueden sufragarlas podría ser interpretada como una infracción estructural del principio de igualdad ante la ley y del derecho de defensa.

La consecuencia de esta exclusión estructural podría ser la configuración de una justicia tecnológicamente asimétrica, donde el acceso a herramientas probatorias avanzadas no responde a criterios de relevancia jurídica, sino de disponibilidad económica. Este fenómeno puede revertir décadas de avances garantistas en derecho penal, al sustituir el principio de igualdad procesal por una especie de privilegio científico reservado a quienes puedan pagar el coste de una verdad empírica más sofisticada. La paradoja es inquietante: aquellos acusados con mayores medios podrán probar mejor su inocencia (o su atenuación de responsabilidad), mientras que los más vulnerables quedarán atrapados en una versión empobrecida de la verdad y por tanto del derecho de defensa.

1.2. Impacto en colectivos vulnerables: riesgo de estigmatización y determinismo biológico

Otro de los aspectos que más preocupa en relación con la introducción de la prueba neurocientífica en el proceso penal, desde una perspectiva de justicia social, es su impacto potencial sobre personas pertenecientes a colectivos estructuralmente vulnerables. Entre estos grupos destacan las personas con discapacidad intelectual, neurodivergentes o con trastornos mentales, así como los sujetos cuya trayectoria vital ha estado marcada por la exclusión social, la precariedad o la violencia estructural. En estos contextos, el uso de herramientas como la resonancia magnética funcional o los registros de actividad cerebral puede propiciar una lectura determinista del comportamiento humano, en la que la conducta delictiva se explicaría como una mera manifestación de un cerebro dañado o de disfunciones neuronales inmodificables, pudiendo generar dinámicas discriminatorias si no se utilizan con un conocimiento profundo de las particularidades neurocognitivas de los sujetos implicados.

En efecto, existe el riesgo de que los resultados obtenidos a través de estas pruebas sean leídos desde marcos normativos o sociales que patologizan determinadas conductas, reforzando estigmas históricos asociados a la enfermedad mental. Así, el discurso neurocientífico —por su aparente objetividad y autoridad técnica— puede contribuir a consolidar representaciones deficitarias del sujeto, tratándolo como un ente peligrosamente distinto, incapaz de autodeterminación, o carente de racionalidad penalmente relevante. Este tipo de aproximación pone en riesgo algunos de los pilares fundamentales del derecho penal, como la culpabilidad fundada en el libre albedrío o la posibilidad de resocialización del penado. Además, favorece una lógica de etiquetado que refuerza la estigmatización de ciertos individuos como sujetos irrecuperables o biológicamente peligrosos. Tal narrativa, lejos de promover una justicia restaurativa o inclusiva, podría alimentar mecanismos de exclusión que actuarían en nombre de la prevención y la seguridad colectiva.

A ello se suma un problema de orden interpretativo: muchos jueces y operadores jurídicos no cuentan con formación especializada en neurociencias lo cual genera una dependencia excesiva del criterio pericial, que no siempre está exento de sesgos clínicos o de limitaciones epistemológicas. El resultado puede ser una excesiva patologización del sujeto procesado, especialmente en aquellos casos donde la enfermedad mental no es invalidante ni afecta necesariamente su comprensión del ilícito.

Desde la perspectiva de la justicia social, esta situación plantea un serio desafío. La equidad procesal exige no solo igualdad formal ante la ley, sino también un tratamiento sustantivamente justo, que tenga en cuenta las condiciones particulares de los individuos sin caer en mecanismos de exclusión o de estigmatización científica. La verdadera justicia penal no puede construirse sobre la base de atajos tecnocráticos que invisibilicen las trayectorias sociales, personales y culturales de los acusados, especialmente cuando estas están atravesadas por condiciones de salud mental o discapacidad.

En este sentido, aparentemente, la confianza excesiva en explicaciones biológicas de la conducta puede desembocar en nuevas formas de discriminación, donde los sesgos sociales se ocultan bajo el aparente ropaje neutral de la ciencia. Así, la neurociencia corre el riesgo de transformarse en un instrumento de invisibilización del contexto social y de patologización de la pobreza o la diferencia, generando una justicia penal que castiga por lo que alguien es, más que por lo que hace.

2. Propuestas para una integración garantista de la prueba neurocientífica

Frente al panorama descrito, además de todos los avances necesarios en materia procesal, resulta indispensable avanzar hacia la construcción de un marco jurídico que permita integrar la prueba neurocientífica en el proceso penal sin comprometer los principios esenciales de la justicia social.

Una de las prioridades ineludibles en esta materia consiste en asegurar el acceso público y gratuito a pruebas neurocientíficas complejas cuando estas resulten pertinentes para la defensa. La sofisticación técnica de estas pruebas no puede convertirse en un privilegio reservado a quienes disponen de recursos suficientes para sufragarlas. Por el contrario, la disponibilidad de estos medios debe concebirse como una exigencia derivada del derecho a un proceso con todas las garantías, de conformidad con el artículo 24 de la CE. Así, la dotación de los institutos de medicina legal con los recursos humanos y tecnológicos necesarios, así como el diseño de procedimientos que permitan a los acusados solicitar este tipo de pruebas sin coste cuando no puedan asumirlo, constituiría una medida para evitar la consolidación de una justicia tecnológicamente asimétrica.

De forma paralela, la creación de unidades forenses interdisciplinares representa otra vía estratégica para abordar los desafíos interpretativos que plantea el uso de datos neurocientíficos en sede judicial. Estas unidades, integradas por juristas, neurólogos, psiquiatras, neuropsicólogos y expertos en bioética, permitirían evaluar la pertinencia y el alcance probatorio de las pruebas desde una perspectiva plural y contextualizada. Este enfoque resulta esencial para contrarrestar el riesgo de reduccionismo determinista y para garantizar que las decisiones judiciales no se basen en una comprensión fragmentaria o excesivamente técnica del comportamiento humano, sino en una valoración integral que respete la dignidad del sujeto y la complejidad de su trayectoria vital.

Finalmente, ninguna de estas transformaciones será verdaderamente efectiva si no se acompaña de una profunda revisión de la formación de los profesionales del derecho. La incorporación de contenidos relacionados con la neurociencia, la neuroética y los derechos humanos en los programas formativos de jueces, fiscales, abogados y peritos constituye una condición para evitar que la complejidad técnica de estas pruebas derive en decisiones automáticas, sesgadas o acríticas. Solo una formación transversal y humanista puede permitir a los operadores jurídicos identificar los riesgos de neurodiscriminación, interpretar adecuadamente los datos científicos y valorar su relevancia jurídica sin caer en simplificaciones.

Solo mediante la adopción de garantías jurídicas sólidas y un enfoque inclusivo será posible impedir que las neurotecnologías, lejos de aproximar la verdad procesal a una comprensión más profunda del ser humano, se transformen en un nuevo instrumento de exclusión y en una frontera que profundice las desigualdades dentro del sistema penal.

III. Conclusiones

La presente investigación evidencia que la introducción de la prueba neurocientífica en el proceso penal español representa no solo una oportunidad relevante para el fortalecimiento de la búsqueda de la verdad, sino también un desafío significativo desde una perspectiva jurídico-garantista y de justicia social. A continuación, se exponen las conclusiones derivadas del estudio:

Primera, tras la investigación se ha constatado que, a pesar de la ausencia de una regulación normativa específica, las técnicas neurocientíficas son ya hoy jurídicamente viables en el proceso penal español. Su incorporación, mayoritariamente a través de la prueba pericial, ha sido admitida en diversas resoluciones judiciales, particularmente cuando la solicitud proviene de la defensa en ejercicio de su derecho. No obstante, esta operatividad se asienta sobre una base jurídica precaria, sin previsión legal autónoma ni protocolos técnicos específicos, lo que genera un déficit de seguridad jurídica y una exposición preocupante a arbitrariedades.

Segunda, desde un plano procesal la neurociencia plantea una profunda tensión entre la búsqueda de la verdad empírica y las garantías propias de la verdad procesal. Esta tensión exige reconocer que el proceso penal no puede estar orientado a alcanzar una supuesta verdad objetiva, sino que debe preservar el conjunto de derechos fundamentales que configuran el debido proceso. En este contexto, el uso de pruebas altamente intrusivas en la intimidad mental del sujeto requiere un escrutinio jurídico reforzado.

Tercera, la incorporación de la prueba neurocientífica, en las condiciones actuales, puede acentuar desigualdades estructurales dentro del sistema penal. El elevado coste económico de estas técnicas, sumado a la necesidad de peritos cualificados y laboratorios avanzados, limita su uso efectivo a aquellos acusados con recursos insuficientes. Esta situación vulnera el principio de igualdad de armas y puede traducirse en una justicia penal dual: tecnológicamente avanzada para los privilegiados y empobrecida para los sectores más vulnerables.

Cuarta, el impacto de la neurociencia sobre personas pertenecientes a colectivos vulnerables como personas con discapacidad intelectual o trastornos mentales, puede derivar en interpretaciones reduccionistas y deterministas del comportamiento humano. Esta visión favorece una lógica de etiquetado que estigmatiza a determinados individuos como sujetos irrecuperables. En este sentido, la ciencia puede convertirse en una nueva forma de discriminación si no se contextualiza críticamente.

Quinta, frente a este panorama, se ha argumentado que el derecho penal español necesita avanzar de forma urgente hacia un marco normativo que avale una integración con respeto pleno a las garantías y equitativa de la prueba neurocientífica. Las soluciones propuestas incluyen la financiación pública de estas pruebas cuando sean solicitadas por defensas sin recursos, la creación de unidades forenses interdisciplinares y la revisión de la formación de los profesionales del derecho.

Sexta, este trabajo pretende evidenciar que la neurociencia, si es comprendida e incorporada con rigor, puede enriquecer el derecho penal, aproximándolo a una comprensión más profunda del comportamiento humano. Pero si se aplica sin control, sin sensibilidad social o sin igualdad de acceso, corre el riesgo de transformarse en una sofisticada herramienta de exclusión, donde la verdad procesal se compra y la justicia se convierte en un privilegio reservado a quienes pueden financiar su defensa científica.

Bibliografía

CAVADA, C. (2017). *Historia de la neurociencia*. Sociedad Española de Neurociencia. https://www.Historia_de_La_Neurociencia [Consulta: 4 de marzo de 2025].

CONSEJO GENERAL DEL PODER JUDICIAL. (2015). *El TSJA declara nula la prueba P-300 practicada al hombre imputado en el homicidio de Ricla*. https://www.poderjudicial.es/cgpj/es/Poder-Judicial/Noticias-Judiciales/El-TSJA-declara-nula-la-prueba-P-300-practicada-al-hombre-imputado-en-el-homicidio-de- Ricla--Zaragoza- [Consulta: 3 de mayo de 2025].

DUART ALBIOL, J. J. (2014). *Inspecciones, registros e intervenciones en el proceso penal*. Bosch.

FEIJOO SÁNCHEZ, B. J. (2011). «Derecho penal y neurociencias: ¿una relación tormentosa?» *InDret: Revista para el Análisis del Derecho*, N.° 2. https://www.raco.cat/index.php/InDret/article/view/241338/323929 [Consulta: 20 de marzo de 2025].

FISCALÍA GENERAL DEL ESTADO. (2009). *Consulta 1/2009, de 10 de noviembre, sobre algunos aspectos relativos a los expedientes de determinación de la edad de los menores extranjeros no acompañados.* en https://www.boe.es/buscar/abrir_fiscalia.php?id=FIS-Q-2009-00001.pdf [Consulta: 19 de abril de 2025].

GARCÍA LÓPEZ, E. (2022). «Neuroderecho y neuroderechos en Hispanoamérica». En E. DEMETRIO CRESPO (Dir.), *Derecho penal y comportamiento humano: avances desde la neurociencia y la inteligencia artificial*. Tirant lo Blanch

GASCÓN ABELLÁN, M. (2013). «Prueba científica. Un mapa de retos». En M. C. VÁZQUEZ ROJAS (Coord.), *Estándares de prueba y prueba científica*. Marcial Pons.

GÓMEZ COLOMER, J. L. (1984). «La constitución española de 1978 y su influencia en el derecho procesal penal». *Nuevo Foro Penal*, N.° 26. https://publicaciones.eafit.edu.co- foro-penal/article [Consulta: 17 de abril de 2025].

GÓMEZ COLOMER, J. L. (2018). «La prueba en el proceso penal». *Ponencia presentada en el curso «La prueba en el proceso penal»*. https://www.fiscal.es/documents/20142/99892/Ponencia+G%C3%B3mez+Colomer.+J.+L+doc.pdf [Consulta: 31 de marzo de 2025].

GOZAÍNI, O. A. (2012). «La prueba científica no es prueba pericial». *Derecho y Sociedad*, N.° 38. https://revistas.pucp.edu.pe/index.derechoysociedad [Consulta: 2 de abril de 2025].

HASSEMER, W. (2009a). «Grenzen des Wissens im Strafprozess. Neuvermessung durch die empirischen Wissenschaften vom Menschen?» *Zeitschrift für die gesamte Strafrechtswissenschaft*.

HASSEMER, W. (2009b). *La verdad y búsqueda de la verdad en el proceso penal*. Ubijus. https://Bliblioteca/Libros.pdf [Consulta: 23 de marzo de 2025].

IENCA, M., & ANDORNO, R. (2021). «Hacia nuevos derechos humanos en la era de la neurociencia y la neurotecnología». *Análisis Filosófico*, Vol. 41, N.º 1. https://analisisfilosofico.org/article [Consulta: 15 de marzo de 2025].

MARINARO, J. Á. (2022). «Dinámica evolutiva de las neurotecnologías y capacidad de reacción/asimilación del Neuroderecho. Perspectivas del margen Latinoamericano». En E. DEMETRIO CRESPO (Dir.), *Derecho penal y comportamiento humano: avances desde la neurociencia y la inteligencia artificial*. Tirant lo Blanch.

MÜLLER, O., & ROTTER, S. (2017). Neurotechnology: Current developments and ethical issues. *Frontiers in Systems Neuroscience,* 11, https://www.frontiersin.org/journals/systems-neuroscience/articles [Consulta: 5 de marzo de 2025].

MUÑOZ CONDE, F. (2022). *Teoría general del delito* (5.ª ed.). Tirant lo Blanch.

NIEVA FENOLL, J. (2025). *Derecho Procesal III (Proceso Penal): Adaptado a la Ley Orgánica 1/2025* (4.ª ed.). Tirant lo Blanch.

PARDO, M., & PATTERSON, D. (2010). «Philosophical Foundations of Law and Neuroscience». *University of Illinois Law Review*, paper N.º 1338763. https://papers.ssrn.com [Consulta: 20 de marzo de 2025].

PÉREZ MANZANO, M. (2011). «Fundamento y fines del derecho penal. Una revisión a la luz de las aportaciones de la neurociencia». *InDret*, N.º 2. https://indret.com/wp- content/themes/indret/pdf/818.pdf [Consulta: 21 de marzo de 2025].

PLÁ HERRERO, M. T. (2025). «Neuroderechos: relevancia jurídica y regulación a través de Derecho comparado». *Cuadernos de Derecho Transnacional,* Vol. 17, N.º 1). www.uc3m.es/cdt [Consulta: 15 de marzo de 2025].

PUERTA LUIS, L. R. (1995). «La prueba en el proceso penal». *Revista del centro asociado a la UNED de Melilla*, N.º 24. https://www.google.comhttps://dialnet.unirioja.es [Consulta: 5 de abril de 2025].

REAL ACADEMIA ESPAÑOLA. (s.f.). *Diccionario de la lengua española* (23.ª ed., versión 23.8). RAE. en https://dle.rae.es/neurociencia [Consulta: 25 de febrero de 2025].

REAL ACADEMIA ESPAÑOLA. (s.f.). *Diccionario panhispánico del español jurídico*. https://dpej.rae.es/lema/justicia-social [Consulta: 8 de junio de 2025].

REAL ACADEMIA ESPAÑOLA & ASOCIACIÓN DE ACADEMIAS DE LA LENGUA ESPAÑOLA. (s.f.). *Diccionario panhispánico de dudas* (2.ª ed.). https://dpej.rae.es/ [Consulta: 15 de abril de 2025].

SÁNCHEZ RUBIO, A. (2016a). «El uso del test P300 en el proceso penal español: algunos aspectos controvertidos». *Revista Electrónica de Ciencia Penal y Criminología*. http://criminet.ugr.es/recpc/18/recpc18-04.pdf [Consulta: 17 de abril de 2025].

SÁNCHEZ RUBIO, A. (2016b). «El sistema contradictorio como método de investigación importado de la ciencia: una novedosa configuración de la prueba científica». *RIEDPA*, N.º https://dialnet.unirioja.es/servlet/articulo?codigo=6152295 [Consulta: 31 de marzo de 2025].

SÁNCHEZ RUBIO, A. (2019). *La prueba científica en la justicia penal*. Tirant lo Blanch.

SÁNCHEZ VILANOVA, M. (2022). *Neuroimagen forense: prueba en el proceso penal*. Tirant lo Blanch.

SILVESTRI, S. (2021). *La prueba neurocientífica en el proceso penal. Estudio de su viabilidad en los sistemas jurídicos español e italiano*. [Tesis doctoral, Universidad de Murcia]. http://hdl.handle.net/10201/114364 [Consulta: 2 de abril de 2025].

TALAVERA FERNÁNDEZ, P. A. (2022). *Filosofía del Derecho*. Tirant lo Blanch.

TARUFFO, M. (2002). *La prueba de los hechos*. Trotta. https://blog.idra.pe/wp-content/uploads/2022/10/Libro-La-prueba-de-los-hechos.pdf [Consulta: 31 de marzo de 2025].

TARUFFO, M. (2018). «La verdad y prueba dentro del proceso». En J. FERRER BELTRÁN, M. C. VÁZQUEZ ROJAS & M. TARUFFO, *Teoría de la prueba*. Tribunal Constitucional Plurinacional de Estudios Constitucionales.

TOMÁS-VALIENTE LANUZA, C. (2009). *El efecto oclusivo entre causas de justificación*. Comares.

TONINI, P., & CONTI, C. (2023). *La prueba penal en el proceso acusatorio contemporáneo*. Tirant lo Blanch.

VERA SÁNCHEZ, J. S. (2017). «Relación del derecho penal con el derecho procesal penal». *Revista Chilena de Derecho,* Vol. 44 N.º 3. file:///Dialnet- SobreLaRelacionDelDerechoPenalConElDerechoProcesal.pdf [Consulta: 17 de abril de 2025].